GÉNÉRATION B1

Méthode de français

LIVRE
+
CAHIER

LIVRE
DE L'ÉLÈVE

Marie-Noëlle COCTON
Coordination pédagogique

P. DAUDA - L. GIACHINO - C. BARACCO

didier
Français Langue Étrangère

Coordination pédagogique : Marie-Noëlle Cocton
Auteurs : P. Dauda et L. Giachino (livre), M. Caneschi, D.Cecchi et F. Tortelli (cahier), C. Baracco (culture), S. Brusati (atelier vidéo).

Édition : C. Mazzocchi (avec la collaboration d'I. Araldi), Les Mots Libres, G. Ballesteros Pretel
Révision pédagogique : S. Brusati
Relecture : C. Jolly, C. Varagnolo et C. Delenclos-Ledoux
Conception graphique de la couverture : J. Parreau
Maquette intérieure : EGG; Les Mots Libres
Adaptation de la maquette intérieure (pages « culture ») : J. Parreau
Mise en page : IGS-CP
Illustrations : E. Leso (Desio, MB)
Carte : GraphiOrge/GéoAtlas
Iconographe : Les Mots Libres, A. Galicher
Photogravure : IGS-CP

éditions
didier s'engagent pour l'environnement en réduisant l'empreinte carbone de leurs livres. Celle de cet exemplaire est de : 1,3 kg éq. CO$_2$
Rendez-vous sur www.editionsdidier-durable.fr

PAPIER À BASE DE FIBRES CERTIFIÉES

© 2015 by Zanichelli editore S.p.A.
© Les éditions Didier, Paris 2016 – ISBN : 978-2-278-08635-1
Achevé d'imprimer en Italie en janvier 2022 par L.E.G.O. S.p.a. (Lavis) – Dépôt légal : 8635/08

Mode d'emploi

La méthode *Génération* est composée d'un *livre de l'élève* et d'un *cahier d'activités*,
tous deux inclus dans le *manuel numérique*. Elle se compose de 8 unités.
La structure de chaque unité (identique dans le livre et le cahier) marque un véritable parcours
d'apprentissage.

JE DÉCOUVRE

Dans cette première étape,
les dialogues et autres
documents vous feront
découvrir des situations
motivantes.
Vous développerez votre
compétence de compréhension
orale et écrite.

Les encadrés *L'info en +*
développent certains aspects
de la civilisation francophone.

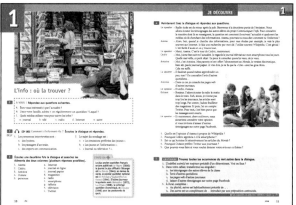

Grâce aux activités et
à la partie *Grammaire*,
vous comprendrez
comment fonctionne
la langue.

L'INFO EN +

Le plus ancien quotidien français
encore publié est *Le Figaro* (1826);
le journal le plus diffusé à l'étranger
est *Le Monde* (1944); en termes de
vente, le premier quotidien national
est *Le Parisien / Aujourd'hui en
France* (1944). D'autres journaux
importants sont *Libération* (1973),
Les Échos (1908), le principal
quotidien économique, et *L'Équipe*
(1946) pour les passionnés de
sport.

Stratégies de repérage des faits de langue importants.

JE MÉMORISE

MOTS ET EXPRESSIONS
Les pages *Mots et
expressions* permettent
de revenir sur le lexique
de l'unité et vous aident
à le mémoriser grâce à
des documents sonores,
à des illustrations et à
des activités de réemploi.

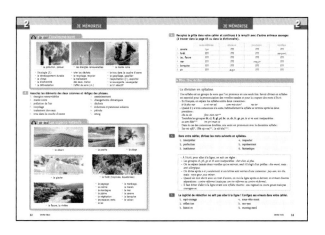

DIRE, LIRE, ÉCRIRE
Dans les unités 1 à 4,
la rubrique *Dire, lire,
écrire* vous explique
les règles phonétiques
et vous permet de
vous entraîner à la
prononciation.

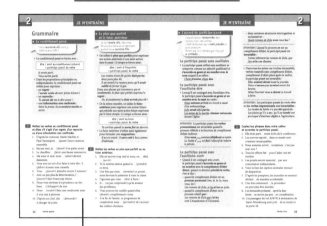

La rubrique *Je m'entraîne* présente les règles grammaticales de manière approfondie, avec des exemples, des tableaux récapitulatifs, et de nombreux exercices.

JE M'EXPRIME

Maintenant vous êtes capable de mettre en pratique ce que vous avez appris.

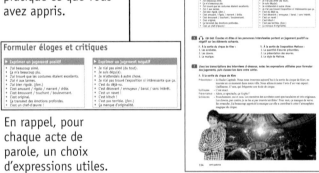

En rappel, pour chaque acte de parole, un choix d'expressions utiles.

Dans les unités 5 à 8, vous trouverez deux pages spécialement consacrées à l'**écrit** « pratique », pour apprendre à rédiger un CV, une lettre de motivation, une biographie, et à interpréter et commenter un graphique.

CULTURE

Toutes les deux unités, vous découvrirez des aspects de la société et de la culture des pays francophones avec cette double page.

Toutes les deux unités, un ***atelier vidéo*** propose une exploitation pédagogique des séquences vidéo qui se trouvent sur le DVD.

 Avec les épisodes de la vidéo, vous suivrez l'histoire d'Annette, Patricia, Nicolas et Léo, quatre amis de Lyon, et vous réviserez dans un contexte authentique le lexique et les actes de parole rencontrés dans les unités précédentes.

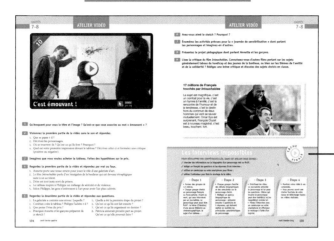

TÂCHE FINALE
En groupe, vous réaliserez une série d'activités débouchant sur un résultat pratique et vous développerez les compétences-clés.

À la fin du *Livre de l'élève*, une épreuve blanche pour vous préparer au DELF B1.

À chaque section du *Livre de l'élève* correspond une section du *Cahier* avec les activités à faire comme devoirs à la maison pour renforcer ce qui a été fait en classe.
Toutes les deux unités, la rubrique *Je m'évalue* propose des activités récapitulatives en autocorrection.

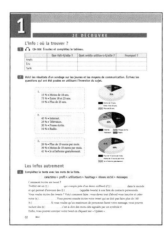

Dans la partie *Annexes*, vous trouverez des tableaux récapitulatifs des règles de grammaire et des tableaux de conjugaison.

 Cette activité est utile pour la préparation à la certification DELF.

 CD • 004
Les pistes audio en lien avec les activités d'écoute se trouvent sur le CD.

 VIDÉO
Les films en lien avec la section *Atelier vidéo* se trouvent sur le DVD.

TABLEAU

DES CONTENUS

L'info : où la trouver ?

1 À VOUS ! **Répondez aux questions suivantes.**

A. Êtes-vous intéressé(e) par l'actualité ?

B. Dans votre famille, achète-t-on régulièrement un quotidien ? Lequel ?

C. Quels médias utilisez-vous pour suivre les infos ?

    a. journal   **b.** télé   **c.** radio   **d.** Internet   **e.** autre

2 🎧 **CD•001 Comment s'informent-ils ? Écoutez le dialogue et répondez.**

DELF

1. Les personnes interviewées sont :

    a. des lycéens.

    b. les passagers d'un train.

    c. des experts en communication.

2. Le sujet du sondage est :

    a. « Les émissions préférées des jeunes ».

    b. « Les jeunes et l'information ».

    c. « Journal ou télévision ? ».

3 **Écoutez une deuxième fois le dialogue et associez les éléments des deux colonnes (plusieurs réponses possibles).**

1. Assma
2. Cédric
3. Antoine
4. Océane
5. personne

    a. Internet
    b. journal en ligne
    c. journal papier
    d. magazines
    e. radio
    f. smartphone
    g. tablette
    h. télévision
    i. Twitter

L'INFO EN ➕

Le plus ancien quotidien français encore publié est *Le Figaro* (1826); le journal le plus diffusé à l'étranger est *Le Monde* (1944); en termes de vente, le premier quotidien national est *Le Parisien / Aujourd'hui en France* (1944). D'autres journaux importants sont *Libération* (1973), *Les Échos* (1908), le principal quotidien économique, et *L'Équipe* (1946) pour les passionnés de sport.

4 Maintenant lisez le dialogue et répondez aux questions.

Le speaker – Radio-école est de retour après la pub. Bienvenue à la deuxième partie de l'émission. Nous allons écouter les témoignages des autres élèves du projet *Communiquer l'info*. Pour connaître la manière dont ils se renseignent, la question est comment ils suivent l'actualité et quels sont les médias où ils cherchent des informations. Assma, pourrais-tu nous dire comment tu t'informes ?

Assma – Alors, ben, quand je cherche des informations, pour mes études par exemple, je vais le plus souvent sur Internet. Je fais une recherche par mot-clé. J'utilise souvent Wikipédia. C'est génial ! C'est facile d'accès et on y trouve tout.

Le speaker – Merci, Assma. C'est le tour de Cédric, maintenant.

Cédric – Moi, j'aime bien suivre l'actualité. Je regarde le journal télévisé sur mon smartphone tous les jours. Quelle merveille, ce petit objet ! Je peux le consulter quand je veux, où je veux.

Antoine – Moi, c'est Antoine. Mes parents m'ont offert l'abonnement au *Monde*, la version électronique, bien sûr, pas le journal papier. À vrai dire, je ne lis que la « Une » avec les gros titres. Cela me suffit.

Le speaker – Il faudrait quand même approfondir un peu, non ? Ou connaître l'avis d'autres quotidiens…

Antoine – Dans ce cas, je consulte les pages web d'autres journaux.

Le speaker – Et enfin, Océane.

Océane – Bonjour. J'adore écouter la radio le matin dans le train. Euh, sinon, je n'aime pas trop lire les journaux, les articles sont trop longs. Par contre, j'adore feuilleter des magazines. Et puis, j'ai un compte Twitter. Pour moi, c'est bien parce que les messages sont courts.

Le speaker – Et maintenant, chers auditeurs, nous aimerions connaître votre opinion et vous invitons à laisser d'autres témoignages sur notre page Facebook.

1. Quelle est l'opinion d'Assma à propos de Wikipédia ?
2. Pourquoi Cédric apprécie-t-il le smartphone ?
3. Est-ce qu'Antoine lit attentivement les articles du *Monde* ?
4. Pourquoi Océane préfère Twitter aux journaux ?
5. Que pouvez-vous faire si vous voulez donner votre avis sur ce thème ?

5 **GRAMMAIRE** Trouvez toutes les occurrences du mot *autres* dans le dialogue.

1. L'indéfini *autre(s)* est toujours précédé d'un déterminant. Vrai ou faux ?
2. Dans votre cahier, transformez au singulier :
   a. les témoignages des autres élèves de la classe
   b. l'avis d'autres quotidiens
   c. les pages web d'autres journaux
   d. laisser d'autres témoignages sur notre page Facebook
3. À l'oral, complétez :
   a. Au pluriel, *autres* est habituellement précédé de … .
   b. *Des autres* est un complément de … introduit par une préposition contractée.

▶ Les adjectifs et pronoms indéfinis : *autre*, p. 20

Les infos autrement

6 Lisez l'article et répondez.

Un jour de tweets à Paris

Le 19 avril dernier, les Parisiens et les amoureux de la capitale ont pu raconter leur ville sur Twitter.

En 1974, l'écrivain Georges Perec s'installe place Saint-Sulpice, où il note tout ce qui se passe pendant trois journées. Il enregistre la vie quotidienne de Paris et des Parisiens dont il est le témoin au fil du temps, ainsi que les variations de la lumière, l'évolution du décor, les métamorphoses du vivant. Il en résultera un livre fascinant : *Tentative d'épuisement d'un lieu parisien.*

Vingt ans plus tard, la mairie a lancé l'opération *Un jour de tweets à Paris* : les habitants, les visiteurs et tous les amoureux de la Ville lumière ont été invités à reproduire l'exercice de Perec en écrivant un tweet de 140 caractères. Grâce au réseau social Twitter et au hashtag #jdtap, les participants ont pu partager leur perception d'un point particulier de la ville. Des crieurs de rue, installés en six lieux de Paris très fréquentés, ont ensuite déclamé les 10 000 tweets écrits au cours de ces 24 heures et dont les meilleurs devraient être réunis dans un livre. Ces instantanés exaltent la capitale, ses histoires, ses couleurs, ses encombrements, ses humeurs. Ça a été l'occasion d'éclairer un Paris quotidien, de célébrer ceux qui y vivent et y travaillent, et de se sentir poète pour un jour.

Sophie Bertrand @SBert   19 Avr

Là, j'ai séché les cours, / là, j'ai pleuré, / là, j'ai soufflé, / là, j'ai résolu mes problèmes / là, je vais chaque jour. Dans tes cafés, il y a une vie, Paris. #jdtap

Fabrice Dumont @BriceDM   19 Avr

Froid, métro en retard, foule. Zut ! Tu m'as pas gâté pour mon anniv'. Mais t'as ce je ne sais quoi qui fait que je t'aime, Paris. #jdtap

1. Que peut-on lire dans *Tentative d'épuisement d'un lieu parisien* ?
2. Qui a pu participer à l'initiative « Un jour de tweets à Paris » ?
3. La manifestation a-t-elle eu du succès ?
4. Comment les tweets ont-ils été diffusés au grand public ?
5. S'agit-il de tweets ordinaires ?
6. De quelle manière le projet devrait-il se conclure ?
7. Qui manifeste son amour pour Paris à travers son tweet ?

   a. Sophie Bertrand.
   b. Fabrice Dumont.
   c. Tous les deux.

L'INFO EN ➕

Georges Perec (1936-1982) est un écrivain français original. Ses ouvrages sont fondés sur des contraintes formelles. Par exemple, le roman *La Disparition* ne contient jamais la lettre *e* et les chapitres de son œuvre la plus célèbre, *La Vie mode d'emploi*, ne se suivent pas selon l'ordre chronologique mais selon des calculs mathématiques.

7 Lisez l'article et trouvez la phrase qui résume au mieux chacun des paragraphes.

10 actualités   Pays de la Loire   Ouest-France dimanche 13 mars

Réapparition d'un métier oublié
Hyppolite fait revivre une figure disparue : le crieur public.

« Avis à la population ! Chut ! » Hyppolite n'a pas besoin de micro pour se faire entendre. Samedi matin, sur le marché de Mayenne, il a clamé haut et fort des messages personnels qui incluent des coups de cœur ou de gueule, des petites annonces ou des mots d'amour.

Ces messages ont été déposés dans des boîtes aux lettres, placées dans une trentaine de lieux de la ville. Un service 100 % gratuit et ouvert à tous.

D'abord surpris, les passants se sont peu à peu approchés. Ils ont souri. Parfois ri et souvent applaudi.

Jean-Louis Aramon, le boulanger du village, nous a confié : « Quelle émotion ! Que de souvenirs ! Mon grand-père était crieur public. Le dimanche, à la sortie de l'église, il montait sur une pierre et commençait à annoncer des nouvelles à la population. Dans les villages, c'était souvent la seule façon d'informer les habitants. »

Julien Belaud

1ᵉʳ paragraphe

a. Diffusion de nouvelles au marché de Mayenne.

b. Divulgation de secrets personnels au marché de Mayenne.

c. Témoignage d'un crieur public au marché de Mayenne.

2ᵉ paragraphe

a. Définition de « crieur de rue ».

b. Organisation du service.

c. Ouverture d'un nouveau bureau de poste.

3ᵉ paragraphe

a. Bouleversement des passants.

b. Divergence d'opinions.

c. Réaction de la foule.

4ᵉ paragraphe

a. Attendrissement d'un grand-père.

b. Évocation du passé.

c. Recommandations aux habitants du village.

8 À l'aide des titres de l'exercice précédent, écrivez dans votre cahier le verbe qui est à l'origine de chaque nom.

0. diffusion → *diffuser*
1. divulgation
2. témoignage
3. définition
4. organisation
5. ouverture
6. bouleversement
7. divergence d'opinions
8. réaction
9. attendrissement
10. évocation
11. recommandations

9 Trouvez dans l'exercice précédent les suffixes qui permettent de former des noms masculins et ceux qui donnent des noms féminins. Puis classez-les dans votre cahier.

Mots et expressions

🎧 CD • 002 Les médias

• la presse écrite / en ligne

• la radio

• la télé(vision)

• un journal, un quotidien

• un magazine, un hebdo(madaire), une revue

• un spectateur

• un lecteur

• un auditeur

• un internaute

• Internet, la toile
• un réseau social

• un scoop

• la presse people

🎧 CD•003 La télévision

• la pub(licité)

• le journal télévisé (le JT)

• un envoyé spécial

• un reportage

• une interview

• un film

• une émission
• les infos (*f.*)
• les actualités (*f.*)
• une série
• un feuilleton
• la télé-réalité
• un télé-crochet
• une émission en direct / en différé
• un jeu télévisé

• une chaîne

• le plateau

1 **Complétez les phrases avec le média qui convient (plusieurs réponses sont parfois possibles).**

1. Cette brochure donne quelques conseils de sécurité pour surfer sur … .
2. Est-il vrai que les jeunes lisent de moins en moins … et préfèrent consulter … en ligne ?
3. Hier, j'ai feuilleté … chez le coiffeur et j'ai trouvé ce reportage qui pourrait t'intéresser.
4. J'ai entendu à … que les syndicats des transports ont décidé d'annuler leur grève.
5. Selon les sondages, les Français regardent … 3 heures 50 par jour.

2 **Qui suis-je ? Complétez.**

1. Je donne des informations sur les gens célèbres. Je suis la … .
2. Je suis une nouvelle exceptionnelle, donnée en exclusivité. Je suis un … .
3. Je suis une publication qui sort toutes les semaines. Je suis un … .
4. J'incite le public à l'achat d'un produit ou d'un mervice. Je suis la … .
5. Je suis une œuvre de fiction transmise à la télé en plusieurs épisodes. Je suis une … .
6. Quand vous me regardez, vous suivez la vie de personnes anonymes ou de célébrités. Je suis la … .

CD ● 004 Le journal

Cadre de vie / Changer de pays/Québec

 ❸ **Le Québec a besoin de**

 SANG NEUF

❼

❽ Québécoise d'origine, Laurence Nadeau a vécu trois ans en France.

❶ la rubrique
❷ le nom du dossier
❸ le titre de l'article
❹ le chapeau
❺ le corps de l'article
❻ une illustration, un graphique, un schéma
❼ une photo
❽ une légende (de la photo)
❾ l'auteur

❹ Québécoise d'origine, Laurence Nadeau a vécu trois ans en France. Elle connaît bien le fameux choc des cultures France-Québec. Elle est l'auteure du guide « S'installer et travailler au Québec » et la créatrice du site immigrer.com. Elle vit à Montréal.

Le Québec, terre promise ?

■ **Laurence Nadeau :** Un chiffre, déjà : 80 % des Français qui s'installent au Canada choisissent le Québec. La province bénéficie d'une image incroyablement positive auprès des Français. Quand j'ai vécu à Paris, je voyais leurs yeux qui s'allumaient quand ❺ apprenaient que j'étais de « là-bas ». En outre, le Québec a besoin de sang neuf et entretient une réelle politique d'immigration, l'idée peut donc être tentante. Attention toutefois :

 ❻ mieux vaut ne pas confondre « développer une politique d'immigration » et « dérouler le tapis rouge aux nouveaux arrivants ». Autrement dit, comme pour toute immigration, venir au Québec implique des sacrifices, et un certain nombre d'efforts. Par exemple, la plupart des immigrants sont obligés d'accepter au début un job bien inférieur à leur niveau d'études et de compétences, histoire de valider une première expérience québécoise essentielle à toute embauche ultérieure plus lucrative. Il faut souvent tout recommencer à zéro pour obtenir par la suite une place intéressante.

Quels conseils donner avant l'expatriation ?

■ **Laurence Nadeau :** Se renseigner, bien sûr. Les Français candidats au départ ont la chance d'avoir été précédés par des milliers de compatriotes. Il existe de nombreux blogs qui recensent conseils et témoignages, sans compter les réseaux de relations. Beaucoup de Français connaissent de près ou de loin quelqu'un qui a tenté l'aventure. Aujourd'hui, la donne a complètement changé avec l'arrivée d'Internet : il est désormais facile de collecter des informations. Ce qui perdure, en revanche, ce sont les clichés. Ils ont la vie dure. Première réalité sous-estimée à comprendre dès que possible : le Québec n'a rien à voir avec la France. Seul point commun, la langue. Souvent un vrai choc pour des Français qui pensent arriver en terre conquise. Même avec une bonne préparation, les codes sociaux sont à réapprendre.

Serait-ce alors une mauvaise idée pour un Français d'émigrer au Québec ?

■ **Laurence Nadeau :** Bien sûr que non. Quelle que soit l'ardeur de la tâche, quand on rêve à ce point d'un pays, il faut garder cette envie au fond de soi. C'est elle qui va nous faire tenir pour affronter les adversités, qui va donner l'énergie nécessaire à l'intégration. Je préfère toutefois prôner un certain réalisme pour couper court à tout malentendu. Non, tout n'est pas rose au Québec et les employeurs ne vous attendent pas à bras ouverts. De même, les Québécois ont beau être par nature joviaux et sympathiques, ce ne sont pas pour autant vos copains. Ici comme partout, se faire des amis, ça prend du temps. Le seul vrai problème, au final, c'est que cette francophonie incite les Français à grandement sous-estimer l'énergie et les efforts à déployer pour s'intégrer. Une fois qu'on a compris ça, bienvenue au Québec. **Nadine Hulot** ❾

À lire avant de partir
→ « S'installer et travailler au Québec », de Laurence Nadeau, L'Express Éditions, 22,90 €. Une autre bible : tout y est !

Les réponses de l'expert

Source : changertout.com

- une rubrique :
  - France
  - international
  - politique
  - économie
- faits divers
- société
- culture
- environnement
- sport
- un article
- un éditorial
- une image
- la Une (= la première page)
- un abonnement, s'abonner

3 **Dans votre cahier ou à l'oral, classez ces titres dans la bonne rubrique.**

1. Abeilles en danger de disparition.
2. Effondrement de la bourse à Wall Street.
3. Encore une victoire pour l'équipe de Lyon.
4. Nouvelles mesures du gouvernement contre le chômage.
5. Rapprochement inattendu entre Israéliens et Palestiniens.
6. Une jeune actrice remporte la Palme d'or à Cannes.
7. Accidents en série sur l'autoroute A2.
8. Introduction d'une nouvelle notation à l'école primaire ?
9. Refus de la Légion d'honneur : est-ce possible ?

CD • 005 Interjections et exclamations

- Ah ! Oh !
- Aïe ! Ouille !
- Beurk !
- Bof !
- Chut !
- Hé !
- Hélas !
- Ouf !
- Oust ! Vite !
- Pouah !
- Quoi ?
- Tiens !
- Youppie !
- Zut !
- Bravo !
- Quel dommage !
- La barbe !
- Tant pis !
- (C'est) chouette / super / génial !
- Oh là là !
- Chapeau !
- Bon, ben…

4 Complétez les phrases par une des interjections de la liste ci-dessous. Exagérez l'intonation !

Aïe ! • Beurk ! • Bof ! • Bravo ! • Chut ! • Ouf ! • Tant pis ! • Zut !

1. … Ces pâtes sont immangeables !
2. … Heureusement, c'est fini ! J'en avais marre !
3. … Je n'ai pas entendu le réveil !
4. … les filles ! Vous avez bien travaillé.
5. … On n'entend rien !
6. … Pour moi, l'un ou l'autre c'est pareil.
7. … Tu m'as fait mal !
8. Ils ne viennent pas ? … On fera sans eux.

▶ Dire, lire, écrire

H muet et *h* aspiré

La lettre *h* est toujours muette en français. Toutefois, au début de certains mots, elle se comporte comme une consonne : elle empêche l'élision et la liaison. Habituellement, les dictionnaires signalent ce *h* (appelé de manière impropre « aspiré ») avec un signe graphique (par exemple, un astérisque). Il n'est pas possible de savoir a priori si un *h* en début de mot est « muet » ou « aspiré », il est donc nécessaire de consulter un dictionnaire.

5 CD • 006 Écoutez, observez et répondez.

Le désert du Sahara. Ne restez pas dehors !
Ils sont horribles ! Ils sont hauts !
Elle n'habite pas ici. Elle ne hurle jamais.

1. Au milieu d'un mot, entre deux voyelles, la lettre *h* : a. se prononce. b. ne se prononce pas.
2. Au début d'un mot, la lettre *h* : a. se prononce. b. ne se prononce pas.
3. Dans certains mots, le *h* initial se comporte comme une consonne. Vrai ou faux ?

6 CD • 007 Complétez, à l'oral ou dans votre cahier. Puis écoutez pour vérifier vos réponses.

0. Le *hamster de Céline s'appelle Grigri.
1. … hôtel-ci est trop cher : cherchons-en un autre.
2. Je déteste … *haricots !
3. La plupart … *hiboux sont actifs la nuit.
4. Il raconte toujours … histoires passionnantes.
5. … *hall a été construit au début du XXe siècle.
6. Elle a visité … *Hollande et … *Hongrie.
7. Le soleil a disparu sous la ligne de … horizon.
8. Nicole joue de … *harpe.
9. Où se trouve l'entrée … hôpital ?
10. Quel est le nom … *héros de ce roman ?

Grammaire

▶ Le conditionnel présent

> Nous **aimerions** connaître votre opinion.

Forme

- Pour former le conditionnel présent de tous les verbes (réguliers et irréguliers), on ajoute au **radical du futur** les **terminaisons de l'imparfait** : *-ais*, *-ais*, *-ait*, *-ions*, *-iez*, *-aient*.

être (*futur* : je **ser**ai)	**avoir** (*futur* : j'**aur**ai)
je ser**ais**	j'aur**ais**
tu ser**ais**	tu aur**ais**
il/elle/on ser**ait**	il/elle/on aur**ait**
nous ser**ions**	nous aur**ions**
vous ser**iez**	vous aur**iez**
ils/elles ser**aient**	ils/elles aur**aient**

venir (*futur* : je **viendr**ai)	**pouvoir** (*futur* : je **pourr**ai)
je viendr**ais**	je pourr**ais**
tu viendr**ais**, etc.	tu pourr**ais**, etc.

Utilisation

- Dans les propositions principales, indépendantes ou relatives, on utilise le conditionnel pour :
  - exprimer un **désir** :
    *J'**aimerais** visiter le Sénégal.*
  - formuler un **conseil** :
    *Tu **devrais** faire un peu de sport.*
  - exprimer une **éventualité** :
    *Je connais quelqu'un qui **pourrait** t'aider.*
  - formuler une **supposition**, rapporter une **information non confirmée** :
    *Il **devrait** arriver dimanche prochain.*
    *Il y a eu un accident mais il n'y **aurait** pas de victimes.*
  - demander un **service** de façon polie :
    *Je **voudrais** essayer ce modèle.*
    ***Pourriez**-vous ouvrir la fenêtre, s'il vous plaît ?*

1 À l'oral ou dans votre cahier, transformez au conditionnel présent.

1. je vois
2. tu fais
3. il y a
4. nous jetons
5. vous choisissez
6. ils vont
7. je connais
8. tu soutiens
9. on reçoit
10. nous appuyons
11. vous êtes
12. elles savent

2 Complétez en conjuguant le verbe au conditionnel présent.

1. À mon avis, vous … (*ne pas devoir*) boire autant d'alcool !
2. Ça te … (*dire*) de m'accompagner au musée de la Presse ?
3. Il veut partir demain, mais nous … (*préférer*) partir mardi.
4. Je … (*souhaiter*) partir au Maroc.
5. Selon les enquêteurs, ces armes … (*provenir*) d'un stock secret.
6. Tu … (*pouvoir*) arrêter de crier ? J'ai mal à la tête !
7. Vous … (*être*) libres demain soir pour essayer le nouveau restaurant japonais ?
8. Avec tout l'argent qu'elle dépense en vêtements, on … (*acheter*) une voiture !
9. Je … (*vouloir*) devenir membre de cette association.
10. … -tu (*pouvoir*) m'aider ?
11. Emma … (*devoir*) faire ses devoirs.
12. Cet été, nous … (*aller*) bien en Australie.

3 Associez librement les éléments des deux colonnes et inventez cinq « rumeurs » amusantes, en utilisant le conditionnel.

0. Tu as entendu ? Au Brésil les chiens porteraient des pyjamas !

1.	Henri	a.	avion
2.	poisson(s) rouge(s)	b.	fleurs
3.	prof d'histoire	c.	patins à roulettes
4.	smartphone	d.	télévision

► La phrase exclamative

> *Quelle merveille, ce petit objet !*

- La phrase exclamative exprime une grande variété de sentiments : admiration, stupeur, colère, etc.
- On utilise le plus souvent la structure des phrases interrogatives, mais l'intonation est descendante :
  - *quel(s) / quelle(s)* + **nom** :
    ***Quel** bonheur !* ***Quelle** surprise !*
  - *quel(s) / quelle(s)* + **adjectif** + **nom** :
    ***Quels** beaux yeux !*
  - *quel(s) / quelle(s)* + **nom** + **adjectif** :
    ***Quelles** fleurs merveilleuses !*
  - *que de* + **nom** : ***Que de** monde !*
  - *combien de* + **nom** : ***Combien de** difficultés il a rencontrées !*
  - *que* + **phrase** :
    ***Qu'**il est ennuyeux, ce conférencier !*
  - *comme* + **phrase** : ***Comme** elle danse bien !*
- Dans la langue parlée, on utilise aussi :
  - *qu'est-ce que* + **phrase** :
    ***Qu'est-ce qu'**il est bête, ce type !*
  - *ce que* + **phrase** :
    ***Ce qu'**il est bête, ce type !*
- Les phrases exclamatives sont souvent accompagnées d'**interjections**. Certaines d'entre elles n'ont qu'une seule interprétation (*Zut !*, *Chut !*) ; d'autres (comme, par exemple, *Ah !*) expriment une gamme d'émotions à interpréter selon le contexte et l'intonation.

4 🎧 **CD•008 Écoutez et dites quelles phrases sont exclamatives.**

5 **Remettez les mots dans le bon ordre.**
1. à la cuisine ! / Combien d' / consacrées / émissions / sont
2. bonne : / crois / je / nouvelle / n'y / pas encore ! / Quelle
3. ce / il est / débat ! / ennuyeux / Qu'est-ce qu'
4. ces / indiscrets, / ils sont / journalistes ! / Qu'
5. charmante, / Comme / êtes / mademoiselle ! / vous
6. erreurs : / grosses / la moyenne ! / n'auras pas / Quelles / tu

► Les pronoms relatifs *dont* et *où*

> *Il enregistre la vie quotidienne **dont** il est le témoin.*

- Le pronom relatif ***dont*** remplace des personnes ou des choses. Il peut être complément d'un verbe ou d'un nom :
  C'est un problème ***dont** on <u>parle</u> beaucoup.*
  Il s'agit d'un artiste ***dont** les <u>œuvres</u> sont exposées dans le monde entier.*
- Les verbes qui peuvent être complémentés par ***dont*** sont ceux qui se construisent avec ***de*** : *parler, rêver, se souvenir de quelque chose.*
- Le pronom relatif ***où*** correspond aussi bien à un complément de lieu qu'à un complément de temps :
  *Vous aimez la ville **où** vous habitez ?*
  *Je n'oublierai jamais le jour **où** je l'ai vue.*
- *Où* peut être précédé des prépositions ***de***, ***par***, ***jusqu'***, ***vers***…
  *Le village **d'où** il vient est minuscule.*

6 **Formez une seule phrase en utilisant *où*, *dont*, *dont le*, *dont la*, *dont les*.**

0. Voici un article. J'ai trouvé cette information dans cet article. → *Voici l'article où j'ai trouvé cette information.*
1. Cette rubrique est passionnante. Elle s'occupe de cette rubrique.
2. C'est un journal controversé. Sa « une » fait toujours scandale.
3. 1944 est une année. Cette année-là, débute la publication du *Monde*.
4. C'est un journaliste célèbre. Ses articles sont toujours passionnants.
5. Voici la chaîne. Je t'ai parlé de cette chaîne.
6. *Paris Match* est un hebdo populaire. Son abonnement coûte 98 € par an.

7 **Complétez par *qui*, *que*, *qu'*, *où*, *dont*.**
1. C'est un nouveau produit chimique … on ne connaît pas encore tous les risques.
2. Dites-nous ce … on devrait faire.
3. L'article … je viens de lire est plein d'erreurs.
4. Nous ne savons pas ce … s'est passé.
5. Tu connais un site … je pourrais trouver des informations sur ce sujet ?
6. Voici les choses … vous pourriez avoir besoin.

▶ Les adjectifs et pronoms indéfinis : *autre*

> Nous vous invitons à laisser **d'autres** témoignages.

- L'adjectif et pronom *autre(s)* est généralement précédé d'un **déterminant** (article défini ou indéfini, possessif, démonstratif, numéral…) :
  *Il est venu **l'autre** jour.*
  *La réunion peut avoir lieu **un autre** jour de la semaine.*
- Le pluriel de *un(e) autre* est *d'autres* :
  *Tu as reçu **d'autres** cadeaux ?*
  *Tu en as reçu **d'autres** ?*
  *Il affirme être en contact avec les habitants **d'autres** planètes.*
- Le pluriel de *l'autre* est *les autres*. Construit comme complément d'un nom, il devient *des* (*de + les*) *autres* :
  *On a demandé l'avis **des autres** témoins.*
  *Elle s'intéresse plus à la vie **des autres** qu'à la sienne.*

ATTENTION ! Les nombres précèdent *autre(s)* :
deux autres minutes

- D'autres expressions utilisées : *autre chose*, *quelqu'un d'autre*, *quelque chose d'autre* et *rien d'autre* :
  *Vous désirez **autre chose**, mademoiselle ?*
  *Se mettre à la place de **quelqu'un d'autre** n'est pas facile.*
  *Y a-t-il **quelque chose d'autre** que vous voudriez ajouter dans votre déclaration ?*
  *Les enfants ne font **rien d'autre** que jouer.*

8 Mettez *autre* au pluriel et faites les transformations nécessaires.

0. Quel est l'autre exercice que je dois faire ?
   → Quels sont les autres exercices que je dois faire ?

1. Je prends celui-ci ; le prix de l'autre modèle est trop élevé.

2. Fanny a déjà une tablette mais elle en voudrait une autre.

3. Moi, je vais faire cette traduction ; occupe-toi de l'autre.

4. Pourquoi avez-vous choisi cette option plutôt que l'autre ?

9 À l'oral, complétez avec *d'autres* ou *des autres*.

1. C'est une bonne solution, mais il y en a sûrement … .

2. Connaissez-vous … quotidiens français, en plus du *Figaro* ?

3. Il faut toujours respecter les opinions … .

4. Certains estiment qu'il a raison, … pensent le contraire.

5. Voici les titres … articles dont je vous ai parlé.

6. Pour compléter ma recherche, il me faut … précisions.

▶ La nominalisation

> **Réapparition** d'un métier oublié.

- Il est possible de former des noms à partir d'un verbe. Le plus souvent, il suffit d'ajouter une **terminaison au radical du verbe**.
- Les terminaisons suivantes permettent de créer des noms **masculins** :
  - *age* : *passer* → *un pass**age***
  - *ement* : *développer* → *un développ**ement***
- Les terminaisons suivantes permettent de créer des noms **féminins** :
  - *ade* : *se promener* → *une promen**ade***
  - *ance / -ence* : *abonder* → *l'abond**ance*** ; *exister* → *l'exist**ence***
  - *ation / -ition* : *démolir* → *une démol**ition*** ; *manifester* → *une manifest**ation***
  - *ée* : *entrer* → *une entr**ée***
  - *ion* : *exploser* → *une explos**ion***
  - *ure* : *brûler* → *une brûl**ure***
- Dans de nombreux cas, le **radical du verbe** subit une **transformation** avant l'ajout de la terminaison :
  connaître → *une connaissance*
  décider → *une décision*
  signer → *une signature*, etc.
- Parfois, la transformation s'effectue selon d'autres modalités :
  partir → *le départ*
  lire → *la lecture*, etc.

ATTENTION ! En français, il existe peu d'**infinitifs** qui ont la **valeur d'un nom**. On les trouve dans les dictionnaires : *le déjeuner, le dîner, le goûter, le devoir, le pouvoir*, etc.

10 Dans votre cahier, formez des noms à partir des verbes suivants et précisez leur genre.

0. développer → *développement (m.)*
1. arriver
2. doser
3. entraîner
4. fermer
5. glisser
6. inscrire
7. patiner
8. venger
9. posséder
10. transformer

11 À l'oral ou dans votre cahier, trouvez des titres à partir des informations ci-dessous.

0. De nombreuses usines ferment.

→ *Fermeture de nombreuses usines.*

1. ACME licencie encore 20 ouvriers.
2. L'équipe de Lyon a remplacé son entraîneur.
3. Le champion en titre a été éliminé en trois sets.
4. Les chercheurs découvrent un nouveau médicament contre la migraine.
5. Les coupables ont été condamnés à 8 ans de prison ferme.
6. Les plages vont être nettoyées par des bénévoles.
7. Les syndicats et le gouvernement rompent les négociations.
8. Paris construit un nouveau pont sur la Seine.
9. À Flavigny, on a ultérieurement agrandi la zone commerciale des Corettes.
10. Le beau temps va persister sur notre région pendant tout le week-end.
11. La Belgique organise le 80ᵉ anniversaire d'Albert II.
12. Le Louvre expose les œuvres de Picasso en août.
13. La consommation de sodas augmente en France.
14. Le gouvernement coupe les aides en faveur de l'automobile.
15. Un panda est né au zoo de la ville.
16. Les universités les plus importantes ont signé un accord.

▶ **Les verbes *conclure* et *résoudre***

• Les verbes *conclure* et *résoudre* sont irréguliers.

conclure	résoudre
je conclus	je résous
tu conclus	tu résous
il/elle/on conclut	il/elle/on résout
nous concluons	nous résolvons
vous concluez	vous résolvez
ils/elles concluent	ils/elles résolvent
futur : je conclurai	**futur :** je résoudrai
participe passé : conclu	**participe passé :** résolu

• Les verbes *exclure* et *inclure* se conjuguent comme *conclure* ; leurs participes passés sont *exclus* et *inclus*.
• Le verbe *absoudre* se conjugue comme *résoudre* ; mais son participe passé est **absous** / **absoute**.

12 Conjuguez les verbes au temps indiqué.

1. À mon avis, tu ... (*résoudre*, présent) tes problèmes trop superficiellement.
2. Est-ce que le prix de la chambre ... (*inclure*, présent) le petit-déjeuner ?
3. La police ... (*exclure*, passé composé) un acte terroriste.
4. Le festival ... (*se conclure*, futur) avec un concert gratuit.
5. Le jury ... (*absoudre*, passé composé) tous les accusés.
6. Papi me dit toujours qu'à mon âge, il ... (*résoudre*, imparfait) les exercices de maths sans calculette !
7. Mais vous m'aviez assuré que le prix du repas ... (*inclure*, imparfait) les boissons !
8. Les chercheurs ... (*conclure*, passé composé) qu'aucun des produits analysés n'était dangereux.

Exprimer des sentiments positifs

▶ **La surprise / L'étonnement / L'incrédulité**

- Je suis surpris(e) / étonné(e).
- C'est surprenant / étonnant !
- Ça m'étonne / me surprend.
- Ce n'est pas possible / croyable !
- C'est pas vrai !
- Je n'en reviens pas !
- Je n'en crois pas mes yeux / mes oreilles !
- Je (ne) l'aurais jamais cru !
- Incroyable !
- Quoi ?!
- Ah bon ? / Vraiment ?
- Tu plaisantes ?
- Ça alors !
- Sans blague !

▶ **L'admiration / L'enthousiasme**

- Je trouve ça magnifique / formidable / merveilleux !
- C'est superbe / génial / super / chouette !
- Qu'est-ce que c'est beau !
- J'admire... / J'ai de l'admiration pour...

▶ **La joie / Le bonheur**

- Je suis content(e) / heureux (heureuse).
- Je suis fou (folle) de joie !
- Je saute de joie.
- Je suis (absolument) ravi(e).
- Je suis aux anges / au paradis / au septième ciel !

1 🎧 **CD•009** Écoutez et indiquez quels sentiments expriment les personnages.

- Surprise
- Admiration
- Joie

2
DELF Écrivez un petit texte (100 mots) à propos d'une célébrité ou d'une personne de votre entourage que vous estimez. Utilisez le plus grand nombre possible d'expressions pour montrer votre admiration.

3 Aline et Babette se rencontrent dans un magasin après cinq ans sans nouvelles. Écrivez le dialogue sur la base de ces indications.

- Aline est étonnée de revoir Babette après tout ce temps.
- Babette exprime sa joie.
- Aline demande à Babette depuis quand elle est rentrée.
- Babette répond.
- Aline demande si c'est un retour définitif.
- Babette répond que oui et dit où elle habite.

- Aline exprime son étonnement parce qu'elle habite tout près de chez elle.
- Babette est très contente car elles pourront se revoir souvent.
- Aline remarque que Babette a changé de look et elle exprime son admiration.
- Babette remercie.
- Les deux amies décident de continuer à faire les boutiques ensemble.

4 Choisissez un lieu particulier et écrivez un tweet où vous exprimez les émotions que suscite ce lieu. N'oubliez pas : votre message ne doit pas dépasser 140 caractères !

Donner des conseils

> ▶ **Je te conseille...**
> - Je te conseille de recommencer.
> - Il faudrait faire plus attention.
> - Tu devrais arrêter de fumer.
> - Tu ferais bien/mieux de lui parler.
> - Tu pourrais essayer de faire un peu de sport.
> - À ta place, je ne ferais pas ça.
> - Et si tu te reposais un peu ?
> - À mon avis, il vaudrait mieux ne pas le déranger.
> - Ce serait bête de ne pas en profiter.

5 **Donnez le bon conseil à votre camarade.**

1. Brr, quel froid !
2. Ce n'est pas juste ! Elle va m'entendre, cette fois-ci !
3. La barbe ! J'en ai marre de tous ces exercices !
4. Oh là là, j'ai la tête qui tourne !
5. Un week-end à Londres avec mes parents, ça ne m'attire pas du tout.
6. Zut ! J'ai encore raté mon bus !

a. À ta place, j'éviterais d'agir de manière aussi impulsive.
b. Ce serait bête de rater une telle occasion.
c. Encore ? Tu devrais consulter un médecin.
d. Et si tu mettais un pull au lieu de ce T-shirt ?
e. Tu ferais mieux de te réveiller plus tôt.
f. Il vaudrait mieux étudier sérieusement au lieu de râler tout le temps !

6 **Pour chaque situation, formulez trois conseils. Variez les expressions.**

1. À un(e) ami(e) qui a son premier rendez-vous amoureux.

2. À votre grand-père ou grand-mère qui veut apprendre à utiliser l'ordinateur.

3. À un de vos parents qui veut rester en forme.

4. À un(e) camarade qui veut améliorer son français.

5. À ton frère qui veut demander un cadeau d'anniversaire très cher à vos parents.

6. À un(e) ami(e) qui est très découragé(e) après ses mauvais résultats scolaires.

L'Union Européenne

1957	Les six membres fondateurs
1973	Irlande, Royaume-Uni, Danemark
1981	Grèce
1986	Espagne, Portugal (CEE à 12)
1990	La République Démocratique Allemande rejoint l'Union
1995	Autriche, Finlande, Suède (Union à 15)
2004	Estonie, Hongrie, Lettonie, Lituanie, Pologne, République tchèque, Slovaquie, Slovénie (Union à 25)
2007	Roumanie, Bulgarie (Union à 27)
2013	2013 Croatie (Union à 28)
////	Pays de la zone euro, au 1er janvier 2013

Curiosité

L'Orchestre des Jeunes de l'Union Européenne (EUYO). Depuis 1976, tous les ans, des jeunes musiciens âgés de 14 à 24 ans et provenant des 27 pays de l'UE posent leur candidature pour jouer, pendant une année, dans cet orchestre qui représente l'esprit de coopération et l'idéal européen.

FINLANDE
SUÈDE
ESTONIE
LETTONIE
LITUANIE
DANEMARK
ROYAUME-UNI
IRLANDE
Allemagne de l'Est
POLOGNE
PAYS-BAS
ALLEMAGNE
BELGIQUE
LUXEMBOURG
RÉP. TCHÈQUE
Allemagne de l'Ouest
SLOVAQUIE
AUTRICHE
HONGRIE
FRANCE
SLOVÉNIE
CROATIE
ROUMANIE
BULGARIE
ITALIE
ESPAGNE
PORTUGAL
GRÈCE
MALTE
CHYPRE

Génération Erasmus

Camille est une jeune fille française qui vient d'obtenir son diplôme d'études supérieures en soins infirmiers. Pendant sa deuxième année, elle a eu la possibilité d'étudier six mois à Madrid ; donc, comme elle parle bien l'espagnol, elle envoie son CV un peu partout, y compris en Espagne, à travers un site de recherche d'emploi financé par l'UE.

Après un premier entretien via Skype et un autre à Salamanca, elle décroche un CDI (contrat à durée indéterminée) et maintenant, elle partage une jolie petite maison avec trois de ses collègues, deux italiennes et une polonaise, dans cette ville d'Espagne.

Camille est une représentante de la « génération Erasmus » : ce sont tous les citoyens européens qui, au fil des années, sont partis pour se former et pouvoir ensuite travailler dans un pays européen.

Avec le projet Erasmus, construire son propre futur à l'étranger, c'est une belle aventure !

Les principales étapes de la construction de l'Union Européenne

1957 À Rome, six pays signent des traités instituant la Communauté économique européenne (**CEE**) et la Communauté européenne de l'énergie atomique (**Euratom**). Ce sont les « **traités de Rome** ».

1979 Entrée en vigueur du système monétaire européen (**SME**).

1992 Signature du traité de l'Union Européenne à **Maastricht**. C'est la naissance officielle de « l'**Union européenne** ».

1993 Mise en place du **marché unique** et de ses quatre libertés : la libre circulation des marchandises, des services, des personnes et des capitaux est devenue réalité.

1995 Entrée en vigueur des accords de **Schengen** sur l'élimination des contrôles aux frontières.

1998 Naissance de la Banque Centrale Européenne (**BCE**).

2002 L'**euro** remplace les monnaies nationales.

2007 Les 27 États membres de l'UE signent le **traité de Lisbonne** qui modifie les traités précédents et qui a été rédigé pour renforcer la démocratie, l'efficacité et la transparence de l'UE.

2012 L'Union européenne reçoit à Oslo le prix Nobel de la paix 2012. Ce prix récompense sa contribution à la paix et à la réconciliation, à la démocratie et aux droits de l'homme au cours des soixante années précédentes.

2016 Le Royaume-Uni sort de l'Union européenne (Union à 27).

Les symboles de l'Union Européenne

Le drapeau européen

Les étoiles symbolisent les idéaux d'unité, de solidarité et d'harmonie entre les peuples d'Europe.

L'hymne européen

Depuis 1985, le thème musical de l'*Ode à la joie* est l'hymne officiel de l'Union européenne. Cette mélodie a été écrite en 1823 par le compositeur allemand Ludwig van Beethoven sur les paroles d'un poème écrit en 1785 par l'écrivain, allemand lui aussi, Friedrich von Schiller. Cet hymne évoque, grâce au langage universel de la musique, les idéaux de liberté, de paix et de solidarité incarnés par l'Europe.

La devise de l'Europe

Depuis 2000, l'Europe a sa devise officielle : « Unie dans la diversité ». Elle représente l'idéal européen qui voit dans les différentes cultures et traditions qui forment l'Europe une vraie richesse et une grande force.

1 **Répondez par vrai ou faux.**

1. Les premiers traités européens ont été signés en Italie.
2. Avant l'introduction de l'euro, il n'y avait jamais eu de système monétaire commun en Europe.
3. L'Union européenne naît officiellement avec le traité de Schengen.
4. La Banque Centrale Européenne est née avant l'introduction de l'euro.
5. Depuis 2016, les Pays membres de l'Union européenne sont 27.

2 **Répondez aux questions.**

1. Observez la carte de l'Europe et la légende, puis dites quels sont les pays fondateurs de l'UE.
2. Pourquoi Camille a-t-elle pu obtenir un poste en Espagne ?
3. Quels sont les points importants qui caractérisent le marché unique européen ?
4. Que prévoient les accords de Schengen ?
5. Qu'est-ce qui s'est passé en 2012 ?
6. Quel message veut-on transmettre avec la devise de l'Europe ?
7. **Cherchez sur Internet.** Quels pays ont demandé officiellement de faire partie de l'UE ?

3 **Et aujourd'hui ? Répondez aux questions.**

1. Qui est le Président de l'UE et de quelle nationalité est-il ?
2. Quel pays a la présidence du Conseil de l'UE ?
3. Qui est le Président de la BCE et quelle est sa nationalité ?

2

Environnement ? Respect !

1 À VOUS ! **Répondez aux questions suivantes.**

A. Comment dit-on « tri sélectif » dans votre langue ?

B. Connaissez-vous des espèces animales en voie d'extinction ?

C. Connaissez-vous l'effet de serre et ses conséquences ?

D. Qu'est-ce vous faites pour préserver l'environnement ?

2 Un monde très écologique... **Lisez l'article à la page suivante et répondez.**

DELF

1. L'IPE sert à :
   a. évaluer l'état de santé de l'environnement de 132 pays.
   b. relever les différences entre 132 pays en matière d'écologie.
   c. mesurer l'amélioration de l'environnement dans 132 pays.

2. Qu'est-ce qui a permis à la Suisse d'être à la tête du classement ?

3. Deux pays ont combattu contre la pollution de l'air. Lesquels ? Justifiez votre réponse.

4. Deux pays ont travaillé surtout dans le domaine énergétique. Lesquels ? Justifiez votre réponse.

5. Trois pays se sont distingués pour leur respect de la nature. Lesquels ? Justifiez votre réponse.

6. Quel est le pays qui a le plus progressé dans le classement ?

7. Pourquoi la présence du Costa Rica dans ce classement constitue une « petite surprise » ?

8. La Norvège et le Luxembourg ont collaboré à un projet commun pour la préservation de la Terre.
   a. Vrai.
   b. Faux.
   c. On ne sait pas.

Top 10 des pays écolos : un podium presque 100% européen
Par Lucie Compagnon

Quels sont les pays les plus écologiques du monde ?

Des chercheurs des universités de Yale et de Columbia ont classé 132 pays selon l'IPE – *l'Indice de Performance Environnementale*. Parmi les 16 critères que l'équipe a utilisés, figurent la qualité de l'eau, la pollution de l'air, la biodiversité, l'efficacité énergétique, la protection des régions sauvages, les émissions de CO_2 ou encore les énergies renouvelables.

C'est la **Suisse** qui s'est placée en tête, grâce à une bonne santé environnementale et à une nature préservée. Avec un taux de 50% de tri sélectif des déchets urbains, les Suisses font partie des citoyens qui recyclent le plus.

En deuxième position, la **Lettonie**, qui est l'un des pays qui a fait le plus de progrès en matière d'environnement. Classée 21e il y a quelques années, elle est devenue un modèle quant à l'organisation des espaces verts en zone urbaine.

Viennent ensuite la **Norvège**, avec ses idées ingénieuses pour la sauvegarde de la planète, et le **Luxembourg**.

Petite surprise : le **Costa Rica**, pays d'Amérique centrale à l'exceptionnelle biodiversité, est cinquième du classement pour son économie basée sur l'exploitation raisonnée des ressources naturelles, ainsi que sur le développement de son écotourisme.

On retrouve en sixième position la **France** : notre pays est parmi ceux qui ont le mieux travaillé en faveur de l'assainissement de l'air et de l'eau, en abattant le taux de CO_2.

L'**Autriche** se place septième, grâce à son attention aux énergies renouvelables ; l'**Italie** arrive juste derrière en raison des mesures qu'elle a prises pour diminuer les émissions nocives dans le secteur des transports.

Le classement s'achève avec le **Royaume-Uni** et la **Suède** ; le premier a fait de gros efforts pour favoriser une agriculture plus respectueuse de l'environnement ; la seconde s'est fixé l'objectif de se passer totalement de pétrole.

---

3 Observez l'article ci-dessus et répondez.

1. Quel sujet est annoncé par le titre ?
2. Quels mots du titre révèlent que dans l'article vous allez trouver un classement ?
3. Y a-t-il des mots mis en évidence à l'intérieur de l'article ? Lesquels ?
4. Quel est l'« intrus » parmi ces mots ? Pourquoi ?
5. Est-ce que la présence de cet « intrus » est déjà signalée par le titre ?

4 **GRAMMAIRE** Trouvez tous les participes passés dans l'article.

1. Classez les participes passés en trois catégories :
   • sans auxiliaire. • avec l'auxiliaire *être*. • avec l'auxiliaire *avoir*.
2. En l'absence d'auxiliaire, le participe passé :
   a. est toujours invariable.
   b. s'accorde toujours.
   c. est invariable dans certains cas, variable dans d'autres.
3. En présence de l'auxiliaire *avoir*, le participe passé :
   a. est toujours invariable.
   b. s'accorde toujours.
   c. est invariable dans certains cas, variable dans d'autres.
4. Quand l'auxiliaire est *avoir*, le participe passé s'accorde :
   a. avec le sujet.
   b. avec le complément d'objet qui suit.
   c. avec le complément d'objet qui précède.

▶ **L'accord du participe passé, p. 35**

La planète en danger

5   La Terre a chaud ! **Lisez le texte et répondez.**

Un climat malade, des pollutions tenaces, des ressources trop exploitées, des espèces en danger, la prospérité réservée à 20 % des habitants de la planète... Le constat n'est pas brillant.

Depuis 150 ans environ, la température moyenne globale de notre planète ne cesse de s'élever, à cause de l'effet de serre. Pour éviter que notre climat ne s'emballe, les scientifiques recommandent de ne plus attendre car le retard accumulé est malheureusement déjà énorme. Si on ne s'attaque pas aux causes et si on ne limite pas les conséquences, les bouleversements provoqués par le réchauffement climatique risquent d'être irréversibles :

- une élévation du niveau de la mer, due principalement au réchauffement des océans, car plus l'eau est chaude, plus elle prend de la place ; à cela s'ajoute l'eau issue de la fonte des glaces continentales ;
- une amplification des phénomènes météorologiques extrêmes, avec tempêtes, ouragans, cyclones, inondations, canicules, sécheresses... ;
- des bouleversements des conditions de vie, pour les populations chassées de leur pays par la montée des océans, les famines ou les tempêtes. On les appelle des réfugiés climatiques ;
- un chamboulement écologique, pour des plantes sauvages, et aussi cultivées, qui ne supporteront pas les nouvelles conditions de température et de sécheresse. Sans oublier les animaux qui devront migrer ou s'adapter rapidement.

1. Quel phénomène est à la base des changements climatiques ? De quoi s'agit-il ?
2. Pourquoi les scientifiques sont-ils préoccupés ?
3. Qui sont les « réfugiés climatiques » ?
4. Que risquent plantes et animaux ?

6   CD•010 Sauvons les abeilles ! **Écoutez le dialogue. Quel est l'animal qui n'est pas mentionné ?**
DELF

7   **Écoutez une deuxième fois et mettez ces actions dans l'ordre chronologique.**

- a. Benoît fait une recherche sur les abeilles.
- b. Benoît va à la cafétéria.
- c. Mme Fournier donne un travail à la classe de Yasmina et Alain.
- d. Yasmina et Alain font une recherche sur un animal en danger.
- e. Yasmina et Alain présentent leur exposé.

8 **Maintenant lisez le dialogue et répondez aux questions.**

Benoît – Salut, les gars. Vous venez à la cafét' ?

Alain – Hélas, non. Nous pourrons peut-être te rejoindre quand nous aurons fini.

Yasmina – Demain, nous devons présenter un exposé et nous n'avons presque rien écrit.

Alain – Je te l'avais dit, Yasmina : nous aurions dû nous y mettre plus tôt !

Benoît – Eh quel est le sujet ?

Yasmina – Mme Fournier nous a demandé de présenter un animal en danger d'extinction, et nous n'avons même pas choisi lequel : moi, j'aurais préféré le tigre ou le rhinocéros, mais Alain insiste pour le loup ou la baleine.

Benoît – Eh bien ! Vous avez de la chance ! L'année dernière, j'avais fait une recherche similaire sur les abeilles. Je sais tout là-dessus !

Alain – Les abeilles ? Tu plaisantes ?

Benoît – Pas du tout ! Les pesticides et la pollution auraient provoqué la mort de la moitié des abeilles dans le monde. Et comme la pollinisation des plantes dépend des abeilles, l'homme risque de ne plus pouvoir se nourrir.

Yasmina – Mais c'est hallucinant !

Benoît – La menace de disparition ne concerne pas que les animaux sauvages qui vivent dans la savane ou dans les forêts : elle touche aussi certaines races de vaches ou de brebis et même les fruits et les légumes. C'est très dangereux pour la biodiversité.

Yasmina – Benoît, tu es super écolo !

Benoît – C'est un sujet qui me tient à cœur et qui devrait indigner tout le monde. Je suis vraiment écœuré, car pour certaines espèces, il aurait fallu intervenir plus tôt. Quand vous aurez approfondi votre recherche, vous serez d'accord avec moi : l'écologie, c'est l'affaire de tous.

Alain – Tu as raison, Benoît. Allez au travail ! Sauvons les abeilles !

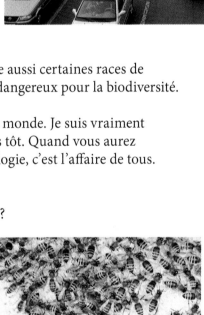

1. Est-ce que Yasmina et Alain acceptent l'invitation de Benoît ? Pourquoi ?

2. Quel reproche Alain fait-il à Yasmina ?

3. Yasmina et Alain se sont-ils accordés sur le sujet à traiter ?

4. Pourquoi Yasmina et Alain ont de la chance, selon Benoît ?

5. Quel risque la disparition des abeilles comporte-t-elle ?

6. La disparition des abeilles a des conséquences sur :
   a. le prix du miel.
   b. la reproduction des végétaux.
   c. l'utilisation des pesticides.

7. Quel sentiment Benoît exprime-t-il à la fin du dialogue ?
   a. Déception.   **b.** Impatience.   **c.** Indignation.

L'INFO EN ✚

D'après le WWF (l'une des organisations internationales de conservation de la nature les plus respectées au monde), **une espèce vivante** (animal ou végétal) **disparaît toutes les 13 minutes**, en raison des activités humaines !

Ce taux d'extinction est de 100 à 1000 fois supérieur au rythme naturel. Un mammifère sur quatre, un oiseau sur huit, un requin sur cinq, un conifère sur quatre et un amphibien sur trois sont menacés et pourraient disparaître dans un futur proche.

Mots et expressions

🎧 CD•011 **Animaux de la ferme**

• la brebis, l'agneau

• la chèvre

• le poussin

• le coq

• le dindon

• l'oie (*f.*)

• le canard

• le lapin

• la vache

• le veau

• le cheval

• la souris

- -

• le taureau   • la poule   • la dinde   • le rat

CD•012 Animaux sauvages

• le singe

• la biche

• le renard

• l'aigle (*m.*)

• le panda roux

• le sanglier

• le lion

- la lionne, le lionceau
- le tigre
- le guépard
- la panthère
- la girafe
- l'éléphant (*m.*)
- le rhinocéros
- l'hippopotame (*m.*)
- le crocodile

- la guenon
- l'ours (brun, polaire) (*m.*)
- le cerf, le daim
- le loup, la louve, le louveteau
- l'écureuil (*m.*)
- la chauve-souris
- le phoque
- le moineau

- le pingouin, le manchot
- l'hirondelle (*f.*)
- la tortue
- la baleine
- le requin
- le serpent

---

1 **À l'oral, complétez ces phrases avec l'animal qui convient.**

1. Dans l'histoire de Peter Pan, le Capitaine Crochet est poursuivi par un … qui veut le dévorer.
2. Dumbo est un petit … qui utilise ses énormes oreilles pour voler.
3. La … *de monsieur Seguin* est une des nouvelles des *Lettres de mon moulin* d'Alphonse Daudet.
4. La traduction de Batman est « homme …».
5. Le … et le … sont aussi deux signes du zodiaque.
6. Dans le *Livre de la jungle*, Baloo est un …, Bagheera est une … et Kaa est un ….
7. Les musiciens de Brême : un …, un chien, un chat et un ….
8. Mickey est une …, Oncle Donald est un …, Tic et Tac sont deux …, et le cheval Horace est amoureux d'une …, Clarabelle.
9. *Ratatouille* est l'histoire de Rémy, un jeune … qui rêve de devenir chef cuisinier.
10. Dans la version Disney, Robin des Bois et Marianne sont deux …, tandis que le Roi Jean est un ….

CD•013 L'environnement

- la pollution, polluer
- les énergies renouvelables
- la marée noire

- l'écologie (f.)
- le développement durable
- le climat
- la biodiversité
- la déforestation

- trier les déchets
- le recyclage, recycler
- le traitement des eaux, traiter
- l'effet de serre (m.)

- le trou dans la couche d'ozone
- le gaspillage, gaspiller
- l'exploitation (f.), exploiter
- la sauvegarde, sauvegarder
- le tri sélectif

2 **Associez les éléments des deux colonnes et rédigez des phrases.**

1. énergies renouvelables
2. marée noire
3. pollution de l'air
4. recyclage
5. traitement des eaux
6. trou dans la couche d'ozone

a. assainissement
b. changements climatiques
c. déchets
d. éoliennes et panneaux solaires
e. pétrole
f. smog

CD•014 Les espaces naturels

- le désert
- la prairie
- la plage

- le glacier
- la forêt (tropicale, équatoriale)

- le fleuve, la rivière

- le paysage
- la colline
- la montagne
- la plaine
- la végétation
- les espaces verts
- le lac

- le marécage, le marais
- la mer
- la savane
- la banquise
- le volcan

3 Recopiez la grille dans votre cahier et continuez à la remplir avec d'autres animaux sauvages (à trouver dans la page 65 ou dans le dictionnaire).

	mammifères	oiseaux	poissons	reptiles
1. savane	lion	???	???	???
2. forêt	???	???	???	serpent
3. lac, fleuve	???	???	???	???
4. mer	???	???	requin	???
5. banquise	???	???	???	???
6. air	???	aigle	???	???

▶ Dire, lire, écrire

La division en syllabes

Une syllabe est un groupe de sons que l'on prononce en une seule fois. Savoir diviser en syllabes est essentiel pour la prononciation des voyelles nasales et pour la coupure des mots à l'écrit.

- En français, on sépare les syllabes entre deux consonnes :
  té-lé-pho-ner   *u-ni-ver-sel*   *com-mis-sion**   *res-ter*
- Quand il y a trois consonnes à la suite, habituellement la syllabe se termine après les deux premières :
  obs-ta-cle   *fonc-tion-ner***
  Toutefois les groupes **bl**, **cl**, **fl**, **gl**, **pl**, **br**, **cr**, **dr**, **fr**, **gr**, **pr**, **tr** et **vr** sont inséparables :
  *as-sem-blée****   *im-pri-man-te*
  Dans le cas des consonnes doubles, une seule est prononcée avec la deuxième syllabe :
  [kɔ-mi-sjɔ̃]*, [fɔ̃k-sjɔ-ne]**, [a-sɑ̃-ble]***.

4 Dans votre cahier, divisez les mots suivants en syllabes.

1. interpréter
2. perfection
3. instituteur
4. respecter
5. représentant
6. fantastique

- À l'écrit, pour aller à la ligne, on suit ces règles :
  – Les groupes *ch*, *ph*, *gn* et *th* sont inséparables : *cher-cher*, *al-pha*.
  – On ne sépare jamais deux voyelles qui se suivent, sauf s'il s'agit d'un préfixe : *dia-mant*, mais : *anti-allergique*.
  – On divise après *x* et *y* seulement si ces lettres sont suivies d'une consonne : *pay-san*, *tex-tile*, mais : *voya-geur*, *exa-miner*.
  – Quand un mot s'écrit avec un trait d'union, on va à la ligne après ce dernier, en évitant d'autres séparations : *contre-réforme* (mais pas *con-tre-réforme* ou *contre-ré-forme*).
  – Il faut éviter d'aller à la ligne avant une syllabe muette : *cou-rageuse* ou *coura-geuse* mais pas *courageu-se*.

5 Le logiciel de rédaction ne sait pas aller à la ligne ! Corrigez ses erreurs dans votre cahier.

1. espi-onnage
2. réflex-ion
3. histoi-re
4. sous-vête-ment
5. mo-yen
6. montag-nard

Grammaire

▶ Le conditionnel passé

> Nous **aurions dû** nous y mettre plus tôt !

- Le conditionnel passé se forme avec :

> *être / avoir* au **conditionnel présent**
> + **participe passé** du verbe

> *Je serais parti.*
> *Vous auriez parlé.*

- Dans les propositions principales ou indépendantes, le conditionnel passé est utilisé pour exprimer :
  – un **regret** :
  J'aurais voulu devenir pilote d'avion !
  – un **reproche** :
  Tu aurais dû me le dire avant !
  – une **information non confirmée** :
  Selon la presse, ils se seraient mariés en secret.

1 Mettez les verbes au conditionnel passé et dites s'il s'agit d'un regret, d'un reproche ou d'une information non confirmée.

1. D'après les rumeurs, Marie Machin et Paul Tartempion ... (*passer*) leurs vacances ensemble.
2. Excuse-moi, je ... (*devoir*) t'en parler avant.
3. Le chauffeur ... (*faire*) une fausse manœuvre.
4. Ma sœur et moi, nous ... (*aimer*) devenir danseuses.
5. Vous avez eu tort d'en faire à votre tête : il ... (*falloir*) écouter mes conseils.
6. Vous ... (*pouvoir*) attendre encore 5 minutes !
7. Avec un peu plus de détermination, j' ... (*pouvoir*) faire beaucoup mieux.
8. Nous vous invitons à la prudence car des lions ... (*s'échapper*) du zoo.
9. Nous ... (*vouloir*) faire une randonnée mais il s'est mis à pleuvoir.
10. D'après son chef, elle ... (*demander*) à changer de poste.

▶ Le plus-que-parfait et le futur antérieur

> Je te l'**avais dit**, Yasmina. Nous pourrons vous rejoindre quand nous **aurons fini**.

- On utilise le **plus-que-parfait** pour exprimer une action antérieure à une autre action dans le passé. Ce temps se forme ainsi :

> *être / avoir* à l'**imparfait**
> + **participe passé** du verbe

> *Les voisins m'ont dit qu'elle **était partie** deux jours plus tôt.*
> *Il est rentré à la maison parce qu'il **avait oublié** de fermer le gaz.*

Dans une phrase qui commence par *si* (*seulement*), le plus-que-parfait exprime le **regret** :

> *Ah, si (seulement) tu **étais arrivée** plus tôt !*

- De la même manière, on utilise le **futur antérieur** pour exprimer une action future qui précède une autre action future exprimée par le futur simple. Ce temps se forme ainsi :

> *être / avoir* au **futur**
> + **participe passé** du verbe

> *Tu sortiras quand tu **auras fini** tes devoirs.*

- Le futur antérieur s'utilise aussi également pour formuler une **supposition** :

> *Il est en retard : il **aura raté** le bus comme d'habitude.*

2 Mettez les verbes au plus-que-parfait ou au futur antérieur.

1. Elle est arrivée trop tard et nous, on ... déjà .... (*partir*)
2. Tu te sentiras mieux quand tu ... (*prendre*) ce sirop.
3. Une fois que nous ... (*terminer*) ce projet, nous devrons le présenter à toute la classe.
4. J'ignorais que vous ... (*être*) à Paris !
5. Je ... (*ne pas comprendre*) qu'ils avaient des problèmes.
6. Vous pourrez les cueillir quand elles ... (*devenir*) complètement vertes.
7. À la fin de l'année, ce programme de coopération nous ... (*permettre*) de vacciner des milliers d'enfants.

▶ L'accord du participe passé

> L'exploitation **raisonnée** des ressources naturelles.
> C'est la Suisse qui s'**est placée** en pole position.
> Parmi les 16 critères que l'équipe **a utilisés**...

Le participe passé sans auxiliaire

- Le participe passé utilisé sans auxiliaire se comporte comme un adjectif qualificatif et **s'accorde en genre et en nombre avec le nom** auquel il se réfère :
  *Chose **promise**, chose **due**.*

Le participe passé avec l'auxiliaire *être*

- Lorsqu'il est conjugué avec l'auxiliaire *être*, le participe passé **s'accorde en genre et en nombre avec le sujet** du verbe :
  *Nous **sommes arrivés** en retard à cause d'un embouteillage.*
  *Julie **serait** déjà **partie**.*
  *Les amies de la mariée s'**étaient retrouvées** devant l'église.*

ATTENTION ! Le participe passé des **verbes pronominaux** est invariable quand le pronom réfléchi a la fonction de complément d'objet indirect :
  *Nous **nous** [COI] sommes **téléphoné** ce matin.*
  La Suède s' [COI] est **fixé** l'objectif de réduire le pétrole.*

Le participe passé avec l'auxiliaire *avoir*

- Quand il est conjugué avec *avoir*, le participe passé **s'accorde en genre et en nombre avec le complément d'objet direct**, quand ce dernier **précède le verbe**, c'est-à-dire :
  - quand le complément d'objet est un **pronom personnel** (*me, te, le, la, nous, vous, les*) :
    *Ces romans de Zola, je **les ai lus** au lycée.*
  - quand le complément d'objet est le pronom relatif ***que*** :
    *Les romans de Zola que j'**ai lus** sont* L'Assommoir *et* Germinal.

– dans certaines structures interrogatives et exclamatives :
  *Quels romans de Zola **avez**-vous **lus** ?*

ATTENTION ! Quand le pronom ***en*** est un complément d'objet, le participé passé est **invariable** :
  *J'aime tellement les romans de Zola, que j'**en ai lu** une dizaine.*

- Dans tous les autres cas (verbes intransitifs, verbes transitifs sans complément d'objet, complément d'objet placé après le verbe), le participe passé est invariable :
  *Elles **avaient dormi** toute la journée.*
  *Nous n'**aurons** pas **terminé** avant dix heures.*
  *Mme Fournier nous **a donné** ce travail à faire.*

ATTENTION ! Les participes passés du verbe *être* et des **verbes impersonnels** sont **invariables** :
  *La recette de Sylvie n'a pas **été** appréciée.*
  *Les pluies qu'il y a **eu** / qu'il est **tombé** ont provoqué d'énormes dégâts à l'agriculture.*

3 **Copiez les phrases dans votre cahier et accordez le participe passé.**

1. Elle était parti... avant la fin de la conférence.
2. Les œuvres exposé... dans ce musée sont vraiment remarquables.
3. Nous sommes arrivé... troisièmes : c'est pas mal, non ?
4. Tous les efforts fait... pour l'aider ont été inutiles.
5. Les projets seront examiné... par une commission indépendante.
6. Voici la liste des espèces animales menacé... de disparition.
7. D'après les pompiers, les incendies se seraient déclaré... de manière accidentelle.
8. Une fois commencé..., la procédure ne peut plus être annulée.
9. Les demandes présenté... après la date limite... ne seront pas pris... en considération.
10. Les passagers du vol AF8793 à destination de Saint-Pétersbourg sont prié... de se rendre à la porte 36.

4 Dans votre cahier, écrivez le participe passé du verbe et accordez-le, si nécessaire. Mettez le signe # quand le participe est invariable.

1. Henriette s'est ... (*absenter*) puis elle s'est ... (*excuser*) auprès de ses collègues.

2. Ils se sont ... (*écrire*) des mails et ils se sont ... (*échanger*) des informations.

3. Quand elles se sont... (*rendre*) compte de ce qui se passait, Zoé et Léa se sont ... (*poser*) beaucoup de questions.

4. Ils s'étaient ... (*perdre*) de vue puis ils se sont ... (*revoir*) à l'occasion du mariage de Marion.

5. Mon frèrc et moi, nous nous sommes ... (*mettre d'accord*) et nous nous sommes ... (*acheter*) un seul jeu vidéo.

6. Avant de sortir, Géraldine s'est ... (*laver*) les cheveux et s'est ... (*maquiller*).

7. Marc et Gérard se sont ... (*disputer*) puis, heureusement, ils se sont ... (*réconcilier*).

8. J'ai tout de suite ... (*adorer*) la chambre qu'il m'a ... (*proposer*).

9. Nous lui avions ... (*offrir*) une place de concert.

10. Mes grands-parents sont ... (*arriver*) au Mexique hier.

5 Copiez les phrases dans votre cahier et accordez, s'il y a lieu, le participe passé. Mettez le signe # quand le participe est invariable.

1. Dans le dernier contrôle de maths, il y avait dix problèmes et j'en ai résolu ... à peine cinq !

2. Hier j'ai vu ... Paulette, mais je ne lui ai pas parlé ... .

3. Les volcans ? Nous les avons étudié ... l'an dernier.

4. Notre prof a beaucoup apprécié ... les recherches que nous avons fait ... .

5. Nous avons été ... très satisfaits des résultats que vous avez obtenu ... .

6. Oh là là, que tu as grandi ..., Sophie !

7. Personne n'oubliera les efforts qu'il a fallu ... pour résoudre cette situation.

8. Quelle chance incroyable il a eu ... !

▶ Le superlatif

> Tu es **super écolo** !
> Quels sont les pays **les plus écologiques** du monde ?

Le superlatif absolu

- Le **superlatif absolu** exprime le degré maximum d'une qualité sans faire de comparaison avec d'autres éléments :
  extrêmement bien, très grand, etc.

- Le superlatif absolu des adverbes et des adjectifs s'obtient avec l'adverbe **très** :
  très *bien*, **très** *grand*…

On peut obtenir le superlatif absolu aussi avec d'autres formes : **bien, fort, extrêmement, archi-, super-, ultra-, hyper-** …

ATTENTION ! On utilise aussi *très* avec des expressions comme *avoir faim / sommeil / peur*, etc. :

*J'ai **très** envie de te revoir.*
*Faites **très** attention !*

Le superlatif relatif

- Le **superlatif relatif** exprime une supériorité ou une infériorité (qualité, quantité) par rapport à un groupe de personnes ou de choses :
  le meilleur de la classe

- Pour former le superlatif relatif, on utilise **plus** ou **moins** toujours précédé de l'article défini. Quand il est exprimé, l'élément de comparaison est introduit par la préposition **de** :
  *C'est la chanson **la plus réussie de** son dernier album.*
  *Dans ce jeu, le gagnant est le joueur qui a obtenu **le moins de points** (de tous les joueurs).*
  *Les bijoux anciens sont ceux que j'apprécie **le plus**.*

- Le **superlatif des adjectifs** peut précéder ou suivre le nom :
  la plus ancienne maison de la ville
  la maison la plus ancienne de la ville
  Cette dernière structure est plus élégante et plus formelle.

- L'**article** qui précède *plus* ou *moins* est **variable** pour le superlatif des **adjectifs** puisqu'il s'accorde avec le nom :
  *Ce sont les exercices **les moins difficiles** de cette unité.*
  Dans tous les autres cas, l'article est toujours *le* :
  *Quels plats préparez-vous **le plus souvent** ?*
- L'adjectif **bon** et l'adverbe **bien** ont une forme irrégulière pour le superlatif :
  *~~le plus bon~~ → **le meilleur***
  *~~le plus bien~~ → **le mieux***
  *Le français est la langue qu'elles parlent **le mieux**.*

ATTENTION ! Pour le superlatif des verbes, on prononce le -*s* final de *plus*.

---

6 **À l'oral, complétez les phrases pour obtenir un superlatif relatif de supériorité (+) ou d'infériorité (–).**

1. C'est toujours Amélie qui trouve la solution (+) … rapidement.
2. Ces méthodes sont (–) … efficaces.
3. J'achète toujours les produits qui coûtent (–) … .
4. Leur proposition est (+) … intéressante de toutes.
5. Quelle est la nation qui a gagné (+) … médailles d'or aux derniers JO ?
6. Savez-vous quels sont les volcans (+) … actifs du monde ?

7 **À l'oral, complétez les phrases avec un superlatif relatif.**

1. Caroline est peu courageuse ; Françoise est assez courageuse ; Valérie est très courageuse. Caroline est la fille…
2. Les Dupont ont un enfant ; les Durand en ont deux et les Martin trois. Ce sont les Martin qui…
3. Pierre danse mal ; David danse assez bien ; Marc danse très bien. C'est Marc qui…
4. Robert et Henri ont d'assez bonnes notes en maths mais les notes de Marie sont excellentes. C'est Marie qui…
5. Sophie a fait deux fautes ; Joël en a fait quatre et Béa sept. C'est Sophie qui…
6. Le rhinocéros vit en moyenne 40 ans ; l'éléphant 80 ans et la tortue 150. C'est donc la tortue qui…

▶ **Les verbes *battre* et *vivre***

- Les verbes *battre* et *vivre* sont irréguliers.

battre	vivre
je bats	je vis
tu bats	tu vis
il/elle/on bat	il/elle/on vit
nous battons	nous vivons
vous battez	vous vivez
ils/elles battent	ils/elles vivent
futur : je battrai	**futur :** je vivrai
participe passé : battu	**participe passé :** vécu

- *Abattre*, *combattre* et *débattre* se conjuguent comme *battre*.
- *Revivre* et *survivre* se conjuguent comme *vivre*.

8 **Conjuguez les verbes au temps indiqué, à l'oral et/ou dans votre cahier.**

1. Je t'admire beaucoup parce que tu … (*combattre*, présent) avec acharnement pour la sauvegarde des forêts.
2. De quel thème est-ce que vous … (*débattre*, passé composé) pendant la réunion de ce matin ?
3. Je te promets que je … (*se battre*, futur) toujours à tes côtés.
4. Pendant qu'ils … (*abattre*, imparfait) quelques arbres, ils ont découvert les restes de l'avion disparu.
5. Quand nous … (*vivre*, imparfait) à la campagne, nous étions moins stressés.
6. Selon les dernières infos, cinq passagers … (*survivre*, conditionnel passé) au crash.
7. Actuellement, François … (*vivre*, présent) en Afrique et travaille pour *Médecins Sans Frontières*.
8. Grâce à votre récit, nous … (*revivre*, passé composé) un épisode décisif de notre histoire récente.

Exprimer le regret

▶ Le regret		
• Si seulement j'avais su cela avant de commencer ! • À mon grand regret... • J'ai eu tort de ne pas l'écouter. • Je regrette mon comportement.	• J'aurais voulu... • Je regrette de ne pas avoir compris son problème. • Je m'en veux de ne pas avoir écouté ses conseils.	• Que c'est bête ! J'aurais dû y penser plus tôt. • Malheureusement, je ne pourrai pas être des vôtres. • Hélas ! • Dommage !

1 🎧 CD•015 **Écoutez et associez chaque mini-dialogue à une image.**

2 **Écoutez une deuxième fois et notez dans votre cahier les formules utilisées dans chaque dialogue pour exprimer le regret.**

3 **Que disent ces personnages ? Imaginez leurs regrets en variant les formules.**

4 **Imaginez et formulez un regret concernant...**

• les études   • la famille   • les loisirs   • l'environnement

Exprimer des sentiments négatifs (1)

> **La désapprobation, le reproche**

- J'ai des critiques, des observations à faire.
- Je désapprouve / réprouve / condamne ta conduite.
- Je vous reproche de...
- Tu aurais dû...
- Il ne fallait pas parler de cela !
- Il aurait fallu (avoir) un peu plus de délicatesse.
- Je te l'avais dit...

> **L'indignation**

- Je suis indigné(e) / scandalisé(e) par son attitude.
- Son comportement m'exaspère / m'écœure.
- C'est inadmissible ! / scandaleux ! / incroyable !
- Ce n'est pas tolérable !
- Ce qu'il a fait est très grave.
- Tu n'aurais jamais dû lui faire ça !
- Vous n'avez pas honte ?

> **La colère**

- Je suis en colère à cause de son comportement.
- Je suis furieux (furieuse) contre lui.
- Je suis énervé(e) / agacé(e) par...
- exploser / piquer une crise
- être rouge de colère
- être fou (folle) de rage
- Ça me fait monter le sang à la tête !

5 🎧 **CD•016 Écoutez et indiquez quels sentiments expriment les personnages.**

| Reproche | | Indignation | | Colère |

6 **Écrivez le dialogue sur la base de ces indications.**

- **Alexandre** est furieux : 20 euros ont disparu de son portefeuille.
- **Bernard** lui demande s'il est sûr.
- **Alexandre** répond de manière indignée. Il se souvient d'avoir regardé peu de temps avant.
- **Bernard** se demande qui cela peut être, vu que personne n'est entré.
- **Alexandre** fait une blague et demande à Bernard si c'est lui qui lui a volé ces billets.

- **Bernard** nie et s'indigne.
- **Alexandre** regrette de l'avoir blessé.
- **Bernard** reproche à **Alexandre** d'avoir plaisanté avec une chose si grave.
- **Alexandre** s'excuse et propose à **Bernard** d'oublier le malentendu avec une belle glace… à condition qu'il paie.

7 **Comment réagissez-vous à ces situations ? À l'oral, exprimez votre sentiment en utilisant les formules convenables.**

1. Deux personnes âgées viennent d'être arnaquées pas des malfaiteurs.
2. Personne n'a eu la moyenne au contrôle de français.
3. Votre frère / sœur prend toujours vos affaires (vêtements, jeux…).
4. Un(e) de vos ami(e)s n'a pas suivi votre conseil et a eu des problèmes.
5. Quelqu'un a caché votre sac juste avant le début des cours.
6. Un(e) de vos camarades a fait une bêtise et toute la classe a été punie.
7. La mairie vient d'annoncer qu'elle va fermer les équipements sportifs du quartier le mois prochain.
8. Pendant une dispute téléphonique, votre meilleur(e) ami(e) vous a raccroché au nez.
9. Votre connexion Internet a été coupée pendant une journée et votre fournisseur ne vous a pas averti.
10. Votre frère / sœur a raconté à ses amis quelque chose que vous lui aviez confié.

ATELIER VIDÉO

SÉQUENCE 1

But !

VIDÉO
[04.00]

1 Observez le titre et l'image. Faites des hypothèses sur l'histoire que vous allez voir.

2 Visionnez la première partie de la vidéo sans le son et répondez.
1. Où se déroule l'action ? Qui est-ce que vous voyez ?
2. Décrivez les personnages. Qu'est-ce qui arrive à Nicolas ? Comment se sent-il ?
3. Où se trouvent les garçons ?
4. Qu'est-ce qu'ils font ? Pourquoi ?

3 Vrai ou faux ? Regardez la première partie de la vidéo et répondez.
1. Nicolas a été heurté par quelqu'un qui était en train de parler au téléphone.
2. Léo a probablement raté son bus.
3. L'équipe a marqué un but.
4. Annette en a assez du bruit.
5. Nicolas et Léo ne peuvent pas croire que l'équipe n'ait pas marqué.

4 Êtes-vous passionné(e) de foot ? Pratiquez-vous ce sport ?
Regardez encore une fois la première partie de la vidéo et retrouvez les mots pour compléter oralement les définitions suivantes.
1. Au moment du lancement du ballon, le joueur est derrière la ligne virtuelle des défenseurs adverses. Si le ballon est adressé à ce joueur, il sera sanctionné pour … .
2. Espace délimité dans lequel le ballon doit entrer pour marquer un point : … .

5 Complétez les phrases.
1. Annette dit qu'il … plus attention.
2. Léo est en retard, il … le bus. Quand il …, le match … déjà … .
3. Annette a mal à la tête, elle … un peu de silence.
4. Pour ne pas entendre de bruit, il … de fermer la porte.

6 Regardez la deuxième partie de la vidéo. Qu'auraient pu ou dû faire Annette et Léo ? Que feraient-ils dans un monde sans électricité ? Complétez les phrases.

Annette (**1**) … des bougies.

Léo (**2**) … les lumières de sa chambre.

Dans un monde sans électricité, Léo (**3**) … du mal à (**4**) … ses soirées, mais Annette, elle (**5**) … s'en passer.

Elle (**6**) … du feu avec du bois, mais elle (**7**) … vite ennuyée.

7 À trois. Comment serait le monde sans électricité ? Complétez le dialogue, puis jouez-le.

Nicolas   Un monde sans électricité ? Ce (**1**) … une catastrophe ! Aujourd'hui, absolument tout fonctionne avec l'électricité.

Léo   En 48 heures l'humanité (**2**) … à l'âge de pierre. Nous n'(**3**) … plus de supermarchés réfrigérés et approvisionnés, plus de TGV…

Annette   Dans les villes, il n'y (**4**) … plus d'ascenseurs, plus de chauffage, plus de lumière. La désorganisation (**5**) … totale en effet. J'en ai la chair de poule…

8 À deux. Comment réagiriez-vous ? Comment serait le monde sans…

◆ abeilles ?   ◆ chocolat ?   ◆ déchets ?   ◆ plastique ?   ◆ Internet ?

9 À l'oral, complétez ces phrases avec les animaux qui conviennent. Quelle est leur signification ? Aidez-vous de la vidéo.

1. Ne monte pas sur tes grands … !
2. Quelle … te pique ?
3. Elle a vraiment un caractère de …, parfois !
4. J'avais d'autres … à fouetter !

5. Tu pourrais utiliser un … voyageur pour communiquer.
6. Tu pourrais arrêter de crier comme un … ?
7. J'ai la chair de … .
8. Bon… Ils sont revenus à leurs … !

10 Racontez ce qui s'est passé en 50-60 mots.

Attention : énergie !

TÂCHE FINALE

POUR DÉVELOPPER VOS COMPÉTENCES-CLÉS, DANS CET ATELIER VOUS DEVREZ :

✓ collaborer avec vos camarades à la réalisation d'une brochure d'information contre le gaspillage énergétique ;

✓ utiliser Internet pour trouver des documents ;

✓ rédiger en français des conseils et des commentaires ;

✓ utiliser un logiciel de rédaction.

▶ Étape 1

• Formez des groupes de trois/quatre élèves et répartissez-vous les domaines de recherche : transports, chauffage, électroménagers, éclairage, eau, climatisation…

▶ Étape 2

• Recherchez et téléchargez la brochure *Petits gestes pratiques et utiles pour économiser l'énergie* (ville de Gardanne).

• Lisez les pages liées au sujet qui vous concerne et notez les règles de comportement que peuvent adopter des adolescents dans leur quotidien.

▶ Étape 3

• Chaque groupe rédige une page de conseils dans le domaine qui lui a été attribué ; les conseils doivent être simples et accompagnés de brefs commentaires et de quelques images ; le public visé est constitué des élèves de votre établissement scolaire.

▶ Étape 4

• En classe. Définissez la maquette de la brochure (ordre de présentation des sujets, style graphique, etc.).

• Avec un logiciel de traitement de texte (Word, Libre Office…), réalisez la brochure.

• Imprimez-la ou téléchargez-la sur le site de votre école.

Ruraux ou urbains ?

1 À VOUS ! **Répondez aux questions suivantes.**

A. Vivre en ville ou à la campagne ? Donnez 5 avantages et 5 inconvénients pour chaque option.

B. Imaginez de devoir vivre un an loin de votre famille et avec un budget limité : à quoi renonceriez-vous ?

2 **Lisez les trois textes et répondez aux questions à la page suivante.**

DELF

1

Un pied à la campagne et l'autre en ville, les rurbains sont en croissance constante.

Quelle solution entre les loyers astronomiques du centre-ville et la dégradation des cités-dortoirs de banlieue ?

De plus en plus de gens ont choisi de s'établir loin de la ville et du lieu de travail, et ont opté pour la campagne.

Ces « rurbains » sont le plus souvent des jeunes actifs aux revenus moyens, qui souhaitent vivre dans un pavillon avec terrain à un prix abordable.

En échange d'une qualité de vie supérieure, ils acceptent sans remords d'affronter des distances parfois longues et quelques embouteillages. Assis dans leur beau jardin, Michel et Fanny témoignent avec joie que leurs enfants peuvent s'amuser en plein air sans grand risque, tandis que les parents s'échangent tondeuses ou charbon de bois pour le barbecue dès les premiers beaux jours.

[d'après *Le Point*]

2 **Des études bucoliques**

L'exaspération des étudiants qui ne trouvent pas de logement face au découragement des agriculteurs qui auraient bien besoin de revenus supplémentaires.
Philippe Amielh a fait d'une pierre deux coups et a lancé le projet *Campus vert* : plus de 300 studios aménagés par une centaine de paysans et destinés à ceux qui ne réussissent pas à se loger dans les chambres universitaires en ville.

D'un côté, l'initiative séduit pour ses loyers relativement bas et pour le calme qui favorise la concentration ; de l'autre, toutefois, l'isolement constitue un problème pour les étudiants qui n'ont pas de permis ou de voiture. Philippe Amielh annonce que des systèmes de covoiturage sont à l'étude.

PROJET CAMPUS VERT

3

Ma ville contre ta campagne, jamais ! Dans le débat « ville ou campagne », je fais partie de ceux qui ont la chance de connaître les avantages et les inconvénients des deux : une enfance passée à jouer au ballon dans les champs et une adolescence dans le tumulte de la ville. Pour mes études, j'ai dû monter à Paris et aujourd'hui, je suis devenu un citadin convaincu, sans aucune nostalgie. C'est vrai qu'il me faut 45 minutes pour faire 5 kilomètres et que je vis dans 80 m² alors que je pourrais avoir une maison de 140 m². Pour un jeune comme moi, la grande ville a tout ce qu'il faut, à n'importe quel moment. D'abord, des magasins… ouverts ! Ensuite, des musées, des expositions, des cinémas. Et enfin, des restaurants et des bars. Bref, la ville m'offre le choix et cela est plus précieux que de voir un bout d'océan quand j'ouvre ma fenêtre.

Stéphane

1. Qui est-ce qui est désigné par le néologisme « rurbains » ?
2. Qu'est-ce qui pousse les « rurbains » à vivre à la campagne ?
3. À qui le projet *Campus vert* est-il destiné ?
4. Qu'est-ce qui est à la base du succès de ce projet ?
5. L'expression « faire d'une pierre deux coups » signifie :
   a. réussir malgré les obstacles.
   b. prendre une décision sans trop réfléchir.
   c. obtenir deux résultats avec une seule action.
6. Pourquoi Stéphane connaît-il aussi bien la vie à la campagne que la vie en ville ?
7. Quel sentiment Stéphane éprouve-t-il à l'égard de la ville ?
   a. Admiration.　　　b. Enthousiasme.　　　c. Déception.　　　d. Inquiétude.

3 **Relisez les textes et complétez la grille.**

	Ville		Campagne	
	avantages	inconvénients	avantages	inconvénients
Texte ?	???	???	???	???

4 **Relisez les textes, repérez les six mots qui désignent des sentiments et faites une phrase avec chacun.**

Vivre autrement

5 Les paragraphes de cet article ont été mélangés. Remettez-les en ordre.

L'argent ne fait pas le bonheur

Le succès de son idée amène Hélène à s'interroger sur sa propre existence et, en 1998, elle prend la plus grande décision de sa vie : dorénavant, elle vivra sans argent. Ce qui devait être une expérience de douze mois est devenu un mode de vie. Tous les biens actuels d'Hélène tiennent dans une petite valise et elle ne possède que 200 euros pour les imprévus.

a.

L'argent, elle s'en passe totalement depuis maintenant presque 20 ans. Elle, c'est Hélène Schwartz, une Alsacienne née en 1946, mère de deux enfants qui, après la mort accidentelle de son mari, quitte le bureau et la société où elle travaille pour devenir femme de ménage avec un salaire horaire de 30 francs de l'époque (environ 5 euros).

b.

Dans toutes ses interviews, elle déclare que l'argent éloigne de l'essentiel, que l'abandonner lui a donné une vraie qualité de vie, une richesse intérieure et la liberté. En 2012, elle a écrit un livre sur sa condition et a demandé d'en reverser les recettes à des œuvres de charité pour faire le bonheur d'autres personnes.

c.

Parallèlement, elle fonde *Donne et prends*, un groupe de troc[1] destiné à aider les sans-abri, les retraités et les chômeurs. Dans cette espèce de système D[2], les gens échangent des biens, des services, des compétences et l'argent apparaît comme superflu.

d.

Glossaire

1. **Troc :** échange d'un objet contre un ou plusieurs autres objets.
2. **Système D** ou **système débrouille :** l'art de se tirer d'affaire par ses propres moyens.

6 🎧 **CD•017** Lisez et écoutez le dialogue, puis répondez.

Journaliste – Mesdames et messieurs, bonsoir. Notre invitée de ce soir est une femme d'exception. Elle vient de Strasbourg et en 1998, elle donne un coup de balai à sa vie : elle fait cadeau de ses meubles et de sa voiture, vend sa maison et ferme son compte bancaire. Si elle a renoncé à l'argent, elle ne mène pas une vie de clocharde ! Sa vie est basée sur l'échange et la réciprocité : elle offre son temps et son savoir-faire, contre nourriture, vêtements, billets de cinéma ou même l'accès à Internet. Vous êtes sans doute curieux de savoir pourquoi elle a fait ce choix et ce que cela comporte. Eh bien, nous allons le lui demander tout de suite. Mesdames et messieurs, je vous prie d'accueillir Mme Hélène Schwartz.

Mme Schwartz – Bonsoir.

Journaliste – Asseyez-vous. Votre histoire singulière nous a beaucoup plu. Racontez-la-nous : tout le monde ici se demande comment on peut vivre sans dépendre de l'argent.

Mme Schwartz – J'avais su qu'au Canada des personnes au chômage ont commencé à s'aider les unes les autres à travers le troc. Par exemple, « je répare ton toit, et toi, tu fais du baby-sitting pour mes enfants ». J'ai essayé de faire la même chose en France. À la base de mon comportement, il y a toujours l'idée du « donne et prends ».

Journaliste – Où est-ce que vous dormez ?

Mme Schwartz – Je vis un peu dans une maison, un peu dans une autre…

L'INFO EN ➕

Traditionnellement, on appelle **clochard** une personne sans domicile qui vit en marge de la société. En langage officiel, on préfère parler de **sans-abri** ou de **SDF** (sans domicile fixe).
Le mot **sans-papiers** désigne, par contre, les étrangers en situation irrégulière, qui n'ont pas de pièces d'identité, de carte de séjour ou de permis de travail.

Journaliste	– Et qui est-ce qui vous héberge ?
Mme Schwartz	– D'habitude, je suis accueillie par les gens qui sollicitent mon aide ; parfois, une famille part en vacances et me demande de m'occuper de l'appartement…
Journaliste	– Je me demande si, de cette façon, vous ne risquez pas de dépendre totalement des autres…
Mme Schwartz	– Au contraire ! Maintenant, je me sens beaucoup plus libre que dans le passé. Vous voyez, l'argent sépare les êtres humains au lieu de les unir. Quand on se sert de l'argent, il n'y a pas de confrontation, pas de dialogue. Ce qui est vraiment important pour moi, c'est le contact avec les autres.
Journaliste	– À quoi est-ce que vous avez renoncé ?
Mme Schwartz	– À tout. Mais je n'éprouve ni remords ni regrets.
Journaliste	– Et qu'est-ce qui vous pousse à continuer sur cette voie ?
Mme Schwartz	– L'idée que l'argent éloigne de l'essentiel. L'abandonner m'a donné une vraie qualité de vie, une richesse intérieure et la liberté. Je rêve d'un monde nouveau, avec des valeurs différentes de celles d'aujourd'hui, où l'argent domine.

1. En quoi consiste « le coup de balai » qu'Hélène Schwartz a donné à sa vie en 1998 ?
2. Qu'est-ce qui différencie le système de vie d'Hélène de celui d'un clochard ?
3. Qu'est-ce que le troc ?
4. Comment Hélène résout-elle ses problèmes de logement ?
5. Quel jugement Hélène porte-t-elle sur l'argent ?
6. Est-ce qu'Hélène se repent parfois des choix qu'elle a faits ?
7. Avec quoi Hélène a-t-elle remplacé les biens matériels ?
8. Quelles valeurs de notre société Hélène conteste-t-elle ?

7 **Quels sujets présents dans l'article ne se retrouvent pas dans l'interview ?**
a. Ville d'où vient Hélène Schwartz.
b. La vie d'Hélène Schwartz avant 1998.
c. Fondation du groupe *Donne et prends*.
d. Bénéficiaires de *Donne et prends*.
e. Source d'inspiration pour le système « donne et prends ».
f. Durée prévue de l'expérience de vie sans argent.
g. Argent mis de côté pour les imprévus.
h. Manière de s'héberger.
i. Activité d'écrivaine.
j. Conception de l'argent.

8 **L'article cite textuellement une phrase de l'interview. Laquelle ?**

9 **GRAMMAIRE** **Trouvez les questions directes et indirectes dans le dialogue.**
1. Quelle conjonction introduit une question indirecte totale ?
2. Quels mots interrogatifs introduisent les questions indirectes partielles ?
3. Quelles structures sont supprimées lorsqu'on passe de l'interrogation directe à l'indirecte ?

▶ L'interrogation indirecte au présent, p. 50

Mots et expressions

🎧 CD•018 Les sentiments

- éprouver du... / de la ...
- ressentir du... / de la...
- l'accablement (*m.*)
- l'admiration (*f.*)
- l'agacement (*m.*), l'irritation (*f.*)
- l'amertume (*f.*)
- l'amour (*m.*)
- l'angoisse (*f.*)
- l'anxiété (*f.*)
- le bouleversement
- la confiance
- le chagrin
- la déception
- le découragement
- le dégoût
- le désespoir
- l'embarras (*m.*), la gêne

- l'ennui (*m.*)
- l'enthousiasme (*m.*)
- l'espoir (*m.*)
- l'exaspération (*f.*)
- la frustration
- la haine
- la honte
- l'indifférence (*f.*)
- l'inquiétude (*f.*)
- la joie, le bonheur
- le malheur
- le mépris
- la nostalgie, la mélancolie
- la peur, l'effroi (*m.*)
- le plaisir
- le regret

- le remords
- la résignation
- la satisfaction
- le soulagement
- la tendresse
- la tristesse

1 **Trouvez le sentiment opposé.**

1. accablement
2. admiration
3. chagrin
4. déception

5. découragement
6. enthousiasme
7. haine
8. tristesse

🎧 CD•019 Le monde du travail

- une entreprise
- une société, une boîte
- une industrie
- une usine
- un atelier
- un bureau
- un patron
- un PDG (président-directeur général)
- un salarié
- un cadre
- un employé
- un ouvrier
- le salaire, la paie
- la fiche de paie
- un entretien d'embauche
- recruter, embaucher
- licencier

- le chômage
- être au chômage
- un chômeur
- le syndicat
- la grève
- un stage
- un stagiaire
- un emploi
- une carrière
- un CV (curriculum vitae)
- le Pôle emploi
- le secteur public / privé
- un fonctionnaire
- le smic (salaire minimum interprofessionnel de croissance)

2 Recopiez la grille de mots croisés dans votre cahier et remplissez-la.

Horizontalement

2. Personne qui travaille dans l'administration publique.
6. Fait d'engager un salarié.
7. A pour but de vérifier les compétences d'un(e) candidat(e).

Verticalement

1. Situation d'une personne qui n'a plus de travail.
3. Personne salariée qui a des responsabilités importantes dans une entreprise.
4. Travail, occupation.
5. Personne salariée qui effectue un travail manuel.

▶ **Dire, lire, écrire**

L'accent aigu et l'accent grave

L'accent aigu

• L'accent aigu (ˊ) signale une prononciation fermée [e] du *e* quand ce dernier se trouve à la fin d'une syllabe :

té-lé-phé-ri-que   es-pé-rer   dé-me-su-ré(e)(s)   re-flé-ter   ré-flé-chir   ré-flex-ion

• Un *e* portant un accent aigu est toujours prononcé.

L'accent grave

• L'accent grave signale surtout la prononciation ouverte [ɛ] du *e* quand ce dernier se trouve à la fin d'une syllabe, suivi à son tour d'une syllabe contenant un *e* muet [ə] :

frè-re   ils a-chè-tent   rè-gle-ment

• À la différence de l'accent aigu, l'accent grave (ˋ) peut se trouver sur une autre voyelle que le *e*. Il peut se trouver sur un *a,* un *e* ou un *u.*

• Il sert, entre autres, à distinguer les homophones :

à / a   là / la   où / ou   dès / des

3 🎧 **CD•020** Recopiez dans votre cahier. Puis écoutez, divisez les mots en syllabes et écrivez les accents, quand cela est nécessaire.

1. armement
2. ceremonie
3. collecte
4. concession
5. couvercle
6. definition
7. desespere
8. desespere
9. ecclesiastique
10. effervescence
11. election
12. espece
13. exemple
14. genereux
15. interpreter
16. interprete
17. permettre
18. rebelle
19. reposer
20. selection

Grammaire

▶ Les pronoms interrogatifs invariables

Qui est-ce qui vous héberge ?

- Les pronoms interrogatifs invariables ont des formes différentes selon qu'ils se réfèrent à une **personne** ou une **chose**.

PERSONNE	sujet	forme simple	**qui... ?**	*Qui a protesté ?*
		forme composée	**qui est-ce qui... ?**	*Qui est-ce qui a protesté ?*
	complément d'objet	forme simple	**qui... ?**	*Qui a-t-elle rencontré ?*
		forme composée	**qui est-ce que... ?**	*Qui est-ce qu'elle a rencontré ?*
	complément avec préposition	forme simple	préposition + **qui... ?**	*À qui parlez-vous ?*
		forme composée	prép. + **qui est-ce que... ?**	*À qui est-ce que vous parlez ?*

CHOSE	sujet	forme simple	-	-
		forme composée	**qu'est-ce qui... ?**	*Qu'est-ce qui t'inquiète ?*
	complément d'objet	forme simple	**que / quoi... ?**	*Que va-t-on faire ?*
		forme composée	**qu'est-ce que... ?**	*Qu'est-ce qu'on va faire ?*
	complément avec préposition	forme simple	préposition + **quoi... ?**	*À quoi pensez-vous ?*
		fforme composée	prép. + **quoi est-ce que... ?**	*À quoi est-ce que vous pensez ?*

- La forme simple *que* est remplacée par *quoi* quand elle est utilisée seule ou quand elle se trouve à la fin d'une phrase interrogative :
  *Qu'as-tu fait ? / **Qu'**est-ce que tu as fait ? / Tu as fait **quoi** ?*
  ***Quoi** ? Je ne peux pas y croire !*

1 Remplacez le pronom interrogatif simple par le pronom interrogatif composé.

0. Que doit-on encore préparer pour demain ?
   Qu'est-ce qu'on doit encore préparer pour demain ?
1. Qui a écrit *Les Misérables* ?
2. Pour qui avez-vous acheté ce cadeau ?
3. Qui M. Darlac a-t-il interrogé ce matin ?
4. Qui veut encore du riz ?
5. De quoi s'occupent-elles dans leur entreprise ?

2 Trouvez la question et utilisez la forme simple et la forme composée des pronoms interrogatifs.

0. Que veux-tu faire après le lycée ?
   Qu'est-ce que tu veux faire après le lycée ?
   Après le lycée, je veux faire un stage à l'étranger.
1. C'est Rouget de Lisle qui a écrit *La Marseillaise*.
2. Ils ont invité tous leurs amis.
3. Nous sommes sortis avec Paul et Virginie.
4. On accorde les adjectifs avec le nom.
5. Quand j'étais enfant, c'était le noir qui me faisait peur.

▶ **Les doubles pronoms**

> Nous allons **le lui** demander tout de suite.

- À l'intérieur de la même phrase, on peut trouver **deux pronoms compléments** :
  Je parlerai à Paul de cette affaire
  → *Je **lui** **en** parlerai.*

- La position du pronom est **la même qu'il y ait un ou deux pronoms** :
  devant le verbe, l'auxiliaire, l'infinitif ;
  après l'impératif affirmatif.

- Dans les phrases à l'**impératif affirmatif** :
  – les pronoms **y** et **en** occupent toujours la deuxième position :
  *Allez-**vous-en** d'ici !*
  – le pronom complément d'objet direct (COD) **précède** le pronom complément d'objet indirect (COI) :
  *Portez-**la -lui** immédiatement !*
  [COD] [COI]
  *Raconte-**le -moi** !*
  [COD] [COI]

ATTENTION ! Les pronoms *moi* et *toi* deviennent *m'* et *t'* devant *en* et *y* :
*Donne-~~moi~~ **m'en** encore une !*

- Dans tous **les autres cas**, les pronoms respectent cet ordre :

1re position	2e position
me, te, se, nous, vous	le, la, les
le, la, les	lui, leur
m', t', s' lui, nous, vous, leur	en
m', t', s' l', nous, vous, les	y
y	en

*Elle ne **nous** l'a pas encore dit.*
*Vous devez **les leur** envoyer par fax.*
*Ne **m'en** parlez plus !*
*Je **les y** conduirai tout de suite.*

3 Associez les phrases.

1. Je prête ma gomme à Gérard.
2. Je prête ma voiture à mes voisins.
3. Je prête mes bijoux à Sophie.
4. Je prête mes DVD à mes cousines.
5. Je prête mon portable à mes amis.
6. Je prête mon vélo à Charles.

a. Je la leur prête.
b. Je la lui prête.
c. Je le leur prête.
d. Je le lui prête.
e. Je les leur prête.
f. Je les lui prête.

4 Remettez les mots dans le bon ordre.

1. Combien / voulez / en / monsieur / vous / ?
2. pas / Elles / en / encore / m' / ne / parlé / avaient
3. encore / -la / une / Décris / fois / -moi
4. dizaine / Il / en / lui / offert / a / une
5. compte / en / Elles / ne / pas / rendu / s' / seraient
6. envoyez / les / pas / Ne / lui / !
7. accompagnerai / vous / Je / volontiers / y
8. expédier / il / est-ce qu' / les / peut / Quand / nous / ?
9. -le / Ramène / tout de suite / -moi / !
10. le / demain / dira / On / vous
11. me / Ses / racontés / il / espoirs, / jour / les / a / un
12. je / tâche, / lui / confie / Cette / la
13. posé / nous / questions, / en / Des / avons / leur
14. y / enfants ? / vus / Nous / et / ville / Les / avons / étions / en / nous / les
15. père / m' / parlé / Ton / en / a
16. lui / donné / Le / a / en / docteur
17. en / chaque / t' / consacre / semaine / je / Du temps ?
18. soignent / y / Les / passion / avec / médecins / les
19. l' / -vous / expliquer ? / Pouvez / me
20. tout / ne / Nous / leur / pas / suite / donnerons / de / les

▶ Le discours indirect au présent

> Elle déclare **que l'argent éloigne de l'essentiel.**

- Le **discours direct** rapporte les mots exacts prononcés par quelqu'un. À l'écrit, le discours direct est signalé par l'utilisation des guillemets :

  Paul affirme : « Je rentre chez moi parce que mon père m'attend. »

- Dans le **discours indirect**, la phrase directe se transforme en **subordonnée** introduite par un **verbe déclaratif** comme *dire, affirmer, déclarer, expliquer, ajouter, raconter*, etc., suivi de la conjonction ***que*** :

  *Paul **affirme qu'**il rentre chez lui parce que son père l'attend.*

- Le passage du discours direct au discours indirect peut comporter quelques **transformations grammaticales** : les pronoms personnels, les possessifs, les démonstratifs et les indications de lieu doivent être « adaptées » à la nouvelle situation communicative :

  Il nous dit : « Vous devez venir ici dans une heure avec votre dictionnaire ! »
  *→ Il nous dit que **nous** devons **aller là-bas** dans une heure avec **notre** dictionnaire.*

- L'**impératif** est remplacé par ***de* + infinitif** :

  *Il dit aux enfants : « **Ouvrez** la porte ! »*
  *→ Il dit aux enfants **d'ouvrir** la porte.*
  *Elle dit à son copain : « Ne me **dérange** pas ! »*
  *→ Elle dit à son copain **de** ne pas la **déranger**.*

- Quand le sujet du verbe déclaratif coïncide avec celui du discours indirect, on peut utiliser l'**infinitif** (non précédé de préposition) :

  *Paul affirme **rentrer** chez lui parce que son père l'attend.*

  ATTENTION ! On dit : *dire **que** oui / répondre **que** non.*

---

5 **Transformez au discours indirect.**

0. Notre grand-père nous dit toujours : « Quand j'étais jeune, je n'avais pas tout ce que vous avez. »
→ Notre grand-père nous dit toujours que quand il était jeune, il n'avait pas tout ce que nous avons.

1. Henri affirme : « Je ne sais pas de quoi il s'agit. »
→ Henri affirme ...

2. Il crie : « Les enfants, faites attention où vous mettez les pieds ! »
→ Il crie aux enfants ...

3. Cécile dit : « Ne commencez pas sans moi ! »
→ Cécile dit ...

4. Pourquoi tu me dis : « C'est toi qui t'es trompé » ?
→ Pourquoi tu me dis ... ?

5. Mme Janson dit à sa fille : « Viens ici et raconte-moi ce qui s'est passé. »
→ Mme Janson dit à sa fille ...

6. Ils disent à des spectateurs : «Vous ne pouvez pas occuper ces places-ci parce que ce sont les nôtres. »
→ Ils disent à des spectateurs ...

7. Elle me dit : « Je ne lis jamais le journal. »
→ Elle me dit ...

8. Le président déclare : « Je reste calme malgré les menaces. »
→ Le président déclare ...

▶ L'interrogation indirecte au présent

> Vous êtes sans doute curieux de savoir **pourquoi elle a fait ce choix.**

- La **phrase interrogative indirecte** est une subordonnée introduite par des verbes comme *(se) demander, vouloir savoir, dire, ignorer, ne pas savoir, expliquer*, etc.

- On ne fait **jamais l'inversion**, et on n'utilise jamais la forme *est-ce que* :

  Paul habite où ? Nous ignorons où habite Paul.

- Les interrogations indirectes totales sont introduites par la conjonction ***si*** :

  « Ont-ils apprécié mon cadeau ? »
  *→ Il se demande **s'**ils ont apprécié son cadeau.*

- Les interrogations indirectes partielles sont introduites par le même mot interrogatif que celui utilisé dans la question directe :

  *« **Pourquoi** est-ce que tu ne viens pas ? »*
  *→ Je veux savoir **pourquoi** tu ne viens pas.*
  *« Elle s'appelle **comment** ? »*
  *→ Nous ignorons **comment** elle s'appelle.*

- Les pronoms interrogatifs invariables (▶ p. 48) se transforment de la façon suivante :

question directe	question indirecte
Qui... ?	
Qui est-ce qui... ?	qui
Qui est-ce que... ?	
Qu'est-ce qui... ?	ce qui
Que... ? / quoi ?	ce que
Qu'est-ce que... ?	
préposition + qui / quoi... ?	préposition + qui / quoi

« Qui (est-ce que) tu as invité ? »
→ *Il me demande **qui** j'ai invité.*
« Qu'est-ce qu'ils sont venus faire ici ? »
→ *Elle veut savoir **ce qu'**ils sont venus faire ici.*
« À quoi pensez-vous ? »
→ *Expliquez-moi **à quoi** vous pensez.*

6 **Transformez à la forme indirecte.**

1. « Est-ce que quelqu'un peut nous accompagner ? »
   Elles demandent...
2. « Pourquoi vous ne m'écoutez pas ? »
   Le prof leur demande...
3. « Qu'est-ce qu'on produit dans cette usine ? »
   J'ignore...
4. « Quelle heure est-il ? »
   Léa n'arrête jamais de demander...
5. « Qui est-ce qu'ils ont finalement embauché ? »
   Dites-moi...
6. « Qui est-ce qui va m'aider ? »
   Louis demande...
7. « Sur quoi allons-nous nous asseoir ? »
   Nous aimerions bien savoir...
8. « Vos parents sont-ils d'accord ? »
   Jean demande à ses amis...
9. « Est-ce que tu écoutes la radio ? »
   Il me demande…
10. « Pourquoi ne regardes-tu jamais la télévision ? »
    Fabien me demande…
11. « Charlotte, vous avez quel âge ? »
    Le journaliste lui demande…

▶ Les verbes *s'asseoir*, *(con)vaincre* et *plaire*

- Les verbes *s'asseoir*, *(con)vaincre* et *plaire* sont irréguliers. Le verbe *s'asseoir* peut se conjuguer de deux manières ; la première forme est la plus utilisée.

s'asseoir	
je m'assieds	je m'assois
tu t'assieds	tu t'assois
il/elle/on s'assied	il/elle/on s'assoit
nous nous asseyons	nous nous assoyons
vous vous asseyez	vous vous assoyez
ils/elles s'asseyent	ils/elles s'assoient
futur : je m'assiérai	**futur :** je m'assoirai
participe passé : assis	

vaincre	plaire
je vaincs	je plais
tu vaincs	tu plais
il/elle/on vainc	il/elle/on plaît
nous vainquons	nous plaisons
vous vainquez	vous plaisez
ils/elles vainquent	ils/elles plaisent
futur : je vaincrai	**futur :** je plairai
participe passé : vaincu	**participe passé :** plu

7 **Conjuguez les verbes au temps indiqué.**

1. Dis-moi où tu ... (*s'asseoir*, futur proche) : je vais me mettre à côté de toi.
2. Allez, ... (*s'asseoir*, impératif) et discutons sereinement.
3. Il ne voulait pas venir, mais nous l'... (*convaincre*, passé composé).
4. Les propositions du ministre ... (*ne pas convaincre*, présent) les syndicats et ... (*ne pas plaire*, présent) aux travailleurs non plus.
5. C'est une chanson qui ... (*plaire*, imparfait) beaucoup à ma grand-mère : elle la chantait tout le temps.
6. Je crois que ce film sur l'histoire d'Édith Piaf te ... (*plaire*, futur) beaucoup.

Articuler son discours

1 **Quelle circonstance expriment les mots soulignés ?**

L'énumération
• (tout) d'abord
• ensuite, puis
• enfin

▶ **L'énumération**
• (tout) d'abord
• ensuite, puis
• enfin

| Énumération |
| Alternative |
| Synthèse |
| Opposition |
| Conséquence |

▶ **L'alternative**
• d'un côté, d'une part
• de l'autre

▶ **La synthèse**
• bref
• en somme

▶ **La conséquence**
• donc
• c'est pourquoi
• par conséquent

▶ **L'opposition**
• toutefois
• pourtant
• par contre
• au contraire

1. <u>D'une part</u>, les jeux vidéo sont amusants ; <u>de l'autre</u>, ils peuvent inciter à la violence.
2. Il habite à Paris depuis 20 ans et <u>pourtant</u> il parle très mal français.
3. Lisez <u>d'abord</u> l'extrait ; répondez <u>ensuite</u> aux questions et <u>enfin</u> résumez le texte en quelques lignes.
4. Roxane adore les enfants, <u>c'est pourquoi</u> elle veut devenir institutrice.
5. Yeux bleus, cheveux bouclés, physique sculpté… <u>en somme</u>, un vrai Adonis !

2 **À l'oral, complétez librement ces phrases selon la circonstance donnée.**

0. Marion a acheté deux jupes, trois pulls et cinq débardeurs : [*synthèse*] *bref, elle a vidé le magasin !*
1. Ce matin Marcel avait mal à la tête : [*conséquence*] …
2. Ce matin Marcel avait mal à la tête : [*opposition*] …
3. Un petit boulot pendant les vacances d'été a des avantages et des inconvénients : [*alternative*] …
4. Pour répondre à un e-mail, il faut : [*énumération*] …
5. Les transports sont en grève : [*conséquence*] …
6. Les transports sont en grève : [*opposition*] …

3
DELF **Relisez l'opinion de Stéphane à la page 43. Contrairement à lui, Sophie regrette d'avoir dû abandonner la campagne. Imaginez ce qu'elle dirait.**

Quand mes amis me demandent
si je n'éprouve pas de nostalgie
pour la lavande et le thym, je
réponds que …

D'abord, …

Ensuite, …

Et enfin …

Bref, …

Interagir

▶ Engager une conversation	▶ Intervenir dans une conversation
• Dis donc, tu sais que… • J'ai quelque chose à vous dire. • Je voulais te demander une chose. • Écoute, il faut que je te dise / raconte… • Je voudrais juste dire un mot. • Tu connais la dernière ? • Si vous saviez ce que j'ai entendu !	• Si je peux me permettre… • Désolé(e) de vous interrompre, mais… • À ce propos, … / Au fait, … • Ça me rappelle… • Je voudrais juste dire… • Si je peux intervenir… • Juste un mot…

▶ Garder la parole	▶ Donner la parole	▶ Terminer une conversation
• Tu permets que je termine ? • Ne m'interrompez pas ! • Soyez gentil (gentille), laissez-moi finir !	• Vas-y, ne sois pas timide ! • Et vous, vous ne dites rien ? • Tu n'as rien à dire ? • Qu'est-ce que tu en penses ? • Y a-t-il des questions ?	• En conclusion… • Pour conclure… • En définitive… • Finalement…

4 🎧 CD•021 **Écoutez le dialogue et complétez les phrases dans votre cahier.**

Mme Ordant – Avant la fin de l'émission, **(1)** … sur les clochards. Il y en a partout et leur nombre augmente de plus en plus. Ça ne peut pas continuer comme ça ! **(2)** … à ce propos ?

M. Lascaut – **(3)** … tout d'abord, vous devriez éviter d'utiliser le mot « clochard » ; c'est assez offensant pour des personnes qui sont souvent en difficulté, et je ne parle pas seulement de l'argent mais aussi…

Mme Ordant – Des mots et encore des mots… jamais aucune proposition concrète…

M. Lascaut – **(4)** … : je voulais dire qu'à la misère s'ajoute une réelle difficulté émotive et c'est là qu'il faudrait tout d'abord intervenir.

Le présentateur – Voilà. Vous aurez compris que Mme Ordant et M. Lascaut sont en désaccord total sur tous les sujets abordés ce soir. **(5)** … j'invite tous nos spectateurs à exprimer leurs opinions sur notre site. Merci à tous, et à la semaine prochaine.

5 **À trois. Luc et sa grand-mère sont dans le bus. Ils passent devant un immeuble couvert de**
DELF **graffitis. Une discussion commence. Un passager intervient. Imaginez le dialogue ; utilisez les expressions des encadrés.**

Quelques idées en vrac :
• parfois véritables œuvres d'art
• la ville est plus gaie
• beau contraste entre art moderne et monuments anciens
• forme d'art spontané
• coût du nettoyage
• images qui défigurent les bâtiments
• ce n'est pas de l'art, mais des gribouillis

LES ÉNERGIES RENOUVELABLES

LE DÉFI DU XXIᵉ SIÈCLE

La lutte contre le réchauffement climatique est le grand défi du XXIᵉ siècle. Le **Protocole de Kyoto** (1997) et la **Conférence de Copenhague** (2009) ont mis en évidence les conséquences de ce phénomène mais surtout ses causes, c'est-à-dire l'utilisation massive de l'énergie ; le résultat a été la signature d'importants accords internationaux sur ces thèmes. Diminuer ou modifier notre consommation d'énergie signifierait réduire l'émission de gaz à effet de serre et ralentir des phénomènes tels que la désertification ou l'épuisement de sources d'énergie non-renouvelables, comme le pétrole.

En janvier 2014, la Commission européenne a proposé un **paquet énergie-climat** qui prévoit d'augmenter à 20 % la part des énergies renouvelables en Europe ; et de réduire en conséquence celle des énergies traditionnelles. C'est le but à atteindre en 2030.

LES ENJEUX POLITIQUES

Produire de l'énergie signifie détenir un grand **pouvoir**. Déjà au lendemain de la Première Guerre mondiale, mais surtout pendant les crises pétrolières des années 70, la France prend conscience que l'autonomie dans ce domaine pourrait entraîner une plus grande **autonomie** **politique** du pays. D'où la décision de parier sur le **nucléaire**, ce qui fait de la France le deuxième producteur mondial, après les États-Unis. Après les accidents de Tchernobyl (1986), mais surtout après ceux de Fukushima (2011), le gouvernement français a décidé de ralentir dans la construction de nouvelles centrales et de relever le défi des énergies renouvelables.

a

1 ÉNERGIE SOLAIRE
LA RICHESSE DES PAYS ENSOLEILLÉS

Il existe trois types d'énergie produite par le rayonnement solaire : d'abord, l'énergie photovoltaïque utilisée pour produire de l'électricité ; ensuite, l'énergie thermique qui sert à produire de l'eau chaude ; enfin, l'énergie thermodynamique qui remplit les deux fonctions.

2 ÉNERGIE HYDRO-ÉLECTRIQUE
LA PREMIÈRE SOURCE D'ÉNERGIE RENOUVELABLE EN FRANCE

Les centrales hydro-électriques produisent de l'électricité à partir de l'énergie hydraulique : de la force motrice des cours d'eau, des chutes retenus par des barrages. L'électricité ainsi produite est rapidement utilisable, ce qui la rend indispensable en cas de grande consommation.

3 ÉNERGIE ÉOLIENNE
DE LA TRADITION À L'INNOVATION

Pour la produire, on transforme la force du vent en énergie mécanique et, dans la plupart des cas, en énergie électrique. À part les moulins qu'on peut trouver dans plusieurs régions, la France est en train de développer des parcs de machines éoliennes en mer, un vrai secteur d'avenir.

4 ÉNERGIES MARINES
UN INVESTISSEMENT POUR L'ÉQUILIBRE DE LA PLANÈTE

Ce sont toutes les technologies qui permettent de produire de l'énergie - surtout électrique - à partir des différentes ressources renouvelables du milieu marin.

5 GÉOTHERMIE
L'ÉNERGIE DES PROFONDEURS DE LA PLANÈTE

La géothermie, c'est l'exploitation de l'énergie thermique contenue dans le sous-sol, où la température augmente avec la profondeur. On peut produire aussi bien de la chaleur que de l'électricité en utilisant l'eau souterraine, ou tout simplement en « absorbant » la chaleur par des tuyaux et des pompes.

6 ÉNERGIE DE BIOMASSE
LA VALORISATION DE CE QUI NE SERT PLUS

Elle est produite à partir des déchets provenant de l'agriculture, de la sylviculture et des industries connexes, mais aussi des déchets biodégradables des usines et des municipalités. Toutes ces matières subissent des transformations qui génèrent de l'énergie par combustion directe.

e

b

d

c

EN CONCLUSION...

Quand on parle d'**énergies renouvelables**, on parle nécessairement du **futur de notre planète** qui dépend du développement de modèles sociaux, économiques et énergétiques durables. Pour offrir aux générations futures une **Terre encore habitable**.

f

1 Associez les images aux textes correspondants.

2 Répondez par vrai ou faux.

1. Le pétrole n'est pas une source d'énergie renouvelable.
2. Quand il y a des pics de consommation d'énergie, l'énergie hydroélectrique est très facilement utilisable.
3. L'énergie provenant du soleil sert exclusivement à produire de l'eau chaude grâce à des panneaux solaires.
4. S'il n'y a pas d'eau dans le sous-sol, on ne peut pas produire d'énergie géothermique.

3 Répondez aux questions.

1. Quelle est la cause principale du réchauffement climatique ?
2. Sur quoi se fonde la production d'énergie de biomasse ?
5. Est-ce que les énergies marines ne servent qu'à produire de la chaleur ?

4 Et dans votre pays ? Répondez aux questions.

1. Quelle est la situation énergétique dans votre pays ?
2. Quelles sont les énergies renouvelables les plus utilisées ?

Vous avez dit clichés ?

1 À VOUS ! **Répondez à la question suivante.**

Chaque pays du monde donne une image stéréotypée (positive ou négative) de sa culture et de ses habitants. Quelles qualités et quels défauts associez-vous à chacun de ces peuples ?

- Français
- Allemands
- Britanniques
- Espagnols
- Chinois
- Argentins

2 Que pensent-ils de nous ? **Lisez l'article à la page suivante et répondez.**

DELF 1. Le but de cet article est de :

    a. convaincre le lecteur (texte argumentatif).

    b. décrire quelqu'un ou quelque chose (texte descriptif).

    c. donner des instructions (texte injonctif).

    d. renseigner sur un sujet (texte informatif).

2. L'auteur de l'article :

    a. est irrité par l'image négative de la France.

    b. utilise un style plaisant et captivant.

    c. expose les faits de façon détachée.

3. Pour chaque argument, l'auteur de l'article :
   a. expose un cliché et le réfute par un contre-exemple.
   b. analyse un stéréotype et l'illustre par un exemple.
   c. rejette l'image négative de la France en donnant l'exemple d'autres pays.
   Justifiez votre réponse.

4. Cherchez dans l'article les quatre synonymes du mot « stéréotype ».

Les Français ? des râleurs qui mangent des grenouilles

Les Français n'ont pas très bonne réputation dans le monde : râleurs, hautains, chauvins[1], ils s'obstinent à parler leur langue à tout prix, même quand ils se trouvent au plus loin de la civilisation ! Alors, si vous passez vos vacances hors de l'Hexagone, découvrez ce que tout étranger pensera de vous et soyez prêt à en rire !

Du béret à l'odeur, en passant par l'impolitesse et les cuisses de grenouilles, découvrez les clichés qu'ont les étrangers sur nous.

Les Français sont paresseux. C'est un préjugé ! Si nous travaillons un peu moins, nous sommes parmi les plus productifs du monde : en 2014, chaque Français générait 45,40 euros par heure travaillée, devant les Allemands ou encore les Suédois.

Les Français sont malpolis. Les Français – et notamment les Parisiens – sont réputés pour leur attitude brusque et sèche envers les touristes. En revanche, la France passe pour le pays du romantisme et de la séduction.

Les Français mangent des grenouilles. Ce plat est aussi consommé en Indonésie, en Chine, en Croatie ou encore en Grèce et en Italie. Ce n'est donc pas seulement une coutume

de l'Hexagone. Et si nos voisins britanniques nous surnomment « Froggies », nous les appelons bien « Rosbifs », non ?

Les Français sentent mauvais. L'idée reçue du français sale vient du XVIIe siècle : l'hygiène était précaire et les gens pensaient que parfums et maquillage cachaient l'odeur et la crasse. À noter que l'une des capitales mondiales de la parfumerie est la petite ville de Grasse, en Provence.

Le béret, la marinière, la baguette, le fromage, le foie gras... Encore des lieux communs ! Le béret et la marinière sont aujourd'hui

détrônés par la casquette de baseball et le T-shirt. Quant aux spécialités gastronomiques... cocorico[2] !

Adapté de www.gentside.com

Glossaire

1. **chauvin :** qui manifeste un patriotisme excessif.
2. **cocorico :** cri du coq (symbole de la France), utilisé pour exprimer le chauvinisme français.

3 **Associez peuples et stéréotypes.**

1. Les Anglais
2. Les Brésiliens
3. Les Chinois
4. Les Suisses

a. n'arrivent jamais en retard.
b. ne mangent que des sauterelles.
c. ne savent pas faire la cuisine.
d. ont le rythme dans le sang.

4 **Écrivez cinq clichés sur votre pays.**

Goûter l'insolite

5 **Observez le document et répondez.**

1. De quoi s'agit-il ?
2. Quelle est votre réaction face aux images ?
   - **a.** Dégoût.
   - **b.** Curiosité.
   - **c.** Appétit.
   - **d.** Autre.

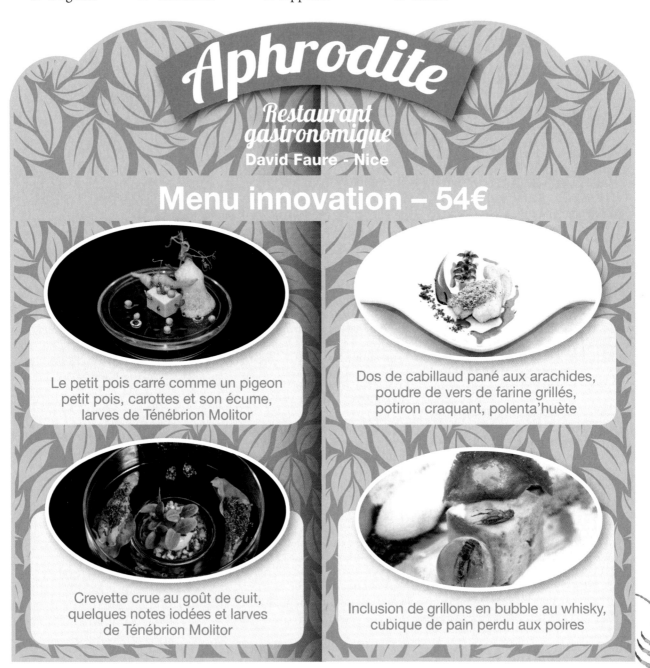

Aphrodite
Restaurant gastronomique
David Faure - Nice

Menu innovation – 54€

Le petit pois carré comme un pigeon petit pois, carottes et son écume, larves de Ténébrion Molitor

Dos de cabillaud pané aux arachides, poudre de vers de farine grillés, potiron craquant, polenta'huète

Crevette crue au goût de cuit, quelques notes iodées et larves de Ténébrion Molitor

Inclusion de grillons en bubble au whisky, cubique de pain perdu aux poires

6 🎧 **CD•022** Quoi de neuf en cuisine ? **Écoutez et répondez.**

1. Quel est le sujet de l'émission ?
2. Qui est l'invité d'aujourd'hui ? Pourquoi a-t-il été invité ?
3. L'entomophagie (se nourrir d'insectes), est-ce une idée nouvelle ?
4. Qui est David Faure ?
5. Les trois clients interviewés sont-ils du même avis ?

7 Maintenant lisez les interviews. Que signifient les expressions soulignées ? Choisissez la bonne réponse.

Journaliste	– <u>Vous en avez marre</u> des restos traditionnels ? La nouvelle cuisine vous ennuie à mort ? Nous avons une solution : criquets, larves de papillons, œufs de fourmis... Mais comment réagiriez-vous, si <u>ce petit monde</u> se retrouvait vraiment dans vos assiettes ? C'est la question que nous avons posée à notre invité, Jean-Baptiste de Panafieu.
J.B. de Panafieu	– Bonjour.
Journaliste	– Vous venez de publier *Les insectes nourriront-ils la planète ?* aux éditions du Rouergue. Alors, les hommes du futur mangeront des bestioles repoussantes ?
J.B. de Panafieu	– Tout à fait. Déjà en 1800, Erasmus Darwin, le grand-père de Charles, avait pronostiqué que les hommes deviendraient insectivores. Les insectes et les vers sont nombreux et riches en protéines et leur consommation <u>est monnaie courante</u> dans la majeure partie du monde.
Journaliste	– En effet, l'idée commence à <u>se frayer un chemin</u> en Europe et bientôt on trouvera des insectes au menu de tous les restaurants. C'est d'ailleurs ce que fait David Faure à Nice, qui s'est mis en tête de proposer de véritables chefs-d'œuvre culinaires à base de vers de farine ou de grillons au whisky. À ce sujet, écoutons les témoignages de trois clients à la sortie de son restaurant.
Une cliente	– Je croyais que manger des insectes ne me poserait aucun problème. Eh bien, s'ils sont réduits en farine, ça peut aller ; par contre, je n'ai pas réussi à <u>avaler</u> les vers ou les grillons entiers. J'ai trouvé ça répugnant.
Un client	– Franchement, j'ai été un peu déçu. Je pensais que ce serait plus original. Les plats sont très beaux, mais les insectes n'ont pas un goût très prononcé : ça ressemble à du pop-corn ou à des cacahuètes.
Un autre client	– Si j'avais su, je n'aurais pas hésité un seul instant à me laisser convaincre. Je ne pouvais pas imaginer que le chef réaliserait quelque chose d'aussi exceptionnel : <u>je me suis régalé</u> ! J'y reviendrai sans doute pour mon anniversaire… si j'arrive à persuader mes amis !

1. *vous en avez marre* :
   - a. vous ne supportez plus
   - b. vous êtes déçus
2. *ce petit monde* :
   - a. l'ensemble des insectes
   - b. l'ensemble des auditeurs
3. *être monnaie courante* :
   - a. coûter cher
   - b. être habituel
4. *se frayer un chemin* :
   - a. rencontrer des obstacles
   - b. avancer, progresser
5. *avaler* :
   - a. tolérer
   - b. engloutir
6. *se régaler* :
   - a. éprouver un vif plaisir
   - b. s'offrir un beau cadeau

8 **GRAMMAIRE** Cherchez dans le dialogue les verbes au conditionnel présent, puis répondez.

1. Dans une de ces phrases, le conditionnel présent exprime une hypothèse. De quel type ?
   a. Fait réalisable.   b. Fait non réalisé.   c. Impossible.
2. Dans les quatre autres phrases, on trouve une proposition subordonnée qui dépend d'une principale…
   a. au présent.   b. au passé.
3. L'action formulée au conditionnel présent est… a. antérieure…   b. simultanée…   c. successive…
   à l'action exprimée dans la principale.
4. Traduisez les quatre phrases dans votre langue : quel temps verbal devez-vous utiliser à la place du conditionnel présent ?

▶ Le futur dans le passé, p. 65

Mots et expressions

CD•023 Les fruits

• l'abricot (*m.*)

• l'amande (*f.*)

• la pastèque

• l'orange (*f.*)

• le pamplemousse

• l'arachide (*f.*) / la cacahuète

• le cassis

• la cerise

• le citron

• la figue

• la fraise

• la framboise

• les fruits rouges

• la groseille

• la pêche

• la mandarine

• la mangue

• le melon

• la mûre

• la myrtille

• la noisette

• la noix

• le raisin

• la poire
• la pomme
• la prune
• l'ananas (*m.*)
• la banane
• le kiwi
• la noix de coco

🎧 CD • 024 Les légumes

• l'ail (*m.*)

• l'artichaut (*m.*)

• l'asperge (*f.*)

• l'aubergine (*f.*)

• le cornichon

• le navet

• le céleri

• le chou

• le chou-fleur

• le potiron

• la courgette

• l'endive (*f.*)

• les épinards (*m.*)

• le fenouil

• le haricot

• le haricot vert

• l'oignon (*m.*)

• les petits pois

• le poireau

• la pomme de terre

• le poivron

• le radis

• la tomate

• la salade
• le brocoli
• la carotte
• le chou de Bruxelles

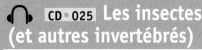 **CD 025 Les insectes (et autres invertébrés)**

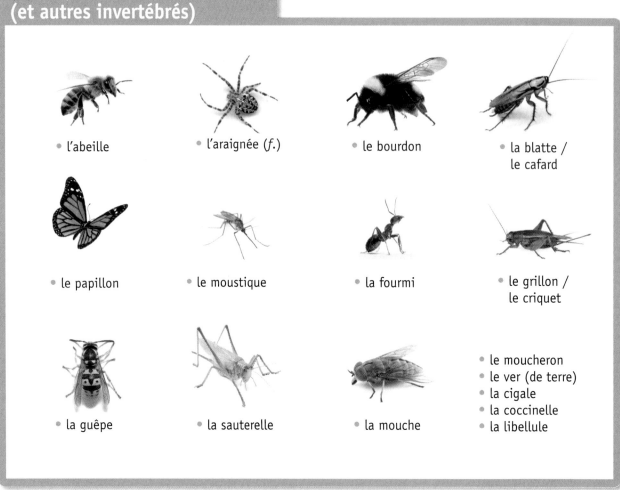

- l'abeille
- l'araignée (f.)
- le bourdon
- la blatte / le cafard
- le papillon
- le moustique
- la fourmi
- le grillon / le criquet
- la guêpe
- la sauterelle
- la mouche
- le moucheron
- le ver (de terre)
- la cigale
- la coccinelle
- la libellule

1 **À l'oral, complétez les phrases avec le mot représenté par le dessin.**

1. À la vue du sang, elle est tombée dans les ... .

2. Après la dernière défaite, les ... sont cuites pour l'équipe de Lyon.

3. Bravo ! Vous avez tout décidé sans moi. Je compte pour des ... ?

4. Elle est vraiment bête comme un ... : elle ferait mieux de se taire !

5. Elle va m'entendre ! J'ai fait le ... pendant une heure et elle ne s'est pas présentée au rendez-vous !

6. Il porte des sandales même en hiver : il doit avoir une ... au plafond !

7. J'ai beaucoup aimé le livre, alors que le film est un véritable ... .

8. Je me demande comment il arrive à avoir la ... dès qu'il se lève !

9. Occupez-vous de vos ... et arrêtez de m'importuner !

10. Paul est incroyable : il est à peine haut comme trois ... et il joue de la batterie comme un pro !

11. Quand elle a vu Hervé, elle est devenue rouge comme une ... .

12. S'il n'arrête pas de prendre la ... pour rien, il finira par se retrouver sans amis.

2 **Associez chaque phrase à une expression de l'exercice 1.**

a. attendre (inutilement) sans bouger

b. avoir beaucoup d'énergie

c. avoir un comportement un peu fou, qui ne dérange pas les autres

d. être petit

e. être sous le coup d'une émotion

f. être stupide

g. ne pas être pris en considération, être sans valeur

h. ne pas se mêler des affaires des autres

i. œuvre sans valeur

j. perdre connaissance, s'évanouir

k. s'énerver brusquement, pour des raisons futiles

l. se trouver dans une situation compromise, sans espoir

3 **Trouvez l'intrus.**

1. cerise / citron / orange / pamplemousse

2. framboise / mûre / myrtille / poire

3. ananas / banane / mangue / pomme

4. amande / groseille / noisette / noix

5. carotte / pomme de terre / courgette / radis

6. aubergine / brocoli / épinards / petits pois

▶ Dire, lire, écrire

L'accent circonflexe

- L'accent circonflexe (^) peut se trouver sur un *a, e, i, o, u* et signale, en général, la disparition d'une lettre (presque toujours un *-s*) :
  pâtes (< paste)   tête (< teste)   île (< isle)   tôt (< tost)   goût (< goust)
- Il sert quelquefois à distinguer des homophones :
  dû / du   crû / cru   mûr / mur   sûr / sur   jeûne / jeune   nôtre / notre   vôtre / votre

4 **Quelle est la forme correcte ?**

1. betise / bêtise / betîse
2. chateau / château / chatêau
3. connaitre / connâitre / connaître
4. fenetre / fênetre / fenêtre
5. foret / fôret / forêt

6. historique / histôrique / historîque
7. hopital / hôpital / hopîtal
8. phonétique / phônétique / phonétîque
9. république / répûblique / républîque
10. vous etes / vous êtes / vous etês

Le tréma

- Normalement, on trouve le tréma ou diérèse (¨) lorsque deux voyelles se suivent et il est alors nécessaire de prononcer séparément ces deux voyelles. Le tréma se place sur la deuxième voyelle :
  ma/is   mosa/ique   No/ël   égo/iste   co/incidence
  ATTENTION ! Pour « séparer » des voyelles, on peut aussi introduire un *h* entre deux voyelles :
  cahier   trahison   prohibé

5 🎧 **CD•026 Écoutez et écrivez dans votre cahier les mots avec les trémas nécessaires.**

1. aider
2. androide
3. archaique
4. bonsai
5. canoe
6. croire
7. héroique
8. paranoiaque
9. sauter
10. stoique

Grammaire

▶ **L'hypothèse avec *si***

> Si j'avais su, je n'aurais pas hésité un seul instant.

- La **conjonction *si*** introduit une proposition subordonnée qui exprime une condition ou une hypothèse.
- ***Si*** est toujours suivi d'un verbe à l'**indicatif**. Les constructions les plus communes sont les suivantes :

hypothèse réalisable dans le présent ou le futur	
subordonnée	principale
si + indicatif présent	indicatif présent
	impératif
	indicatif futur

Si on **mélange** du bleu et du jaune, on **obtient** du vert.
Si tu **as** faim, **mange** une pomme.
Elle **pourra** gagner seulement **si** elle **s'entraîne** tous les jours.

hypothèses possibles, éventuellement réalisables	
subordonnée	principale
si + indicatif imparfait	conditionnel présent

S'il **parlait** plus lentement, tout le monde le **comprendrait**.
Si on me **proposait** de manger des insectes, je **refuserais** !

hypothèses irréalisables, faits non réalisés dans le passé	
subordonnée	principale
si + indicatif plus-que-parfait	conditionnel passé

Si nous **avions eu** un plan de la ville, nous **aurions trouvé** le restaurant.
- On fait l'élision de la conjonction ***si*** uniquement devant les pronoms *il*, *ils* :

S'il va au cinéma, il n'aura pas le temps de venir avec nous au restaurant.

ATTENTION ! En français, on n'utilise jamais le subjonctif après le *si* hypothétique.

1 **Associez les propositions pour obtenir une phrase complète.**
1. Si tu passes par Reims,
2. Si tu passes par Reims,
3. Si tu passes par Reims,
4. Si tu passais par Reims,
5. Si tu étais passé par Reims,

a. tu serais arrivé plus tôt.
b. tu arrives plus tôt.
c. tu arriverais plus tôt.
d. tu arriveras plus tôt.
e. n'oublie pas de visiter la cathédrale.

2 **À partir des éléments donnés, formulez trois phrases hypothétiques, comme dans l'exemple.**
0. (tu) suivre mes conseils / (tu) ne pas avoir de problèmes
   - Si tu suis mes conseils, tu n'auras pas de problèmes.
   - Si tu suivais mes conseils, tu n'aurais pas de problèmes.
   - Si tu avais suivi mes conseils, tu n'aurais pas eu de problèmes.
1. (elle) se comporter bien / (nous) lui permettre de sortir
2. (ils) invitent Léo / (je) ne pas aller à leur fête
3. y avoir une grève des transports / (elles) aller au lycée à pied
4. (ton ami) rouler plus à vélo / (ton ami) faire des économies d'essence
5. (vous) prendre le temps de réfléchir / (vous) comprendre le problème
6. (je) devoir s'engager pour une cause / (je) choisir la santé
7. (on) organiser un marathon / (on) pouvoir collecter de l'argent
8. (tu) ne pas faire de bruit / (nous) pouvoir entendre les oiseaux
9. (vous) arrêter de prendre des bains / (vous) réduire sa consommation d'eau
10. (je) avoir le temps / (je) faire le ménage

3 À l'oral, conjuguez le verbe entre parenthèses au temps et au mode qui conviennent.

1. Tu bronzerais plus vite, si tu … (*manger*) plus de carottes.
2. Je ne serais jamais arrivé à temps s'ils … (*ne pas m'accompagner*) en voiture.
3. Je serai l'homme le plus heureux de la planète si je … (*réussir*) à sortir avec elle.
4. Nous … (*être*) moins pressés si nous avions commencé plus tôt.
5. Si demain soir vous arrivez avant 20 heures, on … (*pouvoir*) dîner tous ensemble.
6. Si on parle vite, on … (*faire*) plus de fautes.
7. Si tu … (*vouloir*) aller en Inde, tu dois avoir un passeport.
8. Si une araignée entrait dans ma chambre, je … (*hurler*) de terreur.
9. Si vous avez besoin de me contacter, … (*appeler*) -moi avant 10 heures.
10. J'… (*pouvoir*) surfer, s'il avait fait beau.
11. Tu dois rajouter un peu plus de sucre si tu … (*vouloir*) réussir ta confiture de myrtilles.
12. S'il … (*avoir*) plus de peinture, il aurait pu finir de peindre toutes les portes.

▶ Le futur dans le passé

*Je pensais que ce **serait** plus original.*

- Pour exprimer une action postérieure à une autre action qui a eu lieu dans le passé, on utilise ce qu'on appelle le « futur dans le passé ».
- On utilise alors le **conditionnel présent** :
  *(mardi) Il a dit que (jeudi) il **me rendrait** mon dictionnaire.*
- Le **conditionnel passé** est utilisé pour exprimer le « futur antérieur dans le passé » :
  Je pense qu'elle viendra me voir quand elle aura terminé son travail.
  *→ Je pensais qu'elle **viendrait** me voir quand elle **aurait terminé** son travail.*

4 Mettez les phrases au passé, comme dans l'exemple.

0. Je crois qu'il arrivera à 4 heures. → Je croyais qu'il arriverait à 4 heures.
1. Il promet qu'il ne le fera plus. → Il avait promis … .
2. On prévoit qu'il pleuvra pendant tout le week-end. → On avait prévu … .
3. Les experts estiment que ces mesures ne seront pas suffisantes. → Les experts ont estimé que … .
4. Tu es sûr qu'il comprendra ? → Tu étais sûr … ?
5. Vous savez bien que tôt ou tard il faudra tout changer. → Vous saviez bien … .
6. Il est évident qu'ils auront moins de soucis après qu'ils auront réussi leur examen. → Il était évident … .
7. Mon frère dit qu'il apprendra à jouer de la guitare. → Mon frère disait…
8. Le président affirme qu'il baissera les impôts avant la fin de l'année. → Le président a affirmé…

▶ Le pronom *en*

*Soyez prêts à **en** rire !*

- En plus d'indiquer une quantité, le pronom *en* s'utilise pour remplacer les noms de choses précédés de la préposition *de* (simple ou contractée) :
  Il t'a parlé de la prochaine réunion ?
  *→ Il t'**en** a parlé ?*
  Je n'ai pas envie de sortir.
  *→ Je n'**en** ai pas envie.*
  Elle est très fière de ses résultats.
  *→ Elle **en** est très fière.*
  Ils reviennent du pays de leur mère.
  *→ Ils **en** reviennent.*
- Pour les noms de personnes, on utilise *de* + **pronom tonique** :
  Il t'a parlé de ses petits-enfants ?
  *→ Il t'a parlé **d'eux** ?*
  Elle est très fière de sa fille.
  *→ Elle est très fière **d'elle**.*
- A l'oral, toutefois, on a tendance à utiliser *en* aussi pour les personnes.

5 Remplacez les mots soulignés par *en* ou *de* + pronom tonique.

1. Je ne suis pas satisfait <u>de ce résultat</u>.
2. Guy est amoureux <u>d'Annie</u> depuis le collège.
3. Tu as encore besoin <u>de cette gomme</u> ?
4. Souvenez-vous <u>de mettre le réveil</u> !
5. C'est moi qui me suis occupé <u>des invités</u>.
6. Elle va revenir <u>de l'école</u> à 5 heures.

▶ Les adjectifs et pronoms indéfinis : *chaque, tout, tous les* et *chacun*

> En 2014, **chaque** Français générait 45,40 euros par heure travaillée.

- Dans la plupart des cas, les formes *chaque*, *tous les* et *tous* sont interchangeables, même s'il y a de très légères nuances de sens :
  - *chaque* (+ **nom singulier**) met en évidence un par un les éléments d'un ensemble :
    Chaque candidat doit être muni d'une pièce d'identité.
  - *tous les / toutes les* (+ **nom pluriel**) met en évidence la globalité des éléments :
    Tous les candidats doivent être munis d'une pièce d'identité.
  - *tout(e)* (+ **nom au singulier**) a une valeur indéfinie, générale :
    Tout candidat doit être muni d'une pièce d'identité.

  Cependant, *chaque, tous les* et *tout* ne sont pas toujours synonymes :
    *Vous trouverez un résumé à la fin de **chaque** chapitre.*
    *Vous trouverez un résumé à la fin de **tous les** chapitres.*
    *Il décline **toute** ~~chaque~~ responsabilité.*

ATTENTION !

- *Chaque* ne peut pas être suivi d'un chiffre et dans ce cas, il doit être remplacé par *tous les / toutes les* :
    tous les quatre jours
- *Chaque* ne peut pas être suivi d'un adjectif possessif et dans ce cas, il doit être remplacé par *chacun(e) de* :
    chacun de ses caprices

- *Chaque* ne peut pas être suivi du mot *autre* et dans ce cas, il doit être remplacé par *tout(e)* :
    toute autre intervention

- Le pronom **chacun(e)** ne s'emploie qu'au singulier :
    *J'ai des cadeaux pour **chacune** d'entre vous.*

6 À l'oral, complétez avec *chaque, tout, toute, tous les, toutes les, chacun, chacune*.

1. ... de ces recettes a été élaborée par un chef différent.
2. Pour ... renseignement, appelez le 03 76 89 93 61.
3. ... fruit a des apports en vitamines différents.
4. Elles vont chez le coiffeur ... deux semaines.
5. Ne parlez pas tous ensemble ! ... aura la possibilité d'exprimer son opinion.
6. Nous choisissons ... année une destination différente pour nos vacances.
7. Vous pourrez préparer cette tourte avec des épinards ou ... autre légume.
8. Je bois un jus d'orange ou de pamplemousse ... matins.
9. ... année, j'échange mon appartement pendant quelques semaines avec mon ami Hans.

▶ Le pluriel des mots composés

> David Faure s'est mis en tête de proposer de véritables **chefs-d'œuvre** culinaires.

- Si les noms composés s'écrivent en **un seul mot**, on suit les règles générales de la formation du pluriel :
  un portemanteau → *des portemanteaux*
  Certains noms font exception, parmi lesquels :
  madame → *mesdames*
  mademoiselle → *mesdemoiselles*
  monsieur → *messieurs*
  gentilhomme → *gentilshommes*

- Si le mot composé est formé de **deux termes** séparés ou unis par un trait d'union, seuls les adjectifs et les noms peuvent être mis au pluriel, alors que les autres éléments restent invariables :
  - nom + nom : *chou(x)-fleur(s)*
  - nom + adjectif : *compte(s)-rendu(s)*
  - adjectif + nom : *rouge(s)-gorge(s)*
  - verbe + nom : *couvre-lit(s)*
  - préposition + nom : *avant-garde(s)*
  - adjectif + adjectif : *sourd(s)-muet(s)*
  - verbe + adverbe : *des passe-partout*
  - verbe + verbe : *des savoir-vivre, des va-et-vient*
  - deux éléments invariables : *des on-dit*

- -

ATTENTION !

- Le premier élément ne change pas quand il s'agit d'une abréviation :
  ciné-clubs, tragi-comiques, italo-allemands.
- L'adjectif *demi* reste invariable quand il précède un nom : *des demi-heures.*
- Parfois, le sens indique que l'on ne doit pas mettre le nom complément au pluriel : *des sans-travail, des chasse-neige, des pommes de terre, des arcs-en-ciel…*
- De même, dans certains mots composés, le nom complément est logiquement au pluriel : *un sèche-cheveux, un porte-avions.*

7 **Mettez les mots suivants au pluriel.**

1. une sauce aigre-douce
2. un gendarme anglo-saxon
3. une année-lumière
4. un appareil-photo
5. un chef-d'œuvre
6. un coffre-fort
7. une contre-indication
8. un couche-tard
9. un couvre-chef
10. une demi-journée
11. un long-métrage
12. le savoir-faire

▶ Les verbes *boire* et *rire*

- Les verbes *boire* et *rire* sont irréguliers.

boire	rire
je bois	je ris
tu bois	tu ris
il/elle/on boit	il/elle/on rit
nous buvons	nous rions
vous buvez	vous riez
ils/elles boivent	ils/elles rient
futur : je boirai	**futur :** je rirai
participe passé : bu	**participe passé :** ri

- Le verbe *rire* (et son composé *sourire*) a deux *i* aux deux premières personnes du pluriel de l'imparfait (*nous riions, vous riiez*).

8 **Dans votre cahier, conjuguez les verbes au temps indiqué.**

1. Lena … (*boire*, présent) un verre d'eau citronnée tous les matins. Elle dit que c'est bon pour la santé.
2. Nous regrettons de ne pas pouvoir assister à votre mariage, mais nous … (*boire*, futur) à votre santé.
3. Si j'avais su que je devrais conduire, je … (*ne pas boire*, conditionnel passé).
4. Quand ils étaient petits, mes parents … (*boire*, imparfait) le lait frais des vaches de mes grands-parents.
5. Même si le thé reste la boisson nationale, les Anglais … (*boire*, présent) de plus en plus de café.
6. Que c'est mignon, tes fossettes quand tu … (*rire*, présent) !
7. On peut savoir pourquoi vous … (*rire*, imparfait) de si bon cœur tout à l'heure ?
8. Les spectateurs … (*rire*, passé composé) jusqu'aux larmes à chacun de ses sketches.
9. Tout semble indiquer que l'avenir nous … (*sourir*, futur).
10. Si tu étais venu voir le spectacle avec nous, tu … beaucoup … (*rire*, conditionnel passé).

Parler de ses projets

1 Lisez cette interview de David Faure et cherchez les expressions utilisées par le chef pour parler de ses projets.

David Faure, vous vous êtes embarqué dans un projet plutôt déroutant. Comment est née l'idée de cuisiner des insectes ?

Après un voyage en Asie, je me suis mis en tête de faire connaître aux Européens les habitudes alimentaires d'une grande partie du monde. Mon objectif, c'était aussi de lancer un pari ; proposer des plats à base d'insectes n'est pas un coup de tête : cela fait trois ans qu'avec ma femme nous travaillons sur cette idée.

Quelle est votre intention ? Bouleverser les consommateurs ?

Pas du tout ! Mon but n'est pas de choquer pour choquer : j'envisage de faire prendre conscience que les insectes peuvent être une alternative en matière alimentaire. Les grillons sont riches en protéines et pauvres en lipides et les vers de farine riches en Oméga 3. Leur élevage exige peu d'eau et génère peu de gaz à effet de serre. Si, au quotidien, chacun incluait des insectes, même en faible quantité, dans son alimentation, ça finirait par avoir un impact environnemental non négligeable.

Un autre projet qui vous tient à cœur est *Vis ma vie*. De quoi s'agit-il ?

Deux personnes peuvent vivre une journée en immersion totale dans nos cuisines : de la préparation des plats à la mise en place du service ; elles prendront aussi leurs repas avec l'ensemble de notre personnel. À travers cette expérience, je me propose de faire comprendre la pression qui pèse sur un chef mais aussi le plaisir de rendre les gens heureux.

2 Remplacez les expressions que vous avez trouvées par des expressions équivalentes (utilisez l'encadré ci-contre).

3 À l'oral, utilisez les expressions de l'encadré ci-contre pour compléter les phrases.

1. Mon rêve, c'est d'ouvrir un hôtel original où …
2. Tout le monde peut faire quelque chose en faveur de l'environnement. De mon côté, …
3. C'est décidé ! Pour les vacances de fin d'année …
4. Pour mettre un peu d'argent de côté, …

4 Vous désirez être élu(e) délégué(e) dans le CVL (Conseil de la vie lycéenne). Rédigez vos motivations et présentez votre programme.

5 **DELF** Et vous, quels sont vos projets scolaires et/ou professionnels ?

> ▶ **Exprimer ses intentions et ses objectifs**

- Quels sont tes projets / objectifs / plans ?
- Quelles sont vos intentions ?
- Je pense / j'espère / je veux / je voudrais devenir pilote.
- Je compte (bien) faire un stage.
- Je tiens à améliorer mon anglais.
- Je me suis mis en tête d'apprendre le chinois.
- Je me propose de réaliser mon projet en un an.
- J'ai l'intention / J'envisage de changer de travail.
- Finalement, j'ai décidé de quitter mon boulot.
- Mon objectif / Mon but, c'est d'ouvrir un restaurant.
- Je vais sans doute poursuivre mes études à l'université.
- Un jour, je serai PDG.
- Je n'ai pas encore décidé.
- Je suis indécis(e).

Exprimer des sentiments négatifs (2)

▶ **La déception**

- Je suis (vraiment) déçu(e).
- Ce restaurant m'a déçu(e).
- C'est décevant.
- C'est une véritable déception.
- Je n'aurais pas / jamais cru ça de lui !
- C'est encore pire que je ne pensais.
- (Quel) dommage !
- Tant pis.

▶ **Le dégoût**

- Beurk !
- Pouah !
- Ça me dégoûte / m'écœure / me répugne.
- Je trouve ça dégoûtant / écœurant / répugnant.
- J'ai horreur de ça !
- C'est vraiment dégueulasse ! (*fam.*)

▶ **L'ennui**

- Je m'ennuie à mourir / à mort.
- Qu'est-ce que c'est ennuyeux !
- Il est ennuyeux comme la pluie.
- Quel ennui !
- La barbe !
- C'est rasoir !
- Je trouve le temps long.
- J'en ai marre !
- J'en ai raz-le-bol ! (*fam.*)
- Je m'ennuie comme un rat mort. (*fam.*)

6 🎧 **CD•027 Écoutez et indiquez quels sentiments expriment les personnages.**

Déception

Dégoût

Ennui

7 **Indiquez quelle est votre réaction face à ces situations : déception, dégoût ou ennui. Puis exprimez votre sentiment en utilisant les formules appropriées.**

1. Vous avez renoncé au week-end pour étudier et vous avez eu une mauvaise note à l'interrogation.
2. Vous tombez sur une émission qui montre des opérations chirurgicales.
3. Vous êtes puni(e) : vous ne pouvez ni sortir ni utiliser votre ordinateur / smartphone.
4. Vous n'avez pas été élu(e) délégué(e) de classe.
5. Vous participez à un banquet de noces où vous ne connaissez personne.
6. Vous trouvez une mouche dans votre soupe.

8 **Alice et Barbara sortent du cinéma. Écrivez le dialogue sur la base de ces indications.**

- Alice demande à Barbara si le film lui a plu.
- Barbara répond que non. Elle l'a trouvé plutôt ennuyeux, et elle ajoute d'autres considérations négatives.
- Alice est d'accord. Le film exploite les stéréotypes sur les jeunes et la vie dans les banlieues.
- Barbara exprime son dégoût par rapport à certaines scènes inutilement violentes et cruelles.
- Alice exprime sa déception par rapport aux acteurs.
- Barbara n'est pas d'accord. Sa déception est plus liée à la banalité des dialogues.
- Alice se demande quel message le metteur en scène veut faire passer.
- Barbara dit que c'est la deuxième fois que ce metteur en scène la déçoit et qu'elle n'a plus l'intention d'aller voir ses prochains films.

SÉQUENCE 8

Quelle mésaventure !

VIDÉO
[03.20]

1 Qu'est-ce que vous associez au mot « mésaventure » ? Observez l'image : où se trouvent Annette et Léo ? Qu'est-ce qu'ils font ? Faites quelques hypothèses sur l'histoire que vous allez voir.

2 Visionnez la première partie de la vidéo sans le son. Quel sentiment exprime Annette selon vous ?

1. admiration
2. découragement
3. honte
4. mépris
5. remords
6. satisfaction

3 Regardez la première partie de la vidéo et répondez par vrai ou faux.

1. Annette arrive au Broc' Café en courant.
2. Au Café, il n'y a personne.
3. Léo attend Annette dans la première salle du café.
4. Annette s'assied en face de Léo et enlève son blouson.
5. La serveuse n'apporte aucune carte.

4 Complétez les phrases.

Annette est arrivée au Café et s'est assise. Elle avait l'air un peu triste.
C'est pourquoi Léo lui (**1**) … ce qui se passait. Annette lui a répondu qu'elle (**2**) n'… pas très contente. Ensuite, la serveuse (**3**) … et a demandé ce qu'ils (**4**) … .
Léo (**5**) … ce qu'il y (**6**) … comme sandwichs. La serveuse est repartie avec la commande et (**7**) … qu'elle (**8**) … ça tout de suite. Enfin, Annette (**9**) … qu'elle (**10**) … son premier entretien d'embauche.

5 Regardez la deuxième partie de la vidéo et attribuez les sentiments de la liste aux personnages.

moquerie • agacement • accablement • irritation • anxiété • indifférence • embarras
• dérision • mépris • chagrin • honte • hilarité • gêne

1. Léo
2. Annette
3. Le directeur du personnel

6 **Répondez aux questions.**

1. Combien de retours en arrière (flashbacks) y a-t-il dans cette séquence ? Quelle est leur fonction ?
2. On parle d'une personne qu'on ne voit jamais. De qui s'agit-il ?
3. Est-ce que la serveuse a oublié quelque chose ?

7 **Avez-vous aimé ce sketch ? Pourquoi ? Que changeriez-vous ?**

8 **Racontez la mésaventure d'Annette.**

Annette a raconté qu'il y avait eu un embouteillage, et par conséquent ...

Stéréotypes de tous les types

TÂCHE FINALE

POUR DÉVELOPPER VOS COMPÉTENCES-CLÉS, DANS CET ATELIER VOUS DEVREZ :

✓ recueillir et enregistrer des données ;
✓ comparer des données et réaliser des classements ;
✓ expliquer les raisons de certains stéréotypes ;
✓ rédiger en français un article explicatif/argumentatif.

▶ Étape 1

- Faites une liste de pays en nombre équivalent à la moitié des élèves.
- Pour chacun des pays, chaque élève de la classe associe trois mots.
- Formez des binômes et répartissez les pays par tirage au sort. Chaque binôme classe les réponses liées au pays qui lui a été attribué.

▶ Étape 2

- Chaque binôme interviewe 3 personnes adultes, en demandant d'associer trois mots au pays.
- Traduisez en français les réponses et faites le classement.

▶ Étape 3

- Comparez les résultats des sondages auprès des adolescents et des adultes.
- Expliquez les raisons des trois premiers résultats de chaque sondage.

▶ Étape 4

- À partir de toutes les informations collectées, rédigez un article concernant les stéréotypes sur le pays en question.
- Avec tous les articles, faites un dossier que vous pourrez présenter à l'occasion des journées portes-ouvertes de votre lycée.

Les gens de la banlieue

À VOUS ! Répondez aux questions suivantes.

1. À quoi associez-vous le mot *banlieue* ?
2. Faites-vous du bénévolat ? Où ? Si non, pourquoi ?
3. Dans quels domaines peut-on agir comme bénévole ?
4. Quelles associations de bénévoles connaissez-vous ?
5. Avez-vous entendu parler des *Restos du Cœur* ?
   Si non, de quoi s'occupent-ils, selon vous ?

2 🎧 **CD•028** **Témoignages. Écoutez les interviews et répondez.**

1. Qui sont les personnes interviewées ? Où vivent-elles ?
2. Est-ce qu'elles partagent la même opinion ?
3. Qui donne l'image la plus négative de la banlieue ?
4. Qui, en revanche, en donne une image positive ?
5. Quelle est l'opinion d'Aminata ?

3 **Maintenant, lisez les interviews à la page suivante et répondez.**

DELF

1. Quel est le but de cette émission de radio ?

2. Mme Forges :
   a. est indignée à cause de l'image négative qu'on associe à la banlieue.
   b. exprime son inquiétude de vivre en banlieue.
   c. fonde son point de vue sur des données précises.

3. Pourquoi Tim veut-il changer de quartier ?

4. Que signifie l'expression familière « faites gaffe » ? Aidez-vous du contexte.
   a. Dépêchez-vous.
   b. Ne vous trompez pas.
   c. Faites attention.

5. Quels arguments positifs et quels arguments négatifs Aminata avance-t-elle ?

Animateur – Quand on dit 93[1], la seule image qui vienne à l'esprit est celle d'une banlieue dégradée, dominée par des affrontements et des trafics en tous genres. Mais est-ce vraiment ainsi ? Nous allons écouter les témoignages de trois personnes qui habitent dans des quartiers dits sensibles. Commençons par vous, madame Forges. Il semble que vous soyez plutôt heureuse de vivre en banlieue, c'est ça ?

Mme Forges – Tout à fait : je suis boulangère à Drancy. Franchement, je suis surprise que les gens aient peur du 93 ! Faites-moi confiance : j'habite dans ce quartier depuis plus de 30 ans. J'en ai marre que l'on prenne toujours la banlieue pour un repaire de délinquants et d'immigrés marginalisés. Il y a plein de gens bien, mais les médias ne parlent que des émeutes ou des descentes de police. Et puis, les choses se sont améliorées dans les dernières décennies ; il y a des problèmes, mais comme partout.

Animateur – Merci madame. La parole est maintenant à Tim. Tu as quel âge, Tim ?

Tim – J'ai 16 ans et j'habite à La Courneuve. Moi, je hais ce quartier, il n'y a pas d'équipements et les enfants sont obligés de jouer dans la rue ou dans les escaliers. Pour un jeune beur[2] comme moi, il n'y aucun avenir ici ; j'ai hâte de grandir et de quitter la banlieue ! On avait promis des changements, mais ils n'ont pas tenu leur parole. Moi je vous dis, faites gaffe si vous venez ici : drogue, délinquance, affrontements entre les bandes, il n'y a que ça !

Animateur – Écoutons maintenant Aminata : vous avez 23 ans et vous êtes bénévole à l'association Arc-en-Ciel à la Cité des Marnaudes de Rosny-sous-Bois.

Aminata – Bonjour. Eh bien, tout d'abord il faut reconnaître qu'on a trouvé une solution à beaucoup de problèmes, mais il est nécessaire qu'on fasse encore des efforts. Il y a cinq ans, mon quartier c'était vraiment la zone ; puis on a démoli les barres et les tours au profit d'unités plus petites et maintenant on se croirait dans un village. Ce qui est dramatique, c'est que plus de 40 % des jeunes sont au chômage et puis la rénovation n'a pas éliminé les problèmes de sécurité dans certains quartiers. Les maires n'ont pas assez de pouvoir et c'est donc à l'État d'intervenir à travers une politique de la ville plus efficace.

Glossaire

1. **93 (ou *neuf trois*):** département de la Seine-Saint-Denis, situé au nord de Paris, et qui, dans l'imaginaire collectif, évoque l'image d'une banlieue dégradée.
2. **beur (*fam.*):** enfant né d'immigrés d'Afrique du Nord.

---

4 **GRAMMAIRE** **Observez la phrase suivante et répondez.**

*Je suis surprise que les gens **aient** peur du 93 !*

1. À quel mode est conjugué le verbe en gras ?
   a. Indicatif   b. Conditionnel   c. Subjonctif
2. Trouvez dans le texte les quatre autres verbes conjugués au même mode.

▶ Le subjonctif, p. 78

S'engager dans le social

5 Coluche et les *Restos du Cœur*. **Lisez et répondez.**

D'origine italienne, **Coluche** (Michel Colucci, 1944-1986) est un comédien et un humoriste célèbre pour son sarcasme, sa liberté d'expression et ses prises de position sociales. Dans ses sketches, que certains jugeaient outranciers et grossiers, il s'attaquait aux valeurs morales et politiques de son époque. Son goût pour la provocation l'a conduit à se présenter à l'élection présidentielle de 1981, mais il a décidé d'y renoncer à la suite de pressions et même de menaces. Devenu très populaire et apprécié du public, il a fondé en 1985 les **Restos du Cœur**, une association caritative qui a pour but l'assistance bénévole aux personnes démunies.

La Charte des bénévoles

1 Respect et solidarité envers toutes les personnes démunies

2 Bénévolat sans aucun profit direct ou indirect

3 Engagement sur une responsabilité acceptée

4 Convivialité, esprit d'équipe, rigueur dans l'action

5 Indépendance complète à l'égard du politique et du religieux

6 Adhésion aux directives nationales et départementales

Aux repas gratuits, se sont ensuite ajoutés l'aide au logement et l'action contre la pauvreté sous toutes ses formes. Depuis 1989, un collectif d'artistes (les *Enfoirés*) se réunit pour chanter au profit des *Restos du Cœur*. Ces concerts sont un événement médiatique très populaire et les bénéfices (droits télévisés, CD et DVD) sont reversés à l'association.

L'esprit de Coluche se résume en quelques mots dans la **Charte des bénévoles**, que chacun s'engage à appliquer intégralement.

1. Que critiquait Coluche dans ses sketches ?
2. Que lui reprochaient ses détracteurs ?
3. De quoi s'occupent les *Restos du Cœur* ?
4. Qui sont les *Enfoirés* ? Comment contribuent-ils à la cause des *Restos du cœur* ?
5. Quel article de la *Charte des bénévoles* considérez-vous comme le plus important ?

6 Devenir bénévole. **Lisez le texte à la page suivante et répondez.**

DELF 1. Il s'agit d'un texte...

   a. descriptif. **b.** informatif. **c.** argumentatif.

2. Le but de ce document est de...

   a. sensibiliser les gens à devenir bénévoles pour les *Restos du Cœur*.

   b. recueillir des fonds pour financer les activités des *Restos du Cœur*.

   c. organiser une collecte alimentaire en faveur des immigrés.

3. Est-ce que les *Restos du Cœur* s'occupent seulement d'aide alimentaire ? Justifiez votre réponse.

http://restosducoeur.org

AIDE   PLAN DU SITE   CONTACT   RECHERCHER

POUR DEVENIR BÉNÉVOLE AUX *RESTOS DU CŒUR*, REMPLISSEZ LE FORMULAIRE D'INSCRIPTION

Être bénévole aux *Restos du Cœur*

Nos besoins en bénévoles sont nombreux et variés.
Toutes les bonnes volontés et les savoir-faire sont utiles pour développer les diverses actions de l'association.

Deux possibilités s'offrent à vous

1. Accompagner nos activités et développer nos projets ; vous pourrez y contribuer avec vos compétences (gestion, comptabilité, recrutement, conseil juridique…).

2. Être bénévole auprès des personnes en difficulté, dans un de nos centres restos.

Nos activités de terrain

1

Plusieurs types d'aide alimentaire coexistent : distribution de paniers-repas équilibrés à cuisiner chez soi ; repas chauds pour ceux qui n'ont pas de toit ; aide spécifique pour les bébés.

2

Les *Restos du Cœur* proposent un accueil et un accompagnement aux personnes privées de chez-soi. Environ 1,5 million de contacts sont établis chaque année.

3

Au-delà des notions d'équilibre alimentaire qui y sont dispensées, ils permettent aux personnes accueillies de sortir de leur isolement et de reprendre confiance en elles dans un cadre convivial.

4

Lire, écrire, communiquer, s'exprimer sont des atouts indispensables afin que l'insertion socioprofessionnelle soit réussie : dans le but de lutter contre toute forme d'exclusion, les *Restos* proposent l'accompagnement scolaire pour les enfants, les ateliers de français pour les adultes et l'accès à Internet.

5

Ce sont des lieux d'accueil spécialement conçus pour des bébés jusqu'à 18 mois et leurs parents.

6

Il s'agit d'organiser des moments ludiques ou festifs afin de permettre aux personnes accueillies et aux bénévoles de se rencontrer autrement que dans l'urgence, de dialoguer et surtout de fuir un univers triste et l'isolement.

7

Une formation adaptée et un accompagnement socioprofessionnel sont mis en place pour aider les sans-emploi à se (re)familiariser avec le monde du travail.

8

Les personnes en difficulté financière sont suivies par les bénévoles des Restos, qui leur apprennent à mieux maîtriser leur budget et les guident dans la recherche de financements.

9

Disposer d'un toit est une étape élémentaire de la réinsertion sociale. L'aide au logement va de l'hébergement d'urgence à l'accompagnement vers une location stable.

10

Le chemin vers la réinsertion passe aussi par la résolution d'un problème juridique qui touche notamment au droit des familles, au droit au logement, au droit du travail ou au droit des étrangers.

7 **Trouvez un titre pour chaque rubrique.**

1. Distribution alimentaire

8 **Pour quelle(s) activité(s) seriez-vous prêt à vous engager ? Pourquoi ?**

Mots et expressions

🎧 CD·029 Le social

- une personne démunie / en difficulté / sans ressources
- un sans-abri, un SDF (sans domicile fixe)
- un bénévole
- le bénévolat
- l'engagement (m.)
- s'engager
- se mobiliser
- des subventions (f.)

- une association loi de 1901 (à but non lucratif)
- une association / fondation caritative
- lutter contre les inégalités
- l'injustice (f.)
- la discrimination
- la marginalisation
- la pauvreté

- la solidarité
- l'égalité (f.) des chances
- une collecte
- la (ré)insertion
- l'aide (f.) alimentaire
- les allocations familiales
- les logements sociaux
- un assistant (de service) social

- un éducateur
- la sécurité sociale
- la prise en charge
- le soutien (matériel, éducatif, psychologique...)
- les services (médico-)sociaux
- un centre /une structure / un foyer d'accueil

🎧 CD·030 L'immigration

- un migrant
- un immigré
- un clandestin, un sans papiers
- un réfugié
- un apatride
- droit / demande / demandeur d'asile
- les droits civiques
- le permis de séjour / de travail
- le droit du sol
- naturaliser
- expulser
- la xénophobie
- le racisme
- la haine raciale

🎧 CD·031 La banlieue

- la banlieue aisée ≠ défavorisée
- les quartiers pavillonnaires ≠ difficiles / multi-ethniques
- la zone
- le ghetto
- la cité
- une ville-dortoir, une cité-dortoir
- un(e) HLM (habitation à loyer modéré)
- une barre
- un banlieusard, un zonard
- la dégradation

- le vandalisme
- un graffiti
- une bande
- une manifestation, une manif'
- une émeute
- les affrontements
- un beur, une beurette
- le verlan
- l'argot (m.)
- le rap
- le hip hop

---

1 À l'oral, complétez le texte avec les mots de la liste.

bénévoles • caritative • discrimination • exclusion • loi de 1901 • migrants •
pauvreté • sans domicile • solidarité • subvention

Emmaüs

Emmaüs France, association (**1**) ... , fait partie d'un mouvement international qui est devenu un acteur incontournable de la lutte contre la (**2**) ... . Porteur d'une vision de société où l'humain est au cœur du système et où chacun a sa place, Emmaüs développe des solutions originales pour lutter contre l'(**3**) ... avec des valeurs fortes comme l'accueil, la (**4**) ... , le travail... et ce, dans la suite des combats portés par l'abbé Pierre, son fondateur.

Henri Grouès (1912-2007) est un prêtre catholique très original : sous le nom d'abbé Pierre, il s'engage dans la Résistance et aide beaucoup de Juifs. Député de 1945 à 1951, en 1949 il crée les Compagnons d'Emmaüs, une fondation (**5**) ... laïque dont l'objectif est de construire des logements provisoires pour les (**6**) ... . L'abbé Pierre a longtemps été la personnalité préférée des Français.

Les communautés Emmaüs fonctionnent sans aucune (**7**) ... , grâce à la récupération d'objets. Le rôle des (**8**) ... est aussi très important. Tous ceux qui se présentent dans un groupe Emmaüs sont accueillis sans (**9**) ... , qu'il s'agisse de personnes sortant de prison ou de (**10**) ... sans papiers. Le parcours vers la récupération de la dignité perdue et de la liberté passe par le travail : compagnons et compagnes sont appelés à mobiliser leurs capacités dans un projet solidaire.

2 **Reliez les éléments des deux colonnes.**

1. construire
2. financer
3. lutter contre
4. offrir
5. organiser
6. recevoir
7. s'engager dans
8. travailler dans

a. des allocations familiales
b. une association de bénévoles
c. une collecte alimentaire
d. la discrimination
e. un foyer d'accueil
f. des logements sociaux
g. un projet de solidarité
h. un soutien psychologique

3 **Écrivez dans votre cahier la légende de ces images. Plusieurs solutions sont possibles.**

4 **Recopiez la grille de mots croisés dans votre cahier et remplissez-la.**

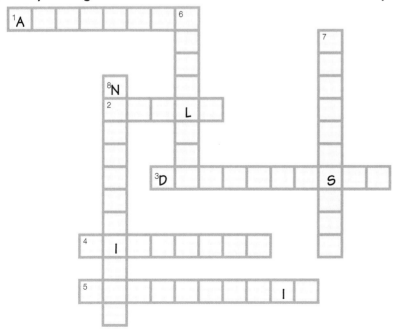

Horizontalement
1. Personne sans nationalité reconnue.
2. Est demandé par une personne persécutée dans son État d'origine.
3. Il détermine la nationalité d'après le lieu de naissance de l'individu (jus solis).
4. Les citoyens ont des droits et des devoirs...
5. Hostilité à l'égard des étrangers.

Verticalement
6. Repousser un étranger hors des frontières.
7. Immigré en situation illégale.
8. Accorder la nationalité à un étranger.

Grammaire

▶ Le subjonctif

*La seule image qui **vienne** à l'esprit...*

- Le **mode subjonctif** a quatre temps : présent, passé, imparfait et plus-que-parfait. Cependant seuls le subjonctif présent et le subjonctif passé sont habituellement utilisés ; les deux autres temps sont réservés aux écrits littéraires.

- Les terminaisons du **subjonctif présent** pour tous les verbes (sauf *être* et *avoir*) sont : *-e, -es, -e, -ions, -iez, -ent*.

- Pour les **verbes réguliers**, le **radical** correspond à la **troisième personne du pluriel de l'indicatif présent** :

chanter (ils **chant**ent)	finir (ils **finiss**ent)
que je chant**e**	que je finiss**e**
que tu chant**es**	que tu finiss**es**
qu'il chant**e**	qu'il finiss**e**
que nous chant**ions**	que nous finiss**ions**
que vous chant**iez**	que vous finiss**iez**
qu'ils chant**ent**	qu'ils finiss**ent**

- Les particularités des **verbes du premier groupe** s'appliquent aussi au subjonctif :
que j'appelle / que nous appelions
que j'achète / que nous achetions
que je nettoie / que nous nettoyions, etc.

- Pour les **verbes irréguliers**, le subjonctif se forme à partir de deux radicaux différents : celui de la **3ᵉ personne pluriel du présent de l'indicatif** (pour *je, tu, il, ils*) et celui de la **1ʳᵉ personne pluriel du présent de l'indicatif** (*nous, vous*).

	venir (nous **ven**-ons) (ils **vienn**-ent)	devoir (nous **dev**-ons) (ils **doiv**-ent)
que je	**vienn**e	**doiv**e
que tu	**vienn**es	**doiv**es
qu'il	**vienn**e	**doiv**e
que nous	**ven**ions	**dev**ions
que vous	**ven**iez	**dev**iez
qu'ils	**vienn**ent	**doiv**ent

- Les verbes suivants sont irréguliers au subjonctif :

	être	avoir
que je/j'	sois	aie
que tu	sois	aies
qu'il/elle/on	soit	ait
que nous	soyons	ayons
que vous	soyez	ayez
qu'ils/elles	soient	aient

	faire	pouvoir	savoir
que je	fasse	puisse	sache
que tu	fasses	puisses	saches
qu'il/elle/on	fasse	puisse	sache
que nous	fassions	puissions	sachions
que vous	fassiez	puissiez	sachiez
qu'ils/elles	fassent	puissent	sachent

	aller	vouloir	valoir
que je/j'	aille	veuille	vaille
que tu	ailles	veuilles	vailles
qu'il/elle/on	aille	veuille	vaille
que nous	**all**ions	**voul**ions	**val**ions
que vous	**all**iez	**voul**iez	**val**iez
qu'ils/elles	aillent	veuillent	vaillent

- Le **subjonctif passé** se forme avec l'**auxiliaire *être* ou *avoir* au subjonctif + le participe passé** du verbe :
qu'il soit arrivé, que vous ayez mangé.

1 Transformez au subjonctif présent et faites une phrase (à l'oral ou dans votre cahier).

1. je réponds
2. tu connais
3. il choisit
4. elle obtient
5. on voit
6. nous arrivons
7. vous comprenez
8. ils refont
9. elles ont menti
10. tu es arrivé

▶ L'emploi du subjonctif

> *Il est nécessaire qu'on **fasse** encore des efforts.*

- On utilise le subjonctif après les verbes ou les formes impersonnelles qui expriment :
  - une **volonté**, un **ordre**, une **interdiction**, une **prière** (*vouloir, désirer, exiger, avoir envie, défendre, empêcher, prier…*) :
  *Elles **désirent** qu'on **fasse** plus d'efforts.*
  - la **possibilité**, l'**impossibilité**, le **doute** (*il suffit, il semble, il est possible, il est impossible, il n'est pas certain, est-il vrai ?*) :
  *Il **est impossible** que tu ne **reçoives** pas de réponse.*
  - une **nécessité** (*il faut, il importe, il est nécessaire…*) :
  *Il **est nécessaire** que tu **écrives** de manière lisible.*
  - un **sentiment** ou un **jugement** (*souhaiter, regretter, s'étonner, douter, être heureux, être surpris / triste, trouver juste, il vaut mieux, il est dommage / naturel / urgent / utile / important…*) :
  *Il **est essentiel** que le maire **prenne** des mesures contre les violences urbaines.*
  - la **crainte** (*craindre, avoir peur…*) :
  *J'**avais peur** que cela **puisse** avoir un impact négatif !*

ATTENTION ! Dans les subordonnées qui dépendent d'un verbe qui exprime la crainte, l'interdiction ou le doute, on peut trouver – et surtout dans un style recherché – un *ne* explétif (c'est-à-dire facultatif), qui n'a pas de valeur négative :
> *Je crains qu'il **(ne)** soit trop tard.*
> *Il faut éviter que l'épidémie **(ne)** se propage.*

- On utilise aussi le subjonctif dans les **propositions relatives** qui dépendent d'un **superlatif relatif** ou d'un **adjectif** comme *seul, unique, premier, dernier,* etc. :
  *C'est le **plus beau** livre que j'**aie** lu.*
  *C'est la **seule** personne au monde qui ne **connaisse** pas les Beatles !*
- On utilise également le subjonctif dans de nombreuses subordonnées circonstancielles (but, concession, etc. ▶ U9).

ATTENTION ! Puisque que le subjonctif imparfait et plus-que-parfait ne sont plus utilisés, on utilise le subjonctif présent et le subjonctif passé même si le verbe de la principale est au passé :
> *Il **faut** / Il **fallait que** tu **finisses** avant 5 heures.*
> *Je **suis** / J'**étais** surpris **qu'**il **ait dit** cela.*

2 **Complétez les phrases avec le subjonctif.**
1. Ce sont les modèles les moins chers que j'… (*avoir*) trouvés.
2. Elle craint que sa mère … (*lire*) ses textos.
3. Il est urgent que l'on … (*prendre*) des mesures contre le racisme.
4. Il fallait que ces informations … (*être*) diffusées de manière plus efficace.
5. Il semble que le gouvernement … (*vouloir*) modifier la loi sur le permis de séjour.
6. Ils ont tout fait pour empêcher que tu … (*sortir*) avec nous.
7. Notre prof exigeait que nous … (*traduire*) tous les dialogues.
8. Mon père est fier que ma sœur … (*ouvrir*) son restaurant.

▶ Le pronom *y*

> *Il a décidé d'**y** renoncer.*

- En plus d'indiquer un lieu, le pronom *y* s'utilise aussi pour remplacer des noms (des choses) compléments indirects de verbes se construisant avec la préposition *à* (contractée ou pas) :
  *Il pense <u>à ses examens</u> → Ils **y** pense.*
  *Je fais attention <u>à ne pas faire de fautes</u>.
  → J'**y** fais attention.*
- Pour les noms qui indiquent des personnes, on utilise les pronoms COI :
  *Je parle à mes amis. → Je **leur** parle.*
  Toutefois, avec les verbes pronominaux (*s'adresser à, s'intéresser à, s'opposer à…*) et avec certains verbes (*penser à, tenir à, renoncer à, faire attention à, prendre garde à…*), on utilise *à* + pronom tonique :
  *Il pense <u>à ses enfants</u>. → Il pense **à eux**.*
  *Fais attention <u>à ce type</u> ! → Fais attention **à lui** !*

3 Remplacez les mots soulignés par *y*, *à* + pronom tonique ou un pronom COI.

1. Elle a du mal à s'habituer <u>au nouveau règlement</u>.
2. Ils ne se sont pas habitués <u>au nouveau directeur</u>.
3. Il a communiqué sa décision <u>à ses parents</u>.
4. Nous avons beaucoup joué <u>aux échecs</u>.
5. Elle doit encore réfléchir <u>à ma proposition</u>.
6. Ils tiennent énormément <u>à leurs petits-enfants</u>.
7. Est-ce que vous renonceriez <u>à vos vacances</u> ?
8. J'ai l'impression que mon idée ne plaît pas <u>à Véra</u>.

▶ Le but

> Communiquer est un atout indispensable **afin que** l'insertion socioprofessionnelle **soit** réussie.

- Pour exprimer le but, on utilise différentes structures.
- Dans les propositions de but, on utilise le **subjonctif**. Les conjonctions les plus utilisées sont :
  - *afin que*
  - *pour que*
  - *de façon que*
  - *de manière que*
  - *de sorte que*
  *Parlez plus fort **afin que** / **de sorte que** tout le monde vous **entende**.*
- Le but peut aussi être exprimé avec une proposition à l'**infinitif** introduite par :
  - *afin de*
  - *pour*
  - *de façon à*
  - *de manière à*
  - *dans le but de*
  - *en vue de*
  *Il a traduit son CV en anglais **dans le but de travailler** aux USA.*
- Enfin, on peut utiliser un complément de but, constitué d'un **nom** précédé de :
  - *pour*
  - *en vue de*
  *Ils s'entraînent beaucoup **en vue de** leur prochain match.*

4 Formez une seule phrase avec l'élément indiqué.

0. Il a insisté ; il voulait les convaincre. (*pour*)
   → **Il a insisté pour les convaincre.**
1. Elle est partie vivre à Berlin ; elle espère que son allemand s'améliorera. (*en vue de*)
2. François a invité Judith à la maison ; elle pourra connaître ses parents. (*afin que*)
3. Il s'est approché silencieusement ; il voulait que tu ne l'entendes pas arriver. (*de sorte que*)
4. Ils sont partis à 6 heures ; ils éviteront les embouteillages. (*afin de*)
5. Ne parle pas trop vite ; tout le monde comprendra. (*pour que*)
6. Relis ton texte avec attention ; tu limiteras le nombre de fautes. (*de manière à*)

▶ Le passif

> Les personnes en difficulté financière **sont suivies par** les bénévoles des Restos.

- Pour transformer une phrase active (avec un verbe transitif) en phrase passive, il est nécessaire d'effectuer les opérations suivantes :
  - le **complément d'objet** direct de la phrase active devient le **sujet** de la phrase passive ;
  - le verbe se met à la **forme passive**, construite avec *être* conjugué **au même temps et au même mode** que le **verbe actif** suivi du **participe passé** (qui s'accorde avec le sujet) ;
  - le **sujet** de la phrase active devient le **complément d'agent**, généralement introduit par la préposition ***par***.
  *<u>Le policier</u> **a pris** les voleurs en flagrant délit.*
  *Les voleurs **ont été pris par** <u>le policier</u> en flagrant délit.*
  *Le maire va inaugurer **la nouvelle piscine**.*
  → *La nouvelle piscine va **être inaugurée** par <u>le maire</u>.*

ATTENTION ! Dans certains cas, le complément d'agent est introduit par la préposition ***de*** :
  - avec les verbes qui expriment un **sentiment** (*aimer, adorer, chérir, détester, respecter…*) :
  *M. Dupont **est détesté de** tous ses employés.*

– avec les verbes exprimant une **activité intellectuelle** (*connaître, ignorer, oublier…*) :
*Ce sont des sketches **connus de** tous les fans de Coluche.*

– avec certains verbes qui ont une **valeur descriptive** comme *accompagner, suivre, précéder, entourer, couvrir, accabler, encombrer…* et avec les compléments d'objets inanimés :
*Les règles sont accompagnées **de** nombreux exemples.*

mais : *Marie a été accompagnée à l'école **par** sa mère.*

● Le complément d'agent n'est pas exprimé quand il est superflu, ou bien quand le sujet actif est indéfini :
Ces enfants seront bientôt adoptés.
***On** aurait découvert une nouvelle galaxie.* → *Une nouvelle galaxie aurait été découverte.*

ATTENTION ! Le passif se forme uniquement avec l'auxiliaire *être* :
*Les clandestins **seront expulsés**.*

5 Transformez à la forme passive. Attention : le complément d'agent n'est pas toujours nécessaire.
1. Coluche a fondé les *Restos du cœur* en 1985.
2. Le Parlement vient d'approuver une nouvelle loi sur le droit d'asile.
3. Les chercheurs de l'Université de Lyon auraient mis au point un nouveau modèle de voiture électrique.
4. On organisera une collecte alimentaire en faveur des plus démunis.
5. Quand elle était jeune, tout le monde la critiquait pour ses coiffures.
6. Tôt ou tard, les énergies renouvelables remplaceront le pétrole.
7. Une association de bénévoles mène cette bataille avec détermination.
8. Il faut qu'on finisse ce travail avant 5 heures.

6 À l'oral, complétez avec *par* ou *de*.

1. Cet article parle des dégâts provoqués … les changements climatiques.
2. Dans cette photo, on voit mon arrière-grand-mère entourée … ses 42 petits-enfants.
3. Elle habite dans une allée piétonne bordée … arbres.
4. L'opossum simule la mort lorsqu'il se sent menacé … un prédateur.
5. Les verbes précédés … un astérisque sont irréguliers.
6. Malgré sa sévérité, c'est un prof très apprécié … élèves.
7. Il y a plusieurs conflits qui ont été ignorés … la communauté internationale.
8. Le mois dernier un baigneur a été attaqué … un requin.

▶ Les verbes *fuir* et *haïr*

● Les verbes *fuir* et *haïr* sont irréguliers.

fuir	haïr
je fuis	je hais
tu fuis	tu hais
il/elle/on fuit	il/elle/on hait
nous fuyons	nous haïssons
vous fuyez	vous haïssez
ils/elles fuient	ils/elles haïssent
futur : je fuirai	**futur :** je haïrai
participe passé : fui	**participe passé :** haï

● Le verbe *s'enfuir* se conjugue comme *fuir*.

7 Dans votre cahier, conjuguez les verbes au temps indiqué.

1. Ces immigrés … (*fuir*, indicatif passé composé) la pauvreté, les persécutions et les discriminations.
2. La police vient de retrouver les deux filles qui … (*s'enfuir*, indicatif plus-que-parfait) mardi dernier.
3. Si une araignée entrait dans sa chambre, Chloé … (*s'enfuir*, conditionnel présent) à toutes jambes.
4. Comme tous les enfants, moi aussi je … (*haïr*, indicatif imparfait) les légumes.
5. Je ne vous ai rien dit de peur que vous me … (*haïr*, subjonctif présent).
6. Toutes les filles du lycée … : (*haïr*, indicatif présent) Carole depuis qu'elle sort avec Olivier.

Promettre

1 🎧 CD•032 Écoutez et indiquez les phrases où on exprime une promesse.

2 Écoutez de nouveau et transcrivez dans votre cahier les expressions utilisées pour formuler une promesse.

▶ **C'est promis !**

- Je (te) promets que je t'aiderai. / de t'aider.
- Je m'engage à être à l'heure.
- Je t'assure / te jure / te garantis que je ne vais pas oublier.
- Tu peux compter sur moi.
- Je te donne ma parole (d'honneur).
- Je t'en fais la promesse.
- Je t'en fais serment.
- C'est promis.
- Ne vous inquiétez pas, je ferai (tout) mon possible.
- Soyez sans crainte.
- Chose promise, chose due.
- (ne pas) tenir sa parole
- promettre monts et merveilles

---

3 Olivier montre à sa mère le bulletin du premier trimestre. Imaginez le dialogue sur la base de ces indications.

- La mère réprimande Olivier pour ses mauvaises notes en mathématiques et elle pense que son père sera très énervé.
- Olivier se justifie.
- La mère lui dit de ne pas chercher d'excuses, et elle le menace d'une punition.
- Olivier promet de s'appliquer pour résoudre le problème.
- La mère lui rappelle qu'il avait déjà fait cette promesse, et qu'il ne l'a pas tenue.
- Olivier dit que cette fois, il s'appliquera pour ne pas gâcher ses vacances.
- La mère lui fait confiance et elle promet qu'elle ne montrera pas au père le bulletin, s'il a une note correcte au prochain contrôle.
- Olivier s'engage solennellement à résoudre le problème.
- La mère lui rappelle que chose promise est chose due et elle promet à son tour de le punir sévèrement s'il ne tient pas ses engagements.

---

4 Écrivez des mini-dialogues.

1. Vous téléphonez à votre compagnie téléphonique parce que votre ligne ADSL ne marche pas. L'opérateur s'engage à vous envoyer un technicien dans les 24 heures.

2. Vous avez besoin d'un petit prêt. Vous vous adressez à un de vos amis, en vous engageant à lui rembourser la somme avant une certaine date.

3. Henri est rentré tard à la maison, sans prévenir ; son père le réprimande. Henri promet que cela n'arrivera plus.

4. Un agent arrête une jeune fille à scooter parce qu'elle ne porte pas de casque. Il ne lui met pas d'amende parce qu'elle promet de respecter les règles de sécurité à l'avenir.

5. Au moment du dernier contrôle de l'année, la classe est inquiète. L'enseignant assure qu'il s'agit d'une épreuve facile.

Mettre en garde et rassurer

<table>
<tr><td>

▶ **Mettre en garde**

- Je te préviens (que)…
- Je vous avertis (que)…
- Je te signale que…
- Méfie-toi !
- Attention !
- Faites (bien) attention !
- Fais gaffe ! (*fam.*)

</td><td>

▶ **Rassurer**

- Ne vous inquiétez pas.
- Ne t'en fais pas.
- Allez, ce n'est rien.
- N'aie pas peur.
- Tout va s'arranger.
- Vous n'avez rien à craindre.

</td><td>

- Rassure-toi.
- Je t'assure que…
- Je suis sûr(e) que tout ira bien.
- Ne te fais pas de souci.
- Ce n'est rien, tu verras.
- Fais-moi confiance.

</td></tr>
</table>

5 **Que signifient ces panneaux ? À l'oral, complétez les phrases.**

1. Ce panneau signale aux piétons que …
2. Ce panneau nous met en garde contre …
3. Ce panneau avertit les conducteurs que …
4. Ce panneau invite les visiteurs à se méfier de …
5. Ce panneau dit de faire attention parce que …
6. Ce panneau prévient les automobilistes que …

6 **Ce n'est pas grave ! Les personnes de la première colonne sont inquiètes. Cherchez dans la deuxième colonne la phrase qui peut les rassurer.**

1. Alors docteur, c'est grave ?
2. Dis Marion, tu vas me ramener une autre mauvaise note en maths ?
3. Entre Charlotte et moi, c'est fini !
4. J'ai su que tu avais eu un accident !
5. Oh mon Dieu, je n'y arriverai jamais !
6. Pourquoi vous passez par là ? La gare, c'est tout droit.

a. Faites-moi confiance, madame : par ici, ce sera plus rapide.
b. Mais non papa, je t'assure : je me suis bien préparée.
c. Mais non ! Envoie-lui des roses et tout va s'arranger.
d. N'aie pas peur, je suis là pour t'aider.
e. Ne t'en fais pas, je suis juste tombée de vélo.
f. Rassurez-vous : ça ira mieux dans deux jours.

7 **Mettre en garde ou rassurer ? Complétez oralement ces mini-dialogues avec les expressions qui conviennent.**

Françoise Bonjour madame, je voudrais m'inscrire au cours de français B1.
La secrétaire Sans problème ; il y a juste un petit test à passer, mais (**1**) … .

Julie Je suis vraiment désolée. Sans le faire exprès, j'ai cassé une assiette.
Mme Savin (**2**) …, Julie. Ça peut arriver à tout le monde.

Une maman (**3**) …, encore un mot de travers et tu peux dire adieu à ta console pour une semaine !
Cédric Excuse-moi, maman.

Gabrielle Zut ! J'ai éteint l'ordinateur sans enregistrer mon exposé ! J'ai tout perdu !
Frédéric (**4**) …, les données sont sauvegardées automatiquement.

Nathalie Je t'ai vue parler avec Sophie. (**5**) …, elle ne sait pas garder un secret.
Karima Oh non ! Tout le lycée va le savoir !

Rédiger un CV

Quand on veut se présenter à un employeur ou être admis à un stage, il est nécessaire de rédiger son *curriculum vitae* (le plus souvent abrégé en CV). Vous pouvez télécharger un modèle sur le site https://europass.cedefop.europa.eu/fr/documents. Pour être efficace, un CV doit respecter un certain nombre de règles. Voici les principales.

Se concentrer sur l'essentiel : un recruteur examine un CV en moins d'une minute.

Utiliser des mots simples et un style concis : deux pages A4 sont suffisantes.

Adapter le CV au poste souhaité : valoriser son savoir-faire et ne pas mentionner ce qui est sans rapport avec votre candidature.

Énumérer les éléments de son parcours par ordre anti-chronologique.

Indiquer avec précision le niveau linguistique (A2, B1, ...).

Préciser la catégorie du permis de conduire (B, C, ...).

INFORMATIONS PERSONNELLES

Joindre une photo seulement si requis.

POSTE VISÉ
EXPÉRIENCE PROFESSIONNELLE
Depuis 2013

ÉDUCATION ET FORMATION
2014

2012

2011 (février – juillet)

2009

COMPÉTENCES PERSONNELLES
Langue(s) maternelle(s)
Autre(s) langue(s)

Anglais

Italien

Compétences en communication

Compétences informatiques

Permis de conduire
ANNEXES

Caland David

12, bd Gambetta
38000 Grenoble (France)
(+33) 04 56 73 91 22
(+33) 06 16 07 68 8
davcal@gmail.com
Sexe : Masculin
Date de naissance : 7 mars 19….
Nationalité : Française

Journaliste (secteur arts / spectacles)

Titulaire de la rubrique « spectacles »
Gazette du Dauphiné – Grenoble
• Critique des spectacles organisés dans la région Rhône-Alpes
• Responsable de la page spectacles du site web du journal

Master Lettres et Arts du spectacle
Université Stendhal – Grenoble 3
Études cinématographiques
Licence Arts du spectacle
Université Stendhal – Grenoble 3
• Histoire du théâtre
• Critique de spectacles
• Informatique et technologies du web
Stage de journalisme
London Weekly – Londres
Bac L*
Lycée Vaugelas – Chambéry

Français

COMPRENDRE		PARLER		ÉCRIRE
Écouter	Lire	Prendre part à une conversation	S'exprimer oralement en continu	
C1	C1	C1	C1	B2
CAE (Cambridge English Advanced)				
A2	B1	A2	A2	A2
CELI 1 (niveau A2) – Università per Stranieri di Perugia				
Niveaux: A1/2: utilisateur élémentaire - B1/2: utilisateur indépendant - C1/2: utilisateur expérimenté - Cadre européen commun de référence pour les langues				

Bonnes compétences en communication acquises grâce à mon expérience à la radio FM98
• Traitement de texte et tableur (excellente maîtrise)
• Logiciels de création de sites web (excellente maîtrise)
Catégorie B
• Copies des diplômes de master et de licence
• Attestation de stage

Soigner l'orthographe et la grammaire.

Séparer le parcours de formation des expériences professionnelles.

Insister sur la formation si on ne possède pas d'expérience professionnelle.

Signaler les expériences extraprofessionelles (bénévolat, stages...).

Détailler toute expérience avec précision et souligner les résultats obtenus.

Ne pas mentionner des compétences que l'on ne possède pas.

* Le Bac L (Baccalauréat littéraire), avec le bac S (scientifique) et le bac ES (économique et social), c'est l'une des trois séries du Baccalauréat général. Le bac L valorise la culture générale, la philosophie, la littérature, l'expression écrite.

1 **Répondez.**

1. À quoi sert un CV ?
2. En 2010, David a travaillé comme vendeur à la FNAC de Grenoble. Pourquoi n'a-t-il pas fait mention de cela dans son CV ?
3. David n'a pas signalé qu'il ne maîtrise pas les logiciels de création graphique. Est-ce un oubli ou l'a-t-il fait exprès ?
4. Est-ce que David a travaillé comme bénévole dans une association ?
5. David n'a pas joint de photo à son CV. Pourquoi ?

2 **Vous êtes à la recherche d'un petit job et vous postulez pour l'une des activités suivantes. Imaginez et rédigez votre CV Europass en ligne, puis imprimez-le.**

- Animation dans un centre d'été
- Hôtel à la mer
- Baby-sitting
- Bricolage ou jardinage
- Cours de danse ou de sport
- Dépannage informatique

INFORMATIONS PERSONNELLES

Addresse :
Téléphone :
Sexe :
Date de naissance :
Nationalité :

POSTE VISÉ
EMPLOI RECHERCHÉ
ÉTUDES / STAGE DEMANDÉS

EXPÉRIENCE PROFESSIONNELLE

ÉDUCATION ET FORMATION

COMPÉTENCES PERSONNELLES
Langue(s) maternelle(s)
Autre(s) langue(s)

COMPRENDRE		PARLER		ÉCRIRE
Écouter	Lire	Prendre part à une conversation	S'exprimer oralement en continu	
Niveaux: A1/2: utilisateur élémentaire - B1/2: utilisateur indépendant - C1/2: utilisateur expérimenté - Cadre européen commun de référence pour les langues				

Compétences en communication

Compétences informatiques
Autres compétences

Permis de conduire
ANNEXES

Le français en

De Charles Trenet...

Le panorama de la musique pop et rock française est très vaste.

Nos grands-parents ont peut-être connu les chansons de **Charles Trenet** qui, à la fin des années 1930, a été le premier chanteur à faire la publicité d'une célèbre margarine avec *Boum*, son cheval de bataille. Les années 50 voient la naissance de la **chanson engagée**, avec le but de faire passer des messages importants pour la société sur des thèmes tels que la guerre, l'écologie, les droits de l'homme, etc. Ses principaux interprètes sont la mystérieuse **Juliette Gréco** ou la diva **Barbara**, sans oublier de vraies légendes comme **Charles Aznavour** avec sa célèbre *Que c'est triste Venise*, **Serge Gainsbourg**, qui a su interpréter tous les genres musicaux de son époque (jazz, pop, rock, reggae, funk et même rap), ou encore **Georges Brassens** qui a offert à l'histoire de la chanson de vrais chefs-d'œuvre comme *Les copains d'abord* ou *Le gorille*. Enfin, la chanson française de cette époque est aussi celle de la variété et de l'exotisme avec la belle et triste **Dalida**, qui se suicide comme son grand amour, le chanteur italien Luigi Tenco.

À partir des années 70-80, d'autres artistes relèvent le défi de la chanson engagée. D'abord **Renaud** : considéré comme un anarchiste à ses débuts, il obtient un énorme succès avec la chanson *Laisse béton*. Ensuite, **Patrick Bruel** : acteur et chanteur, c'est un artiste à 360 degrés. Enfin **Patricia Kaas** : sa voix rauque et dure a su insérer le blues dans la tradition de la chanson française.

Curiosité

En argot parisien, le mot *piaf* signifie *moineau*, c'est-à-dire petit oiseau. En effet, Edith était très petite et mince, de santé fragile, peut-être à cause de son enfance difficile et pauvre, mais aussi parce qu'elle a souvent abusé des médicaments pour soigner et calmer ses douleurs physiques et psychologiques.

Toutefois, quand on pense à la musique française, le premier nom qui vient à l'esprit, c'est celui

d'*Édith Piaf*

NOM : Gassion
PRÉNOM : Édith Giovanna
NOM D'ART : Édith Piaf
SURNOM : la Môme (l'enfant), à cause de sa taille
NÉE : à Paris, le 19 décembre 1915
DÉCÉDÉE : à Plascassier (près de Grasse), le 10 octobre 1963.
CARACTÉRISTIQUES : une voix puissante dans un corps fragile.
SES SUCCÈS : *La vie en rose, Milord, Non, je ne regrette rien, Mon légionnaire.*
ÉTAT CIVIL : célibataire, elle a eu, pourtant, plusieurs histoires d'amour. La plus importante, mais aussi la plus tragique, c'est sa relation avec le boxeur français Marcel Cerdan, mort dans un accident d'avion.

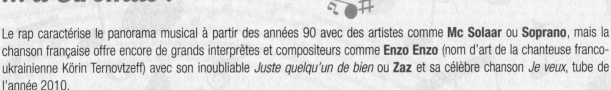

musique !

... à Stromae !

Le rap caractérise le panorama musical à partir des années 90 avec des artistes comme **Mc Solaar** ou **Soprano**, mais la chanson française offre encore de grands interprètes et compositeurs comme **Enzo Enzo** (nom d'art de la chanteuse franco-ukrainienne Körin Ternovtzeff) avec son inoubliable *Juste quelqu'un de bien* ou **Zaz** et sa célèbre chanson *Je veux*, tube de l'année 2010.

Un autre genre révolutionnaire est le **slam**, un genre qui mêle poésie et musique. En France, **Grand Corps Malade** est l'artiste qui s'exprime au mieux dans cet art.

Aujourd'hui, la chanson en langue française doit son succès à un chanteur belge-rwandais qui unit le rap à la musique électronique avec des textes jamais banals : c'est **Stromae** (maestro en verlan). Avec *Alors on danse*, *Formidable* et *Papaoutai*, ce jeune chanteur se fait connaître et partout on apprécie son talent musical et sa capacité d'amuser et de passionner le public. Les vidéos de ses chansons sont parmi les plus visionnées sur Internet, surtout par les jeunes.

---

1 **Répondez par vrai ou faux.**

1. Charles Trenet a chanté pour une publicité.
2. Serge Gainsbourg a chanté une chanson sur Venise.
3. Dalida a été assassinée par son copain.
4. Patrick Bruel est aussi un acteur.
5. Édith Piaf avait une voix très délicate.
6. Stromae est un chanteur français.

2 **Répondez aux questions.**

1. Quel est le sens du mot *piaf* ?
2. Qui est *Grand Corps Malade* ?
3. **Cherchez sur Internet.** La vie d'Édith Piaf n'a pas été facile. Renseignez-vous sur son enfance et sur les événements tragiques qui ont marqué son existence.
4. **Cherchez sur Internet.** Cherchez le texte de *Papaoutai* et dites quel est le sujet de cette chanson.

3 **Et dans votre pays ? Répondez à la question.**

Quelques chanteurs cités dans le texte ont eu un grand succès international. Est-ce que vous en connaissiez déjà certains ? Si oui, lesquels ?

Hé ben ?
Jamais vu une
céfran zarbi ?

Le français des jeunes

1 À VOUS ! **Répondez aux questions suivantes.**

1. Avez-vous déjà entendu parler d'*argot* ou de *verlan* ?
2. Utilisez-vous régulièrement des expressions typiques du langage des jeunes, que souvent les adultes ne comprennent pas ?
3. Avez-vous déjà écrit une lettre à un journal ? À quelle occasion ?

2 🎧 **CD•033 Causez-vous céfran ? Écoutez le dialogue et répondez.**

1. Quel est le sujet de cette conversation ?
2. Pourquoi Hans ne comprend-il pas ce que disent André et Céline ?
3. Quelle est l'origine de l'argot ?
4. Comment fonctionne le verlan ?
5. Par quelle langue le français des banlieues est-il influencé ?

3 **Maintenant lisez le dialogue à la page suivante et indiquez la « traduction » correcte de ces expressions.**

1. Hé, les gars ! Matez-moi ce mec !
   a. Hé, les amis ! Regardez ce garçon !
   b. Bonjour mes amis. Accompagnez-moi.

2. Je kiffe son look.
   a. J'aime bien son look.
   b. Je trouve son look ridicule.

3. Tu causeras céfran comme un vrai Parigot !
   a. Tu parleras l'argot comme un lycéen français.
   b. Tu parleras français comme un vrai Parisien.

André – Hé, les gars ! Matez-moi ce mec ! Il est zarbi avec ses pompes aux talons verts !

Céline – Parle plus bas, André ! Espérons qu'il ne nous a pas entendus. De toute façon, moi, je kiffe son look !

Hans – Quoi ? Comment parlez-vous ? Je ne comprends rien à ce que vous dites !

André – Tu ne piges que dalle ? Excuse-nous, Hans : tu parles tellement bien français qu'on a oublié que tu es allemand ! J'ai dit que ce garçon est bizarre avec ses chaussures. Tu sais, les gens ne parlent pas vraiment le français que l'on apprend dans les livres, surtout les jeunes.

Hans – C'est l'argot ? Je crois que ma prof nous en avait parlé.

Céline – Il me semble qu'à l'origine l'argot était le langage secret des malfaiteurs : c'est pourquoi la police ne les comprenait pas. Aujourd'hui, l'argot est un parler familier, que tout le monde connaît. Beaucoup de mots sont très courants ; je pense que tu connais « boulot » ou « flic ».

Hans – Ah oui, bien sûr : « travail » et « policier ».

André – C'est ça. Mais il y en a des centaines comme ça et, maintenant, on en trouve même dans les journaux.

Céline – Et puis, il y a le verlan.

Hans – Qu'est-ce que c'est ?

André – C'est la mode chez les jeunes, surtout à Paris : tu prends les syllabes d'un mot et tu les mets à l'envers… ver-lan... l'en-vers…

tu comprends ? Les rappeurs utilisent ça tout le temps.

Hans – C'est amusant !

Céline – Allez, on fait un test. Tu es prêt ? Céfran.

Hans – Cé-fran… fran-cé… français !

André – Zarbi ?

Hans – Bizarre ! C'est plus facile à comprendre que je ne pensais. J'adore !

André – Tu kiffes !

Hans – Encore de l'argot ?

André – Non : c'est un mot d'origine arabe. Il vient des banlieues, comme beaucoup d'autres. Par exemple, on dit toubib au lieu de médecin.

Hans – Je veux apprendre tout ça !

Céline – Je ne crois pas qu'on puisse vraiment étudier le français populaire. Comme ça évolue vite, il est presque impossible de l'apprendre.

André – Mais dans six mois, grâce à notre aide, tu causeras céfran comme un vrai Parigot !

4 **Lisez encore une fois le dialogue. Vrai ou faux ? Justifiez votre réponse en citant un passage du texte.**

DELF 1. Il y a des différences entre le français des manuels scolaires et la langue des jeunes.

2. Aujourd'hui, personne n'utilise plus l'argot, sauf les malfaiteurs.

3. Hans trouve que le verlan n'est pas compliqué.

4. Un étranger peut apprendre assez vite le français populaire, en raison de sa simplicité.

5 **Voici quelques mots en verlan. Essayez de retrouver le « bon » mot.**

1. chanmé

2. cimer

3. ienb

4. ouf

5. sketba

6. tromé

7. zi vas !

8. zonmai

Voter à 16 ans

6 Une lettre pour ses droits.
Lisez l'article et la lettre.

La Voix du Languedoc
DROIT DE VOTE

Députés et sénateurs refusent d'abaisser le droit de vote à 16 ans malgré les appels répétés de l'Union nationale lycéenne (UNL), premier syndicat lycéen, qui assure que les jeunes le réclament. Mais les sondages montrent que les opinions des 16-18 ans ne sont pas unanimes. Votre avis nous intéresse : êtes-vous pour ou contre le droit de vote à 16 ans ? Écrivez-nous.

1

Naelle Kadiri
74, Avenue de Nîmes
34000 Montpellier
Tél. 04 61 96 13 06
Courriel : naka@wanadoo fr

2

M. Paul Leroy
Directeur
La Voix du Languedoc
12, bd Ledru-Rollin
34000 Montpellier

3

Extension du droit de vote à 16 ans

4

Montpellier, le 21 mars 20…

5

Monsieur le Directeur,

6

Votre journal a demandé à ses lecteurs de s'exprimer sur la proposition d'élargir le droit de vote aux jeunes de 16 ans ; à travers cette lettre, je souhaite vous faire part des résultats d'un débat qui a eu lieu dans ma classe, au Lycée Marie Curie de Montpellier.

Les opinions sont partagées, mais les avis contraires prédominent.
La plupart de mes camarades estiment qu'à 16 ans on n'est pas assez mûrs ; selon eux, à cet âge on subit encore l'influence des parents et des médias et, par conséquent, il est fort probable que beaucoup d'adolescents n'aient pas d'opinion personnelle.

Les personnes favorables répondent que nous devons pouvoir aller aux urnes : en effet, bien que mineurs, la loi nous considère comme suffisamment « grands » pour travailler et percevoir un salaire, conduire une voiture assistés par un adulte, ouvrir un livret de caisse d'épargne, recourir à l'interruption volontaire de grossesse sans le consentement des parents ou encore être pénalement responsables.

Personnellement, je pense qu'en général les adolescents sont peu informés et que le lycée ne nous prépare pas convenablement à notre rôle de citoyens responsables ; en même temps, il me semble que les adultes aussi sont très influencés par la télévision ; finalement, je crois que, si on peut payer les impôts à 16 ans, on a aussi droit à notre carte d'électeur.

En espérant que ces réflexions contribueront au débat sur ce thème, je vous prie d'agréer, Monsieur le Directeur, mes salutations distinguées.

7

Naelle Kadiri

8

7 **Répondez.**

DELF **1.** S'agit-il d'une lettre amicale ou formelle ? Justifiez votre réponse.

2. Pourquoi Naelle a-t-elle écrit cette lettre ?

3. Exprime-t-elle seulement ses idées personnelles ?

4. Dans quel ordre présente-t-elle les opinions sur le sujet ?
   a. avis favorables / avis contraires / avis personnels
   b. avis contraires / avis favorables / avis personnels
   c. avis personnels / avis favorables / avis contraires

5. En fin de compte, Naelle est-elle favorable ou contraire au droit de vote à 16 ans ? Justifiez votre réponse.

8 **Retrouvez les 8 éléments qui composent la lettre.**

| Corps de la lettre | Formule d'appel | Coordonnées de l'expéditeur (nom, prénom, adresse, etc.) |

| Coordonnées du destinataire (nom, prénom, adresse, etc.) | Signature | Objet (but de la lettre) |

| Formule de politesse (avec reprise exacte de la formule d'appel) | Lieu et date |

L'INFO EN +

- La **formule d'appel** est toujours suivie d'une virgule.
- S'il y a un(e) seul(e) destinataire, on écrit *Monsieur* ou *Madame*, en toutes lettres : c'est la formulation la plus neutre. Quand on ignore si le destinataire est un homme ou une femme, on écrira *Madame, Monsieur*.
- On réserve *Cher Monsieur* ou *Chère Madame* (avec des majuscules) à quelqu'un que l'on connaît assez bien.
- Quand on connaît la fonction du destinataire, on écrit *Monsieur le Responsable des ventes, Madame la Ministre*...
- Dans la correspondance formelle, on évite d'utiliser *Mademoiselle*.

---

9 **Retrouvez à quel type de lettre appartiennent ces formules : à une lettre amicale ou à une lettre formelle.**

- Cher Olivier,
- Dans l'attente de votre réponse,
- J'espère que vous allez bien.
- Je reste à votre disposition pour un éventuel entretien.
- Je vous embrasse.
- Madame, Monsieur,
- N'oubliez pas de m'écrire.
- Sincères salutations.

10 **GRAMMAIRE** **Observez la phrase suivante et répondez.**

*Je pense qu'en général les adolescents **sont** peu informés.*

1. À quel mode est conjugué le verbe en gras ?
   a. Indicatif   **b.** Conditionnel   **c.** Subjonctif
2. Quel mode utilisez-vous dans votre langue pour traduire ce verbe ?
3. Cherchez dans le texte d'autres exemples de subordonnées qui utilisent un mode différent par rapport à votre langue.

▶ Indicatif ou subjonctif ?, p. 94

Mots et expressions

 CD•034 Les institutions

- l'État (*m.*)
- le président de la République
- le citoyen
- le pouvoir législatif / exécutif / judiciaire
- la loi
- le président
- le Parlement
- l'Assemblée nationale (*f.*), le député
- le Sénat, le sénateur
- le Gouvernement, le ministre

- le ministère de l'Intérieur, des Affaires étrangères, de la Santé, de l'Éducation nationale, de la Justice, de la Défense, des Finances, du Travail...
- la région, le Conseil régional
- le département, le Conseil général
- la commune, le maire, le Conseil municipal
- le conseiller
- l'adjoint

CD•035 Les élections

- le vote
- le bulletin de vote
- la carte d'électeur
- l'électeur (*m.*)
- le candidat
- l'élu (*m.*)
- la campagne électorale
- le parti politique
- le sondage
- le suffrage universel
- le taux d'abstention

CD•036 La justice

- le droit
- un tribunal
- un juge, un magistrat
- un avocat
- un accusé
- être coupable ≠ innocent
- être condamné ≠ acquitté
- engager un procès
- le code civil / pénal
- une prison
- une contravention, une amende (*f.*), un PV (procès verbal)
- commettre un crime, un délit
- subir un préjudice moral / physique
- le témoin, témoigner
- encourir une peine
- résoudre un contentieux / un litige
- porter plainte contre quelqu'un

---

1 **Associez les éléments des trois colonnes pour former une phrase.**

1. Le bulletin de vote	a. appartient à	A. l'abstention.
2. L'électeur	b. est déposé dans	B. la campagne électorale.
3. Les électeurs	c. influencent	C. les candidats.
4. Les partis politiques	d. présente	D. sa carte électorale.
5. Les sondages	e. redoutent	E. un parti politique.
6. Un candidat	f. votent pour	F. l'urne.

2 **Complétez ce schéma avec les mots manquants.**

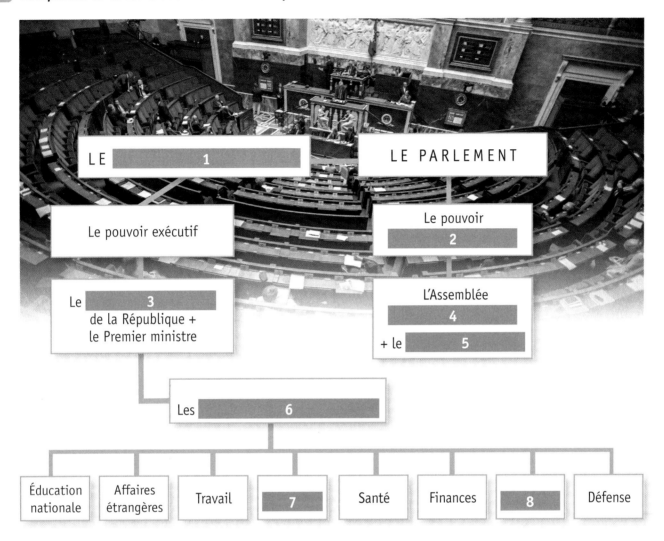

LE _____ **1**

LE PARLEMENT

Le pouvoir exécutif

Le pouvoir ___ **2**

Le ___ **3** ___
de la République +
le Premier ministre

L'Assemblée ___ **4**

+ le ___ **5**

Les ___ **6**

| Éducation nationale | Affaires étrangères | Travail | **7** | Santé | Finances | **8** | Défense |

3 **Quel ministre s'occupe...**

1. de l'école et de l'université ?
2. de l'emploi et du chômage ?
3. de l'organisation du système de soins ?
4. de la gestion des forces armées ?
5. de la politique économique du pays ?
6. de la sécurité et de l'administration du territoire ?
7. des rapports avec les autres pays ?
8. des tribunaux, des magistrats, des prisons ?

4 **À l'oral, complétez le texte suivant.**

Madame Piquet a (**0**) *porté plainte* contre Monsieur Dulac pour le vol de sa voiture.
L' (**1**) … a été convoqué devant le (**2**) … de Nice. Il s'est présenté accompagné de son (**3**) …. Pendant
le (**4**) … le (**5**) … a entendu deux (**6**) …, qui ont confirmé l'accusation. Selon l'article 311-3 du (**7**) …,
Monsieur Y risque jusqu'à trois ans de (**8**) … et 45 000 euros d' (**9**) ….

Grammaire

▶ Indicatif ou subjonctif ?

> Je pense que les adolescents **sont** peu informés.
> Je ne pense pas que ce **soit** un problème.

- On utilise l'**indicatif** après un **verbe d'opinion** (*penser, croire, estimer, imaginer, supposer, avoir l'impression...*) à la **forme affirmative** :

  *Ils **estiment** qu'à 16 ans on **subit** encore l'influence des parents.*

  *J'**imagine** que tu **connais** déjà quelques mots d'argot.*

  mais : les verbes d'opinion à la **forme négative** ou **interrogative** (uniquement avec l'inversion) sont suivis du **subjonctif** :

  *Nous **ne croyons pas** que vous **sachiez** faire cela.*

  ***Pensez-vous** qu'ils **aient compris** ?*

- C'est le même cas après ***il me semble, il paraît, espérer*** à la **forme affirmative** :

  ***Il me semble** / **Il paraît** / **J'espère** qu'elle **arrivera** demain.*

  mais : après ***il semble***, on utilise le **subjonctif** :

  ***Il semble** que le Premier ministre **veuille** démissionner.*

- Il faut également employer l'**indicatif** après les verbes et les locutions qui expriment une **certitude** (*affirmer, constater, il est certain / évident / sûr, il n'y a pas de doute...*) ou une **probabilité** (*il est probable, il est vraisemblable...*) :

  ***Il est évident** qu'ils **se sont trompés**.*

  ***Il est probable** que notre parti **remportera** les prochaines élections.*

- On utilise le **subjonctif** pour exprimer la **possibilité**, le **doute** et l'**incertitude** :

  *Je **doute** que l'on **puisse** trouver une solution.*

  *Il est peu probable que le candidat **soit** élu au premier tour.*

---

1 **Dites le contraire, comme dans l'exemple.**

0. Je pense que tu as tort.
   → **Je ne pense pas que tu aies tort.**
   Il n'est pas sûr qu'on puisse partir demain.
   → **Il est sûr qu'on pourra partir demain.**
1. Il est peu probable que vous arriviez à atteindre votre objectif.
2. Il nous semble qu'il fait peu d'efforts.
3. Je n'espère plus qu'elle vienne me voir.
4. Je suis certain qu'il connaît la vérité.
5. Nous croyons qu'il y a encore une possibilité.

2 **Indicatif ou subjonctif ? Choisissez la forme correcte.**

1. Il est possible que nous *devrons* / *devions* modifier notre projet.
2. Il paraît que Gérard et Chantal *veulent* / *veuillent* se séparer.
3. Il semble que les ministres du Travail et de l'Économie ne *sont* / *soient* pas d'accord.
4. Il est probable que le nouveau prof *n'est* / *ne soit* pas aussi sévère qu'on le dit.
5. Mes parents doutent que je *sais* / *sache* me débrouiller tout seul.

3 **À l'oral ou dans votre cahier, conjuguez le verbe entre parenthèses à la forme qui convient.**

1. Espérons qu'il ... (*faire*) de son mieux pour réussir.
2. Estimez-vous que nous ... (*être*) seuls dans l'univers ?
3. La situation est moins grave qu'on ... (*pouvoir*) imaginer.
4. Il me semblait qu'ils ... (*comprendre*), mais je me trompais.
5. J'imagine qu'il ... (*s'agir*) d'une erreur, n'est-ce pas ?

▶ La cause

> **Comme** ça évolue vite, il est presque impossible de l'apprendre.

- Pour exprimer une cause, on utilise différentes structures.

- **Les propositions subordonnées de cause** (toujours à l'indicatif) sont introduites par les conjonctions suivantes :
  – *parce que*
  – en début de phrase : *puisque, comme* et les locutions *étant donné que, du moment que, vu que*…
    *Il est venu en taxi **parce qu'**il était en retard.*
    ***Comme** il veut acheter un nouveau vélo, il cherche un petit job d'été.*
- La conjonction de coordination ***car*** introduit aussi une cause. Elle ne peut pas être utilisée pour répondre à la question *pourquoi ?* et on ne peut pas l'utiliser en début de phrase :
    *Ils sont à la maison, **car** je vois de la lumière.*
- La cause peut aussi être exprimée avec ***pour** + **infinitif passé** :
    *Le maire a été arrêté **pour avoir détourné** des fonds.*
- Enfin, de nombreuses locutions prépositionnelles introduisent des compléments de cause (noms ou pronoms) :
  – *à cause de*
  – *en raison de*
  – *à force de*
  – *grâce à*
  – *faute de*
    *Elle n'a pas été choisie **à cause de lui**.*
    *Il n'a pas obtenu ce travail **faute** d'expérience.*

4 Reformulez ces phrases en utilisant l'élément entre parenthèses.

0. Ils ont déménagé ; en effet, leur appartement était trop petit. (*vu que*)
→ **Vu que leur appartement était trop petit, ils ont déménagé.**

1. Il a fallu trouver un autre chemin, parce que la route était barrée. (*puisque*)

2. Demain je dois me lever tôt, donc ce soir je ne sors pas. (*car*)

3. Il est le fils d'un ministre, il pense pouvoir faire tout ce qu'il veut. (*étant donné que*)

4. Il est originaire du Canada et il parle français avec un drôle d'accent. (*en raison de*)

5. Elles ont dû renoncer à ce spectacle : il n'y avait plus de billets. (*comme*)

5 À l'oral, complétez les phrases avec une expression de la liste.

à cause de • car • comme • faute de • grâce à

1. … elle a 17 ans, elle ne peut pas encore voter.

2. … la tempête, les arbres ont été gravement endommagés.

3. … temps, ils n'ont pas encore terminé.

4. Elle a arrêté le patinage … elle manque de temps.

5. Il a pu poursuivre ses études … l'appui de sa famille.

6. Cette année a été difficile pour les agriculteurs … mauvaises récoltes.

▶ La conséquence

> Tu parles **tellement** bien français **qu'**on a oublié que tu es allemand !

- Pour exprimer une conséquence, on utilise différentes structures.
- Les propositions subordonnées de conséquence (toujours à l'indicatif) sont introduites par les conjonctions de subordination suivantes :
  – *si bien que*
  – *de (telle) manière / sorte / façon que*
  Également les constructions liées à l'expression de l'intensité :
  – *si… que ; tellement (de) que ; tant (de)… que*
  – *une telle, un tel, de tels, de telles… que*
    *Le maire a inauguré un nouveau centre de jour, **si bien que / de sorte que** les personnes âgées **ont** un lieu où se retrouver.*
    *Dorothée a **de telles** responsabilités **qu'**elle n'en **dort** pas la nuit.*
- De nombreuses **conjonctions de coordination** servent à introduire une conséquence :
  – *donc*
  – *ainsi*
  – *alors*
  – *par conséquent*
  – *du coup*
  – *c'est pourquoi*
  – *c'est pour ça que*
    *Elle cherche un boulot d'été ; **donc / par conséquent / du coup** elle consulte un site de petites annonces.*

6 Reformulez les phrases en utilisant l'élément entre parenthèses.

0. Hier soir, elle a trop bu et aujourd'hui, elle a mal à la tête. (*si bien que*)

→ Hier soir, elle a trop bu si bien qu'aujourd'hui, elle a mal à la tête.

1. Comme elle a gagné au loto, elle n'a plus besoin de travailler. (*si bien que*)

2. Ils n'ont pas pris de dessert, parce qu'ils ont trop mangé. (*tellement que*)

3. Je n'arrive pas à m'endormir parce qu'ils font énormément de bruit. (*un tel*)

4. On ne l'a pas reconnue, parce qu'elle est devenue très grande. (*si... que*)

5. Nous n'avons pas pu nous asseoir car il n'y avait plus de places. (*de sorte que*)

7 À l'oral, complétez avec *si*, *tant* ou *tant de*.

1. Elle a ... confiance en elle-même qu'elle refuse tout conseil.

2. Sophie parle ... vite que personne ne la comprend.

3. Il a ... neigé que les routes sont bloquées.

4. Mon voisin travaille ... qu'il n'a pas assez de temps pour sa famille.

5. Le film était ... émouvant qu'à la sortie tout le monde était en larmes.

6. Tu possèdes ... bonnes qualités que tu seras toujours entouré d'amis.

8 Reformulez les phrases en utilisant l'élément entre parenthèses.

0. Elle est très inquiète parce que demain elle a un contrôle de maths. (*alors*)

→ Demain elle a un contrôle de maths, alors elle est très inquiète.

1. Comme il a raté son bus, il a pris un taxi. (*par conséquent*)

2. Cédric a séché les cours et il a été puni. (*c'est pour ça que*)

3. J'arrête cette discussion parce que vous ne me laissez pas parler. (*du coup*)

4. Carole doit quitter la France car elle a trouvé du travail en Suisse. (*c'est pourquoi*)

5. Nous sommes partis une semaine plus tard parce que nous avons eu un contretemps. (*ainsi*)

▶ **Les prépositions**

> On en trouve même **dans** les journaux.

• Les prépositions les plus utilisées en français sont :

à	*J'ai beaucoup de choses **à** faire.* *un verre **à** eau* *une robe **à** 120 euros* ***à** la montagne / **au** cirque* ***à** l'église* *une fille **aux** cheveux bruns* *ce garçon **au** pull vert* *la dame **à la** licorne* ***au** XVIIe siècle* ***à** la Renaissance* *À qui est ce livre ? À Paul ?*
chez	*aller **chez** le boucher / médecin* *J'ai trouvé cette idée **chez** Baudelaire.*
dans	***dans** le bus / **dans** le journal* *Il reviendra **dans** un an.*
en	*un pull **en** laine*
par	*deux fois **par** jour* *une photocopie **par** élève* *passer **par** le centre-ville* *envoyer **par** fax* *payer **par** chèque* *recevoir **par** erreur*
sur	*Je n'ai pas mon portefeuille **sur** moi.* *Ses parents sont divorcés : il habite chez son père une semaine **sur** deux.*

ATTENTION ! En français, l'infinitif n'est précédé d'aucune préposition quand il dépend d'un verbe de mouvement :
– *aller*
– *venir*
– *passer...*
   *Je **viens te chercher** à 20 heures.*

9 **Choisissez la préposition qui convient.**

1. *À / De / Par* qui sont ces lunettes ?
2. Cherchez *chez / dans / sur* le dictionnaire le sens de ce mot.
3. Dans mon forfait mobile, j'ai 1000 messages *au / par / pour* mois.
4. *De / En / Dans* quelle manière peut-on retrouver un mot de passe oublié ?
5. Elle collectionne des tasses *à / de / en* thé anciennes.
6. Nous devons faire une recherche sur la nature *chez / dans / par* les auteurs romantiques.
7. Vivre *à la / dans la / en* campagne a des avantages mais aussi des inconvénients.
8. Elle est jolie, ton amie *à la / de la / en* queue de cheval ! Tu me la présentes ?
9. Elle court le marathon pour offrir des équipements sportifs *à / aux / chez* enfants handicapés.
10. On ne savait pas *par / sur / de* où commencer l'itinéraire.

10 **À l'oral, complétez avec la préposition correcte, si nécessaire.**

1. Mon cousin Théo adore les jouets … bois.
2. J'ai toujours détesté aller … le dentiste.
3. Selon les dernières études, trois ménages français … quatre sont équipés d'un ordinateur connecté à Internet.
4. J'habite dans une maison … balcons … verre.
5. Je suis passé … te voir après les cours, mais tu n'étais pas chez toi.
6. Selon la police, les voleurs sont entrés … la fenêtre.
7. Tu sais quels documents je dois avoir … moi pour voyager en Europe ?
8. Apprenez ce poème … cœur.
9. – … combien sont ces framboises ?
   – Elles sont … 2,90 euros la barquette.
10. … Moyen Âge, l'espérance de vie ne dépassait pas 30 ans ; … XXIᵉ siècle, elle atteint presque 80 ans.
11. Grâce aux bois de Vincennes et de Boulogne, Paris compte 14,5 m² d'espaces verts … habitant.
12. Pour l'anniversaire de notre grand-père, nous allons lui offrir une veste … cuir.

▶ **Les verbes *suffire* et *valoir***

• Les verbes *suffire* et *valoir* sont irréguliers.

suffire	valoir
je suffis	je vaux
tu suffis	tu vaux
il/elle/on suffit	il/elle/on vaut
nous suffisons	nous valons
vous suffisez	vous valez
ils/elles suffisent	ils/elles valent
futur : je suffirai	futur : je vaudrai
participe passé : suffi	participe passé : valu

• Les verbes *équivaloir*, *prévaloir*, etc. se conjuguent comme le verbe *valoir*. L'auxiliaire est *avoir*.

11 **Dans votre cahier ou oralement, conjuguez les verbes au temps indiqué.**

1. Je ne te demande pas un grand effort : il … (*suffire*, conditionnel présent) d'un peu de bonne volonté.
2. Quelques gouttes de désherbant … (*suffire*, indicatif présent) à polluer plusieurs kilomètres de cours d'eau.
3. 100 grammes de chocolat noir … (*équivaloir*, indicatif présent) à environ 500 calories.
4. Il … (*suffire*, passé composé) d'un regard pour que nous tombions follement amoureux.
5. Je suis content que dans ce débat le bon sens … (*prévaloir*, subjonctif passé) sur les principes.
6. Avant de partir en Grèce, il … (*valoir*, futur) mieux que nous apprenions quelques expressions utiles.
7. Pour terminer votre inscription, il … (*suffire*, indicatif présent) de saisir le code secret et d'appuyer sur « Activer ».
8. Les pluies qui ont frappé les régions du Sud en avril … (*équivaloir*, imparfait) presque à la quantité totale de précipitations enregistrée dans le pays en un an.

Exprimer la certitude, la probabilité, la possibilité, le doute

▶ **La certitude**
- C'est clair / évident / sûr / certain.
- Il est clair / évident / sûr / certain qu'elle s'est trompée.
- Il n'y a pas de / aucun doute.
- J'en suis sûr(e) / certain(e) / convaincu(e) / persuadé(e).
- sans aucun doute
- évidemment
- bien sûr

▶ **La probabilité**
- C'est probable.
- Il est probable qu'elle s'est trompée.
- Il semble bien qu'elle se soit trompée.
- sans doute

▶ **La possibilité**
- C'est (bien) possible.
- Il est possible qu'elle se soit trompée.
- Il se pourrait bien / Il y a des chances qu'elle se soit trompée.
- éventuellement
- peut-être

▶ **Le doute**
- Ça dépend.
- Pas forcément.
- J'hésite.
- J'ai un doute.
- J'en doute.
- Je ne suis pas sûr(e) / convaincu(e) qu'elle se soit trompée.
- Ça m'étonnerait qu'elle se soit trompée.
- Je suis sceptique.

1 🎧 **CD•037 Écoutez et indiquez ce qu'exprime la personne qui parle.**

| Certitude | Possibilité |

| Probabilité | Doute |

2 **Formulez des phrases sur les sujets indiqués pour exprimer la certitude, la probabilité, la possibilité et le doute.**

1. avoir la moyenne en français (certitude) / (probabilité)
2. existence des extraterrestres (possibilité) / (doute)
3. faire un voyage à Paris (certitude) / (possibilité)
4. trouver un taxi libre (probabilité) / (doute)
5. rencontrer le garçon ou la fille idéal(e) (probabilité) / (possibilité)
6. s'inscrire à l'université (certitude) / (doute)

3 **À deux. Préparez quatre petits papiers sur lesquels vous écrirez un de ces mots : certitude, probabilité, possibilité, doute. À tour de rôle, un élève pose une question et son camarade réagit selon le mot qu'il a tiré au sort.**

A : Tu crois que Michel va vouloir dîner avec nous ?

B (certitude) : Bien sûr ! Il t'adore.

Formuler un souhait ou l'intention

> ▶ **Souhait et intention**

• Je voudrais / J'aimerais bien / Je souhaite partir. • Je voudrais / J'aimerais bien / Je souhaite qu'ils fassent moins de bruit. • J'espère obtenir ce poste. • J'espère que votre voyage s'est bien passé. • Je tiens à faire une carrière diplomatique.	• Je compte (bien) terminer cette traduction avant samedi. • Tout ce que je souhaite, c'est que tu sois heureuse. • Ah ! si seulement il me regardait ! • Vivement qu'on finisse ce travail ! • Pourvu qu'il ne pleuve pas demain !

4 Retrouvez le souhait formulé par ces personnes.

1. un amoureux transi
2. un artiste inconnu
3. un enfant
4. un homme politique
5. un soprano
6. une championne de patinage artistique

a. J'aimerais bien que les critiques s'intéressent à mes œuvres.
b. J'espère bien ne pas avoir mal à la gorge ce soir.
c. Je compte bien devenir Premier ministre.
d. Je voudrais que le Père Noël lise ma lettre.
e. Pourvu que la glace ne fonde pas !
f. Tout ce que je souhaite, c'est vivre à tes côtés pour le reste de ma vie.

5 Formulez un souhait sur chacun de ces sujets.

- vos études
- votre avenir professionnel
- votre famille

- la faim dans le monde
- vos prochaines vacances
- votre acteur / chanteur préféré

Justifier ses choix, ses opinions

> ▶ **Justifier sa pensée**

• Tu devrais soigner ton style, attendu que / étant donné que le look compte beaucoup. • J'estime qu'il faudrait fermer les stades, vu que / du moment que le foot incite à la violence. • Je suis contre Internet car / parce qu'il éloigne les gens du monde réel.	• En vacances, je ne veux penser à rien : j'ai donc choisi un village touristique tout compris. • Je connais son agressivité : voilà pourquoi / c'est pourquoi j'ai préféré me taire. • Puisque / Comme ça ouvre l'esprit, les voyages sont pour moi la meilleure façon d'apprendre.

6 Associez les affirmations avec leurs justifications.

1. Comme c'est dangereux,
2. Franchement, je trouve que son comportement est inacceptable
3. Il y avait tellement de brouillard
4. Vu que je ne connais pas la région,
5. Les zoos devraient être fermés
6. Selon moi, à cet âge-là on n'est pas assez responsable ;

a. parce qu'il s'en prend toujours aux plus faibles que lui.
b. c'est pourquoi je considère le permis à 16 ans comme une folie.
c. car les animaux ne sont pas des objets.
d. la vente d'armes devrait être interdite.
e. que j'ai finalement préféré ne pas sortir.
f. j'ai opté pour un voyage organisé.

7 Dans votre cahier, écrivez les justifications de l'exercice précédent.

8 Donnez votre opinion sur les sujets suivants et justifiez-la.

DELF
1. Voter à 16 ans.
2. Avoir son prof en ami sur Facebook.
3. Les devoirs de vacances.
4. Les amis sont plus importants que la famille.
5. Les jeux de guerre vidéo.
6. Le mobile est absolument indispensable.

Rédiger une lettre de motivation

La lettre de motivation en 8 étapes

La rédaction d'une lettre de motivation peut vous paraître difficile. Pourtant, elle est essentielle pour attirer l'attention des recruteurs. Retroussez vos manches et suivez ce guide.

1

Renseignez-vous sur l'activité de l'entreprise et sur le contenu du poste pour lequel vous postulez.

2

Si vous répondez à une offre d'emploi, **vérifiez** que vous avez indiqué, dans l'objet de votre lettre, l'intitulé du poste et **la référence de l'annonce** ; en cas de candidature spontanée, privilégiez des formules comme « demande de rendez-vous » ou « demande d'entretien ».

3

Prévoyez trois paragraphes : les recruteurs sont attachés à la forme « vous / moi / nous», mais le tout doit tenir sur une page.
Dans le premier paragraphe, **montrez que vous connaissez l'entreprise** et ses caractéristiques.
En tout cas, on ne commence pas une lettre de motivation par « je ».

4

Le deuxième paragraphe a pour objectif de mettre en valeur **vos expériences**, sans pour autant répéter votre CV. Si vous n'avez pas d'expérience, **insistez sur un élément** qui va intéresser le recruteur. En tout cas, **n'inventez pas des qualités** que vous ne possédez pas : cela peut vous mettre dans l'embarras lors de l'entretien.

5

Le troisième paragraphe concerne le « nous » : dites ce que vous pourrez apporter à l'entreprise et **quelle sera votre valeur ajoutée** par rapport aux autres candidats. Sachez que les employeurs sont très sensibles à des mots comme « **disponibilité** », « **adaptabilité** », « **autonomie** », « **initiative** », « **flexibilité** », etc.

6

Une lettre de motivation doit respecter les règles de la **lettre formelle** ; à la fin, n'oubliez pas de proposer à votre interlocuteur de le rencontrer.

7

Soignez la **grammaire** et l'**orthographe**. La lettre de motivation peut être écrite à la main ou à l'ordinateur.

8

Envoyez votre lettre au bon destinataire : un coup de téléphone à l'entreprise devrait suffire à connaître le nom et le prénom de la personne à qui vous devez l'adresser.

 Lisez le document et répondez par vrai ou faux.

1. La lettre de motivation doit reprendre et expliciter le CV point par point.
2. Il est obligatoire d'écrire sa lettre de motivation à la main.
3. Quand on écrit une lettre de motivation, il faut suivre des normes précises.
4. Se montrer excentrique est un bon moyen d'attirer l'attention.
5. Comme pour le CV, on doit insister sur ce qui peut susciter l'intérêt de l'employeur.
6. L'utilisation de certains mots-clés se révèle importante.
7. Une lettre de motivation ne doit pas dépasser une page.
8. Pour mettre en valeur ses qualités, le premier mot doit être « je ».

2 **Voici un exemple de lettre de motivation. Lisez-la et répondez.**

1. Quel diplôme Aurélie vient-elle d'obtenir ?
2. Dans quel secteur Aurélie compte-t-elle entreprendre sa carrière ?
3. Quelles raisons ont guidé Aurélie dans le choix de l'É.G.C.I. pour son stage ?
4. Aurélie a-t-elle respecté les normes de la lettre de motivation ?

Aurélie Weber
12, rue du Maréchal Foch
59100 Roubaix
aurweb@gmail.com

É. G. C. I.
116, bd de la Liberté
59000 Lille

Roubaix, le 25 juillet 20......

OBJET : demande d'admission au stage Commerce et gestion

Madame, Monsieur,

Après avoir obtenu mon diplôme de baccalauréat, je souhaiterais approfondir mes études au sein de votre établissement, en intégrant votre stage intensif « Commerce et gestion ». La qualité de votre enseignement est confirmée par le taux de réussite de vos élèves ainsi que par l'excellente position de votre établissement dans le dernier classement des meilleures agences de formation post-bac.

Mon parcours dans la filière ES*, les résultats obtenus et un stage effectué l'été dernier auprès de la Société AEKI ont consolidé mon intérêt pour le secteur dans lequel je tiens à me spécialiser, à savoir la communication et la gestion des ressources humaines.

Intégrer votre stage de pré-rentrée représente pour moi une chance afin de développer mes connaissances en économie, géopolitique et sociologie. À l'issue de mes études supérieures, je souhaite en effet agir dans les domaines – que je considère comme primordiaux – de l'optimisation de l'organisation, de l'administration fiable du personnel et de l'amélioration des conditions de travail. Mon choix de carrière renforce ma motivation et ma détermination à travailler avec rigueur et constance.

Je me tiens à votre entière disposition pour tous renseignements complémentaires et vous prie, Madame, Monsieur, d'agréer l'expression de mes respectueuses salutations.

Aurélie Weber

* Le Bac économique et social.

3 **Dans votre cahier, remettez en ordre les paragraphes de la lettre, puis complétez-la avec les éléments manquants.**

OBJET :

A   Âgé de 18 ans, j'ai eu l'occasion de travailler auprès d'enfants dans un centre de bénévoles qui accueille les jeunes de 10 à 14 ans, en situation de difficulté scolaire.

B   Je me tiens à votre entière disposition pour un éventuel entretien qui me permettra de vous exposer plus en détail ma motivation et mon intérêt à intégrer votre centre.

C   Madame, Monsieur,

D   À la suite de l'offre d'emploi que vous avez publiée sur votre site Internet, je sollicite le poste d'animateur durant les prochaines vacances scolaires.

E   Veuillez agréer, Madame, Monsieur, l'expression de mes sentiments les meilleurs.

F   Cette expérience m'a permis de mettre à profit mon sens des responsabilités et d'autorité, et de développer ma créativité dans l'organisation d'activités ludiques et d'enseignement.

4 **Écrivez maintenant la lettre de motivation qui accompagne le CV que vous avez rédigé dans l'unité 5 (p. 85).**

SÉQUENCE 9

Pourriez-vous m'aider ?

VIDÉO
[03.30]

1 Observez le titre et l'image. Faites des hypothèses sur l'histoire que vous allez voir.

2 Dans votre cahier, complétez les phrases suivantes avec les verbes au subjonctif, puis regardez la première partie de la vidéo pour vérifier.
1. Il est nécessaire que je … (*remplir*) ces boîtes avant le déjeuner.
2. Il faut que ça … (*être*) fini avant midi !
3. Passe-moi le ruban adhésif, pour que je … (*pouvoir*) fermer ce carton.
4. Tu es la seule personne au monde qui ne les … (*connaître*) pas !
5. Bon, il vaudrait mieux qu'on … (*se remettre*) au travail.

3 Regardez encore une fois la première partie de la vidéo et répondez aux questions.
1. À quel moment de la journée se déroule l'histoire ?
2. Que doit faire Annette ?
3. Que promet Annette à Léo et à Nicolas s'ils l'aident ?
4. Pourquoi Annette est-elle surprise ?
5. Est-ce que Léo connaît les *Restos du cœur* ?
6. Dans quel but Coluche avait-il créé les *Restos du cœur* ?

4 Les vers du refrain de *La Chanson des restos* ont été mélangés. Remettez-les en ordre et regardez encore une fois la vidéo pour contrôler.
a. Dépassé le chacun pour soi
b. Je te promets pas le grand soir
c. Aujourd'hui, on n'a plus le droit…
d. Mais juste à manger et à boire
e. Ni d'avoir faim, ni d'avoir froid
f. Pour les restos, les restos du cœur !
g. Quand je pense à toi, je pense à moi
h. Un peu de pain et de chaleur

5 Lisez deux autres couplets de *La Chanson des restos*. Pour comprendre la signification des expressions soulignées, associez les éléments des deux colonnes.

*Moi, je file un rancard
À ceux qui n'ont plus rien
Sans idéologie, discours ou baratin
On vous promettra pas
Les toujours du grand soir
Mais juste pour l'hiver
À manger et à boire*

*À tous les recalés de l'âge et du chômage
Les privés du gâteau, les exclus du partage
Si nous pensons à vous, c'est en fait égoïste
Demain, nos noms, peut-être grossiront la liste*

1. filer un rancard (*argot*)
2. baratin (*fam.*)
3. recalé (*fam.*)
4. chômage

a. situation d'un salarié qui se trouve sans travail
b. qui a été refusé à un examen
c. demander un rendez-vous
d. bavardage, bla-bla

L'INFO EN +

La Chanson des restos est une chanson bénévole. Chaque année *Les Enfoirés*, un regroupement d'artistes et de personnalités publiques, la chantent au profit des *Restos du cœur*.

6 Regardez la deuxième partie de la vidéo et répondez aux questions.
1. Que pense Nicolas de Coluche ?
2. Que souhaite Annette ?
3. Pourquoi Léo ne pense pas avoir le temps pour faire du bénévolat ?
4. Annette parle au téléphone avec une autre bénévole. Qui est-elle ? Pourquoi a-t-elle appelé ?
5. Que ferait Annette si Léo promettait d'aller avec elle au *Resto* ?

7 Dans votre cahier, complétez les phrases, puis imaginez la suite de l'histoire.
Annette travaille comme bénévole. Elle prépare des boîtes pour une collecte alimentaire. Il faut qu'elle (**1**) … les boîtes avant le déjeuner. Elle doit parler plus fort, de sorte que Nicolas l' (**2**) … . Il est évident qu'il (**3**) … de la musique très fort. Il semble bien que Léo (**4**) … des textos sur son mobile ou qu'il (**5**) … . Elle souhaite que les garçons l'(**6**) … avec les boîtes, c'est pourquoi elle leur (**7**) … de leur donner sa tablette. Annette est surprise que Nicolas ne (**8**) … pas les *Restos du cœur* et lui explique (**9**) …
Ensuite, elle (**10**) …
Puis (**11**) …
Enfin (**12**) … .

Viv(r)e l'école !

TÂCHE
▶
FINALE

POUR DÉVELOPPER VOS COMPÉTENCES-CLÉS, DANS CET ATELIER VOUS DEVREZ :

✓ formuler des propositions concrètes pour améliorer la vie scolaire dans votre établissement ;
✓ créer un logo et un slogan efficaces ;
✓ rédiger en français une affiche et une lettre formelle ;
✓ collaborer avec vos camarades à l'élaboration d'un document de classe.

▶ **Étape 1**
• En classe, formez des groupes de 4/5 élèves, qui devront élaborer des propositions d'amélioration de la vie scolaire.
• Les membres de chaque groupe discutent pour trouver un nom, un symbole et un slogan.

▶ **Étape 2**
• Chaque groupe précise les initiatives qu'il s'engage à mettre en œuvre concrètement dans l'établissement : bien-être, entretien, propreté, soutien scolaire, sentiment d'appartenance, règles de la vie commune…

▶ **Étape 3**
• Chaque parti prépare une affiche, accompagnée d'une lettre (formelle) aux électeurs, dans le but de présenter son programme électoral.

▶ **Étape 4**
• Les élèves examinent tous les documents produits par les différents groupes, sélectionnent les meilleures suggestions et préparent un dossier commun de propositions.
• Ce document pourra être présenté au proviseur ou aux parents d'élèves.

Danse à la campagne,
Pierre-Auguste Renoir, 1883
(Musée d'Orsay, Paris)

Danse à la ville,
Pierre-Auguste Renoir, 1883
(Musée d'Orsay, Paris)

Parlons d'art

1 **À VOUS ! Répondez aux questions.**

1. Y a-t-il une œuvre (littéraire, artistique, musicale…) qui vous a marqué(e) ?
2. Pensez-vous que l'art soit un élément essentiel ou accessoire dans la vie ?
3. Quelles sont les formes de spectacle que vous préférez ? Suivez-vous des cours de danse, de chant, de musique, de théâtre, de cirque… ?

2 🎧 **CD•038 Suivez le guide ! Écoutez le dialogue et répondez.**

1. Est-ce que *Danse à la campagne* et *Danse à la ville* sont les premiers tableaux commentés par le guide ?

2. À quelle époque ces deux toiles ont-elles été peintes ?
   a. Vers la fin du XVIIIᵉ siècle.
   b. Au début du XIXᵉ siècle.
   c. Dans la seconde moitié du XIXᵉ siècle.

3. Qu'est-ce qui change d'un tableau à l'autre ?
   a. La classe sociale des danseurs.
   b. Le format.
   c. La date d'exécution.

4. Les modèles utilisés par Renoir pour ces tableaux sont
   a. la même femme et le même homme.
   b. deux femmes différentes et le même homme.
   c. deux hommes différents et la même femme.

5. Est-ce que ces tableaux ont le même style que les toiles précédentes de Renoir ?

6. Par qui Renoir a-t-il été influencé ?

3 **Maintenant lisez le dialogue et répondez.**

Le guide – Nous voici devant deux autres tableaux de Renoir : *Danse à la campagne* et *Danse à la ville*. Renoir est un peintre qui affectionne les scènes de bal, auxquelles il a consacré plusieurs œuvres. Celles-ci sont des huiles sur toile peintes en 1883 et, comme vous voyez, il s'agit de peintures conçues comme des pendants : elles sont de format égal, mais les deux couples de danseurs, bien qu'ils soient emportés par la musique et par le même mouvement, appartiennent à deux milieux sociaux opposés.

Stéphane – Qu'est-ce qu'elle a dit ? J'ai raté le début.

Valérie – Elle a dit que Renoir affectionnait les scènes de bal et qu'il leur avait consacré plusieurs tableaux.

Le guide – Les lieux représentés à l'arrière-plan soulignent cette différence. Regardez les danseurs urbains : ils sont vêtus de manière élégante, ils sont un peu rigides, ils évoluent dans un salon, les couleurs sont froides, comme le bleu et le vert. En revanche, le couple campagnard est plus rieur, la scène se passe en plein air, l'atmosphère est gaie et insouciante : vous voyez la table en désordre et le chapeau tombé par terre au premier plan ?

Valérie – Ah oui, le voilà !

Le guide – Les couleurs aussi sont plus chaudes, jaune ocre et rouge, par exemple. Observez maintenant les personnages. Qu'est-ce que vous remarquez ?

Stéphane – Euh… les deux femmes sont différentes !

Le guide – Très bien ! Suzanne Valadon est le modèle de *Danse à la ville* tandis que c'est sa future femme, Aline Charigot, que l'artiste a choisie pour *Danse à la campagne*.

Valérie – L'homme, par contre, est toujours le même !

Le guide – Très bien vu ! Il s'agit de Paul Lhote, un ami de la famille Renoir. Par rapport aux œuvres que nous avons vues dans la salle précédente, le style de Renoir acquiert une autre dimension : le dessin est devenu plus précis et les couleurs sont moins vives. C'est l'artiste lui-même qui a avoué avoir subi l'influence de Raphaël après un voyage en Italie.

Stéphane – J'aime bien ce guide !

Valérie – Qu'est-ce que je t'avais dit ? Et toi qui disais que ce serait ennuyeux ! Allez, allons-y !

1. Cherchez les synonymes du mot *tableau*.
2. Pourquoi *Danse à la campagne* et *Danse à la ville* constituent-ils des pendants ?
3. Sur la base du dialogue et des images, énumérez les points communs et les différences entre les deux toiles.

4 **GRAMMAIRE** **Observez la phrase suivante et répondez.**

Elle a dit que Renoir affectionnait les scènes de bal.

1. Valérie rapporte une phrase prononcée par le guide. Laquelle ?
2. À quel temps verbal est conjugué le verbe introducteur dans la phrase *Elle a dit* ?
3. Quel changement de temps verbal remarquez-vous dans le passage de la phrase directe à la phrase indirecte ?
4. Cherchez dans le texte les autres phrases au discours indirect et transformez-les en phrase directe équivalente.

▶ Le discours et l'interrogation indirects au passé, p. 111

Parlons de théâtre

5 Tous sur scène ! **Lisez les textes et répondez.**

Ophélie
(17 ans – Bordeaux)
Pour moi, théâtre, théâtre, théâtre ! De la comédie musicale aux tragédies classiques, des farces de Molière aux pièces de Shakespeare : le théâtre, c'est ma vie, je ne rate pas un seul spectacle. J'ai commencé à jouer à l'école élémentaire, dans des saynètes, comme tout le monde, mais pour moi ç'a été une révélation ! À l'âge de 8 ans, j'ai dit à mes parents que je deviendrais comédienne et ils m'ont encouragée. Actuellement, je fréquente une école de théâtre ; avec le lycée c'est assez dur, mais je tiens bon.

Thérèse
(18 ans – Poitiers)
Quand j'étais petite, je détestais le cirque : les animaux me faisaient de la peine et les clowns, je ne les trouvais pas drôles. Il n'y avait que les acrobates qui me laissaient bouche bée. Puis, il y a trois ans, j'ai découvert le Cirque du Soleil[1] : le mélange d'acrobaties, de musique, de costumes, de lumières… J'adore ! J'ai commencé un cours de cirque, grâce auquel j'ai appris à jongler un peu. Je m'amuse beaucoup et puis ça fait du bien, parce que c'est assez physique. Mais je ne compte pas en faire ma profession ; mon rêve, c'est de travailler avec les enfants.

Yann
(16 ans – Nancy)
Je sais que ce n'est pas très courant chez les garçons, pourtant ma passion c'est la danse classique. Je trouve qu'il n'y a rien de plus beau qu'un corps en mouvement en harmonie avec la musique. Ma mère m'a toujours dit que, dès mes premiers pas, je bougeais au rythme des chansons qu'elle me chantait ou qui passaient à la radio. Malgré l'avis contraire de mon père, elle m'a inscrit à un cours de danse et me voilà. Pour le moment, ça se passe plutôt bien ; j'ai déjà interprété quelques rôles secondaires. J'aimerais devenir chorégraphe.

William
(15 ans – Paris)
La musique, c'est le rock. Un point, c'est tout ! Le jazz, je trouve ça pas mal, mais à la longue, ça m'ennuie ; les variétés… bof… c'est sans idées. Le rap, c'est pas vraiment mon truc. Pour moi, c'est Johnny[2] et Bruce Springsteen[3] à fond. Imaginez donc comment j'ai réagi quand notre prof nous a proposé d'aller assister à un opéra ! J'étais sûr que je m'endormirais au bout de cinq minutes ! Eh bien : l'opéra m'a conquis ! C'était *Carmen*[4]… Je ne sais pas ce qui s'est passé, ç'a été un déclic : les costumes, l'orchestre, les voix, l'histoire… Franchement, c'était magique !

1. Cirque du Soleil : fondée en 1984 à Montréal, cette compagnie propose un cirque non traditionnel, sans animaux et basé essentiellement sur des numéros d'acrobaties.
2. Johnny Hallyday : né en 1943, c'est la star incontestée du rock français.
3. Bruce Springsteen : né en 1949, surnommé The Boss, c'est un des grands chanteurs rock du panorama mondial.
4. *Carmen* : opéra de Georges Bizet, créé en 1875, qui raconte la fin tragique d'une gitane, tuée par son amant.

1. Qui cultive sa passion depuis son enfance ?
2. Qui ne fréquente pas de cours ?
3. Est-ce qu'Ophélie apprécie un genre théâtral en particulier ?
4. Qu'est qui a changé chez Thérèse ?
5. Comment les parents de Yann ont-ils réagi à sa prédisposition pour la danse ?
6. Pourquoi William pensait-il qu'il s'endormirait à l'opéra ?

6 **Que signifient ces expressions ? Aidez-vous du contexte.**

1. Rater un spectacle.
   a. Manquer un spectacle.
   b. Assister à un spectacle.
   c. Jouer dans un spectacle.

2. Laisser bouche bée.
   a. Provoquer l'envie de goûter quelque chose.
   b. Faire peur.
   c. Laisser sans voix, muet d'admiration.

3. Jongler.
   a. Lancer en l'air et rattraper divers objets.
   b. Marcher sur un fil suspendu.
   c. Faire du contorsionnisme.

7 **Les spectacles en chiffres. Lisez le texte et répondez.**

Le public du spectacle vivant

C'est le concert (tous genres de musique confondus, hors opéra) qui est la première sortie au spectacle en France, devant le théâtre et la danse. Toutefois, le « non-public » du spectacle vivant est tout à fait majoritaire : 75 % des Français ne fréquentent aucun concert et la plupart d'entre eux (96 %) ne vont pas à l'opéra. Le spectacle vivant ne constitue pas la sortie culturelle la plus courante : la fréquentation des monuments (46%), des musées (29%) et des expositions (28%) est plus répandue.

Observez

- **75 % des Français** ne **fréquentent** aucun concert.
- La **plupart** d'entre **eux** ne **vont** pas à l'opéra.

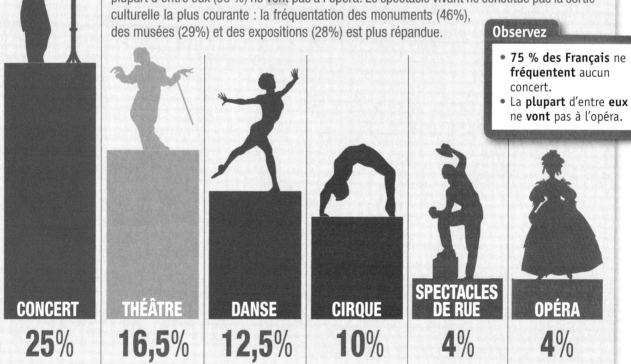

CONCERT	THÉÂTRE	DANSE	CIRQUE	SPECTACLES DE RUE	OPÉRA
25%	16,5%	12,5%	10%	4%	4%

Chaque pourcentage se réfère à l'ensemble des Français de plus de 15 ans.

1. D'après l'article, que fait la majorité des Français ?
2. Quel est le pourcentage des Français qui vont à l'opéra ?
3. Observez le graphique : quelle position occupe le cirque dans le choix des Français ?

Mots et expressions

🎧 CD•039 Les beaux-arts

- la peinture
- la sculpture
- le dessin
- la gravure
- l'art (m.) abstrait / non figuratif
- un(e) artiste
- une galerie d'art
- une exposition
- un chef-d'œuvre

🎧 CD•040 La peinture

- le peintre
- peindre
- un tableau
- un cadre
- la toile
- le pinceau
- l'huile (f.)
- la gouache
- l'aquarelle (f.)
- le pastel
- la fresque
- la mosaïque
- le premier plan ≠ l'arrière-plan
- la perspective
- le clair-obscur
- les couleurs chaudes ≠ froides
- le trompe-l'œil
- le paysage
- la nature morte
- le portrait
- l'autoportrait
- une ébauche (f.)
- une esquisse (f.)
- le format

🎧 CD•043 Le théâtre

- le dramaturge
- la pièce
- la tragédie
- la comédie
- le drame
- la farce
- un succès ≠ un échec
- la troupe, la compagnie
- la distribution
- jouer le rôle de...
- le metteur en scène
- les répétitions
- le scénographe
- le décor
- les costumes (m.)
- la scène
- le rideau
- les coulisses (f.)
- les loges (f.)

🎧 CD•042 Les spectacles

- le théâtre
- l'opéra (m.)
- le concert
- la comédie musicale
- le ballet, la danse
- le chorégraphe
- le cirque
- les marionnettes (f.)

🎧 CD•041 La sculpture

- le sculpteur
- sculpter
- une statue en bronze / marbre
- le ciseau

🎧 CD•044 La musique

- le compositeur
- un orchestre
- un chef d'orchestre
- un concert

---

1 **De quel spectacle s'agit-il ?**

1. C'est l'art de bouger son corps au rythme de la musique.
2. On y trouve des clowns, des trapézistes, des jongleurs.
3. C'est une pièce légère où se mêlent musique, chant, danse et paroles.
4. Dans ce spectacle, les personnages sont animés à la main.
5. Les histoires sont jouées par des comédiens ou des comédiennes.
6. C'est une œuvre dramatique chantée avec accompagnement d'orchestre.

2 Qui fait quoi ? Associez les éléments des deux colonnes.

1. chorégraphe
2. compositeur
3. dramaturge
4. peintre
5. scénographe
6. sculpteur

a. symphonie
b. bas-relief
c. comédie
d. décor
e. portrait
f. ballet

3 Quels sont les noms des éléments numérotés sur l'image ? Écrivez-les dans votre cahier.

4 Observez le tableau, lisez la description et choisissez la bonne option.

La Joconde est une **(1)** **aquarelle / peinture à l'huile** de l'artiste **(2)** **français / italien** Léonard de Vinci, réalisée entre 1503 et 1506. Dans ce **(3)** **cadre / tableau** de petit **(4)** **format / dimension** (53 cm x 77 cm), le **(5)** **dessinateur / peintre** a fait **(6)** **le portrait / l'autoportrait** de Mona Lisa. **(7)** **Au premier plan / À l'arrière-plan** il y a la jeune femme et **(8)** **au premier plan / à l'arrière-plan**, il y a **(9)** **un paysage / une nature morte** avec des montagnes, un chemin, une rivière et un pont.

Le **(10)** **dessinateur / peintre** utilise des couleurs **(11)** **chaudes / froides** pour la jeune femme et des couleurs **(12)** **chaudes / froides** pour l'arrière-plan. De nombreux peintres ont fait une version personnelle de ce célèbre **(13)** **cadre / tableau**.

Grammaire

▶ Les pronoms relatifs composés

> J'ai commencé un cours de cirque, grâce **auquel** j'ai appris à jongler un peu.

- En plus des pronoms relatifs simples *qui, que, où* et *dont*, il existe des pronoms relatifs composés, que l'on utilise principalement dans le registre formel. Ces pronoms prennent le genre et le nombre du nom auquel ils se réfèrent :

	masculin	féminin
singulier	lequel	lesquels
pluriel	laquelle	lesquelles

- Ils s'utilisent le plus souvent précédés d'une préposition ; quand la préposition est *à* ou *de*, on trouve les formes contractées suivantes :
  - *auquel, auxquels, auxquelles*
  - *duquel, desquels, desquelles*
    *Les tableaux près **desquels** je suis assis sont de Picasso.*
    *Voici la statue à **laquelle** il a travaillé toute sa vie.*

ATTENTION ! Pour les personnes, après une préposition, on utilise de préférence la forme simple *qui* : *J'ai oublié le nom de la dame **pour qui** elle a travaillé.*
On utilise le pronom relatif *quoi*, quand on se réfère à un antécédent « neutre » ou indéfini (*quelque chose, rien, ce, cela*) :
> *Ce soir nous allons au théâtre, après **quoi** nous irons manger une pizza tous ensemble.*
> *C'est quelque chose à **quoi** je n'avais pas pensé.*

mais : *C'est **une** chose à **laquelle** je n'avais pas pensé.*

- Les pronoms relatifs composés sont aussi utilisés lorsqu'une phrase pourrait être ambiguë. Par exemple, si on dit *La fille de M. Dupont, qui habite à Paris, est malade* ; on ne sait pas qui habite à Paris : la fille ou M. Dupont.

Il sera plus clair de dire :
> *La fille de M. Dupont, laquelle habite à Paris, est malade* et *La fille de M. Dupont, lequel habite à Paris, est malade.*

1 **Formez une seule phrase en utilisant un pronom relatif composé, comme dans l'exemple.**

0. Voilà un tableau. Il a dépensé une fortune pour ce tableau.
   → Voilà le tableau pour lequel il a dépensé une fortune.
1. Elle a tenu un discours. À la fin de ce discours, tout le monde était ému.
2. Il est en train de chercher ses porte-bonheur. Il ne monte jamais sur scène sans eux.
3. La soprano souffre d'une laryngite. Elle a dû annuler son concert à cause de cette laryngite.
4. Nous nous trouvons face à un édifice. Cet édifice est le Musée d'art contemporain.
5. Elle a fourni à la police des informations. Grâce à ces informations le voleur a été arrêté.
6. Je vais chercher mon pain chez un boulanger. Ce boulanger a gagné un prix.

2 **Complétez oralement avec *à qui, de qui, de quoi* ou un pronom relatif composé.**

1. Ce sont des questions … je refuse de répondre !
2. Je n'ai pas compris la raison pour … elle s'est fâchée.
3. Le guide … nous nous sommes adressés était très compétent.
4. L'Orient Express était un train à bord … on logeait comme dans un hôtel de luxe.
5. Elle n'a rien … se plaindre et pourtant elle grogne tout le temps.
6. Les tableaux de Picasso en face … nous nous trouvons appartiennent à sa « période bleue ».
7. Je ne sais pas pourquoi les filles à côté … je me trouvais n'arrêtaient pas de rire.
8. Où est le papier sur … j'ai noté l'adresse de Paul ?
9. Le livre … je pensais tout à l'heure est d'Amélie Nothomb.
10. Mon ami Yves est quelqu'un … on peut faire confiance.

▶ **Le discours et l'interrogation indirects au passé**

> J'ai dit à mes parents **que je deviendrais comédienne**.

- Quand **le verbe qui introduit** une phrase au discours indirect (*dire, affirmer, répondre…*) ou une interrogative indirecte (*demander, vouloir, savoir, ignorer…*) est à un temps du **passé**, dans la subordonnée :
  – les pronoms personnels, les possessifs, les structures interrogatives et l'impératif subissent les mêmes modifications que pour le discours indirect et l'interrogation indirecte au présent (▶ U3, p. 50) ;
  – il est nécessaire d'ajuster toutes les indications temporelles (prépositions, adverbes, temps verbaux) selon le schéma suivant :

DISCOURS DIRECT	DISCOURS INDIRECT
indicatif présent (*je parle*)	indicatif imparfait (*je parlais*)
indicatif passé composé (*j'ai parlé*)	indicatif plus-que-parfait (*j'avais parlé*)
indicatif futur (*je parlerai*)	futur dans le passé = conditionnel présent (*je parlerais*)
indicatif futur antérieur (*j'aurai parlé*)	futur antérieur dans le passé = conditionnel passé (*j'aurais parlé*)
maintenant / en ce moment	à ce moment-là / alors
aujourd'hui	ce jour-là
hier	le jour précédent / la veille
avant-hier	deux jours plus tôt / l'avant-veille
demain	le jour suivant / le lendemain
après-demain	deux jours plus tard / le surlendemain
(le mois) prochain	(le mois) suivant
(le mois) dernier / passé	(le mois) précédent
il y a (une heure)	(une heure) plus tôt
dans (une heure)	(une heure) plus tard

Il leur avait demandé : « Est-ce que vous irez visiter le Musée d'Orsay la semaine prochaine ? »
→ *Il leur avait demandé s'ils **iraient** visiter le Musée d'Orsay **la semaine suivante**.*

- Les temps verbaux qui ne sont pas dans la liste, ne subissent pas de variation.

3 **Choisissez la forme correcte.**

1. Carole m'avait promis qu'elle le *faisait / ferait / aurait fait* tout de suite.
2. Je me suis toujours demandé *ce qu'il / qu'est-ce qu'il / quoi il* était allé faire là-bas ?
3. Elle avait reconnu qu'elle avait été chez lui la semaine *dernière / précédente / passée*.
4. Gérard lui a demandé où *elle ait / elle avait / avait-elle* trouvé cette information.
5. Il voulait savoir si nous *ayons réservé / aurions réservé / avions réservé* des places pour le ballet.
6. Léa nous a recommandé *ne pas lui téléphoner / de ne lui téléphoner pas / de ne pas lui téléphoner*.

4 **Transformez au discours indirect.**

1. « En ce moment, le directeur est occupé. »
   La secrétaire a dit…
2. « Est-ce que tu as reçu mon message ? »
   Elle voulait savoir…
3. « Le dîner sera prêt dans une heure. »
   Maman avait annoncé que…
4. « Qu'est-ce que vous faisiez hier dans cette maison ? »
   Le policier m'a interrogé pour savoir…
5. « Demain, je vous accompagnerai. »
   Il nous avait promis…
6. « Pourquoi se sont-ils installés au Danemark ? » J'aurais bien aimé savoir…

▶ L'opposition et la concession

> Ce n'est pas très courant chez les garçons, **pourtant** ma passion c'est la danse classique.

- L'**opposition** exprime une idée contraire à celle qui a été énoncée, alors que la **concession** indique qu'une cause n'a pas le résultat attendu. Les structures utilisées sont nombreuses.
- Dans les propositions qui expriment l'**opposition**, on utilise l'**indicatif**. Les conjonctions de subordination les plus utilisées sont :
  – *alors que*
  – *tandis que*
    *Les garçons **se chargeront** du décor **tandis que** les filles **s'occuperont** des costumes.*
- Dans les propositions qui expriment la **concession**, on utilise le **subjonctif**. Les conjonctions de subordination les plus utilisées sont :
  – *bien que*
  – *quoique*
  – *(aus)si... que*
    *Bien que / Quoique tu **aies** raison, tu aurais pu être moins agressif.*
    *Je n'accepterai plus tes excuses, **si** convaincantes **qu'**elles **soient**.*

  mais : La concession peut aussi être exprimée avec **même si** + verbe à l'**indicatif** (▶ U4, p. 64) :
    *Elle a accepté de m'accompagner au musée, **même si** elle l'**avait** déjà **visité**.*
- On peut aussi utiliser l'**infinitif** introduit par :
  – *au lieu de*
  – *avoir beau*
    ***Au lieu de perdre** ton temps avec les jeux vidéo, pourquoi tu ne viens pas avec nous ?*
    *Il **a beau** suivre des cours de théâtre, il n'a aucun talent pour la scène.*
- Certaines prépositions et locutions servent également à introduire des compléments d'opposition ou de concession :
  – *au lieu de*
  – *contrairement à*
  – *malgré*
    ***Contrairement aux** attentes, le spectacle a été un échec.*

Malgré les critiques négatives, cette exposition a attiré des milliers de visiteurs.

- Enfin, pour exprimer l'opposition et la concession, il est possible d'utiliser de nombreuses conjonctions de coordination et des adverbes :

opposition
  – *mais*
  – *sinon*
  – *(et) pourtant*
  – *cependant*
  – *toutefois*
  – *par contre*
  – *en revanche*
  – *au contraire*

concession
  – *(mais...) quand même*
  – *tout de même*

*Le musée est actuellement en restructuration ; **toutefois / cependant**, les salles resteront ouvertes au public.*

*Les critiques ont désapprouvé sa dernière pièce, **pourtant / en revanche** les spectateurs l'ont adorée.*

*Je n'ai pas très envie, **mais** je viendrai **quand même** avec toi.*

5 **Associez les éléments pour former une seule phrase.**

1. Venez m'aider
2. Aujourd'hui, il a beaucoup de succès,
3. Baisse le son,
4. Il redoute les interrogations,
5. Il savait qu'il ferait une bêtise,
6. Mon père est très permissif,
7. Je l'aime bien,
8. Vincent est sorti avec ses amis

a. alors qu'il obtient toujours des résultats excellents.
b. cependant je ne suis pas toujours d'accord avec lui.
c. mais il l'a faite tout de même.
d. par contre, ma mère est très sévère.
e. pourtant il a eu des débuts difficiles.
f. sinon les voisins vont se plaindre.
g. tandis qu'il aurait dû rester à la maison.
h. au lieu de bavarder !

6 À l'oral, complétez avec une expression de la liste.

alors que • contrairement à • en revanche
• par contre • quand même • toutefois

1. Yves et Jean ont des caractères différents, ... ils s'entendent à merveille.
2. Grégory est nul en maths et en chimie ; ... il obtient des résultats brillants en anglais.
3. Cet exercice de grammaire est simple ; la traduction, ... , est très difficile !
4. Henri adore voyager, ... sa femme, qui déteste s'éloigner de chez elle.
5. Léa et moi, nous sommes nées en octobre, mais elle, elle est Scorpion ... moi, je suis Sagittaire.
6. Elle a pris des cours de chant, mais elle continue ... à chanter faux !

7 Récrivez les phrases avec l'expression entre parenthèses et faites tous les changements nécessaires.

0. Marie parle très mal anglais, même si elle vit à Londres depuis 10 ans. (*bien que*)
→ Marie parle très mal anglais, bien qu'elle vive à Londres depuis 10 ans.
1. Elle est très célèbre, cependant elle reste très simple. (*malgré*)
2. Il conduit dangereusement, pourtant il n'a jamais d'accident. (*même si*)
3. Ils sont très scrupuleux, ils ne sont tout de même pas infaillibles. (*si... que*)
4. La météo prévoit du mauvais temps pour le week-end ; toutefois, ils ont décidé d'aller à la mer. (*aussi*)
5. Quoiqu'elle ait beaucoup de talent, elle n'a pas obtenu le rôle principal. (*même si*)
6. Ses parents la grondent tout le temps mais elle fait tout ce qu'elle veut. (*avoir beau*)
7. Je ne suis pas fan de ce chanteur, je trouve quand même que sa dernière chanson n'est pas mal du tout. (*quoique*)
8. Même s'il est interdit de traverser en dehors des passages piétons, tout le monde le fait. (*avoir beau*)
9. Ils ont beau être majeurs, ils se comportent comme des gamins. (*même si*)
10. Il s'est trompé de direction, bien qu'il connaisse parfaitement la ville. (*malgré*)

▶ **Les verbes *acquérir* et *vêtir***

• Les verbes *acquérir* et *vêtir* sont irréguliers.

acquérir	vêtir
j'acquiers	je vêts
tu acquiers	tu vêts
il/elle/on acquiert	il/elle/on vêt
nous acquérons	nous vêtons
vous acquérez	vous vêtez
ils/elles acquièrent	ils/elles vêtent
futur : je acquerrai	**futur :** je vêtirai
participe passé : acquis	**participe passé :** vêtu

• Les verbes *(re-)conquérir, (s') enquérir* et *requérir* se conjuguent comme *acquérir*.
• Les verbes *dévêtir* et *revêtir* se conjuguent comme *vêtir*.

8 À l'oral ou dans votre cahier, conjuguez les verbes entre parenthèses au temps indiqué.

1. C'est un rôle dramatique qui ... (*requérir*, indicatif présent) beaucoup de concentration de la part de l'acteur.
2. Jules César ... (*conquérir*, indicatif passé composé) la Gaule en 52 av. J.-C. (= avant Jésus-Christ).
3. Si elle était moins frivole, elle ... (*acquérir*, conditionnel présent) plus de crédibilité.
4. Pour le carnaval, nous ... (*se vêtir*, indicatif plus-que-parfait) comme des chevaliers du Moyen Âge.
5. Le tourisme ... (*revêtir*, indicatif présent) un rôle essentiel dans l'économie française.
6. J'étais sûr que ma sœur ... (*revêtir*, conditionnel présent) les murs de photos de son idole !
7. Il s'agit d'un procédé assez simple, bien que cela ... (*requérir*, subjonctif présent) beaucoup d'attention.
8. Les sénateurs ... (*s'enquérir*, passé composé) des conditions de travail et d'investissement en Inde.

Formuler éloges et critiques

<table>
<tr><td colspan="2">

▶ Exprimer un jugement positif

- J'ai beaucoup aimé.
- Ça m'a beaucoup plu.
- J'ai trouvé que les costumes étaient excellents.
- J'ai ri aux larmes.
- J'ai bien rigolé. (*fam.*)
- C'est amusant / rigolo / marrant / drôle.
- C'est émouvant / touchant / bouleversant.
- C'est original.
- Ça transmet des émotions profondes.
- C'est un chef-d'œuvre !

</td><td>

▶ Exprimer un jugement négatif

- Je n'ai pas aimé (du tout).
- Je suis déçu(e).
- Je m'attendais à autre chose.
- Je n'ai pas trouvé l'exposition si intéressante que ça.
- C'est du déjà-vu.
- C'est décevant / ennuyeux / banal / sans intérêt.
- C'est un navet !
- C'est kitsch !
- C'est pas terrible. (*fam.*)
- Ça manque d'originalité.

</td></tr>
</table>

1 🎧 **CD•045 Écoutez et dites si les personnes interviewées portent un jugement positif ou négatif sur les éléments suivants.**

A. À la sortie du cirque de Kiev :
1. Les acrobates.
2. Les clowns.
3. La musique.

B. À la sortie de l'exposition Matisse :
1. La quantité d'œuvres présentées.
2. La présentation des œuvres.
3. Le style de Matisse.

2 Lisez les transcriptions des interviews ci-dessous, notez les expressions utilisées pour formuler des jugements, puis classez-les dans votre cahier.

A. À la sortie du cirque de Kiev

Présentateur – Ici Radio Capitale. Nous nous trouvons aujourd'hui à la sortie du cirque de Kiev, en tournée en ce moment dans notre ville. Nous allons écouter l'avis d'un vrai expert : Guillaume, 17 ans, qui fréquente une école de cirque.

Guillaume – C'est exact.

Présentateur – Alors, ce spectacle, ça t'a plu ?

Guillaume – Franchement, oui et non. Les numéros des acrobates sont spectaculaires et très originaux. Les clowns, par contre, je ne les ai pas trouvés terribles ! Pour moi, ça manque de verve. En revanche, j'ai beaucoup apprécié la musique car elle a contribué à créer l'atmosphère magique du cirque.

B. À la sortie de l'exposition Matisse

Présentateur – Ici Radio Capitale. L'exposition Matisse vient d'ouvrir ses portes et nous allons recueillir les impressions des premiers visiteurs. Madame, bonjour. Que pensez-vous de cette exposition ? Vous êtes satisfaite ?

Une dame – Eh bien, je dois dire que Matisse est l'un des mes artistes préférés et que je m'attendais à mieux : je suis déçue surtout parce que, finalement, il y a assez peu de tableaux. Par contre, je trouve que la présentation est excellente et que les œuvres sont bien mises en valeur. Et puis, Matisse transmet toujours de grandes émotions malgré la simplicité de son style.

Éloges : jugements positifs	Critiques : jugements négatifs
???	???

3 À deux. **Vous venez d'assister à l'une de ces manifestations culturelles. Imaginez trois aspects positifs et trois aspects négatifs, puis rédigez le dialogue et jouez la scène.**

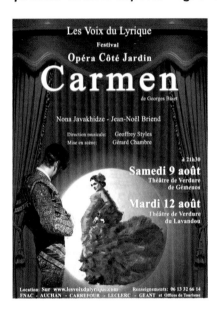 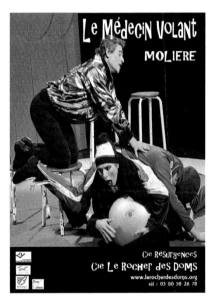 

Rapporter les paroles de quelqu'un

4 **Relisez les interviews de l'exercice n°2 et complétez dans votre cahier.**

> **A.** Le présentateur **annonce** que Radio Capitale se trouve aujourd'hui à la sortie du cirque de Kiev, qui …. Il présente ensuite Guillaume et lui **demande** …. Guillaume répond qu'il est partiellement satisfait ; en effet, il **précise** …. En revanche, il **affirme** ….

> **B.** Le présentateur **a annoncé** …. Ensuite, il **a demandé** à une dame …. La dame **a répondu** …. Elle **a ajouté** …. En revanche, elle **a affirmé** …. Elle **a conclu** en disant ….

> Un graphique permet de représenter des données numériques de façon synthétique et immédiate.

Lire un graphique

Le diagramme circulaire (le « camembert »)

Ce graphique met en évidence la proportion des différents éléments à l'intérieur d'un ensemble ; chaque valeur correspond à un secteur coloré, dont l'angle est proportionnel par rapport au total. Le camembert « photographie » une situation, il ne convient pas pour montrer une évolution et il peut représenter une seule série de données.

Lecture du graphique : en 2015, les variétés recueillent la majorité (36 %) des revenus de billetterie ; la chanson anglophone arrive deuxième. Ensemble, ces deux secteurs fournissent plus de la moitié des revenus.

1. Variétés : spectacles d'humour, de cirque, de magie, de comédie musicale, de music-hall.
2. Musique : classique, opéra, contemporaine, du monde, folklorique, jazz, blues, populaire.

Arts de la scène : revenus de billetterie

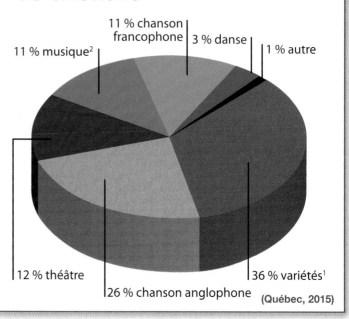

11 % chanson francophone — 3 % danse — 1 % autre — 11 % musique[2] — 12 % théâtre — 26 % chanson anglophone — 36 % variétés[1]

(Québec, 2015)

Le graphique linéaire (la « courbe »)

Ce graphique sert à montrer l'évolution d'un phénomène : les valeurs créent une courbe qui représente efficacement une augmentation ou une diminution au fil du temps. On peut aussi confronter diverses séries de valeurs en superposant des lignes de couleurs différentes.

Assistance arts de la scène (en millions de spectateurs)

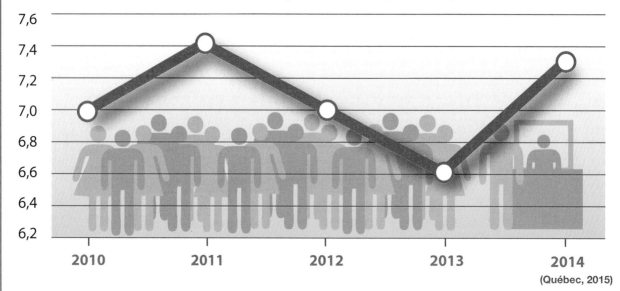

(Québec, 2015)

Lecture du graphique : le nombre de spectateurs a augmenté de 2010 à 2011 (année record), puis il a diminué pendant les deux années successives et il a de nouveau augmenté en 2014, année où il a presque atteint les résultats de 2011.

L'histogramme (les « barres » et les « bâtons »)

Ce graphique est efficace pour confronter des valeurs et il peut se présenter sous forme verticale (les « bâtons ») ou horizontale (les « barres »). On peut aussi confronter diverses séries de valeurs en mettant côte à côte des colonnes ou des barres de couleurs différentes.

Arts de la scène : spectateurs selon la discipline (en 2013 et 2015)

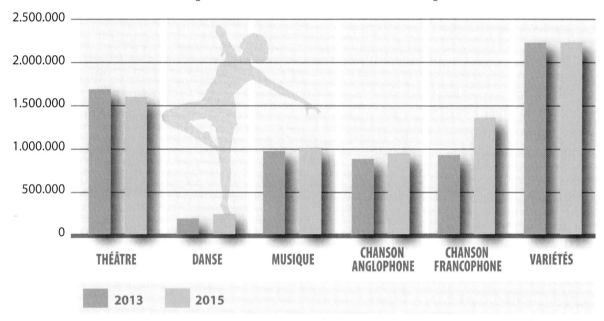

(Québec, 2015)

Lecture du graphique : en 2015, les variétés viennent en tête et la danse est très largement la dernière ; la confrontation des données entre 2013 et 2015 montre que le nombre de spectateurs est resté stable pour la danse, la musique, la chanson anglophone et les variétés, tandis qu'il a diminué pour le théâtre et a augmenté pour la chanson francophone.

---

1 **Répondez aux questions.**

1. Le diagramme circulaire est efficace pour confronter plusieurs séries de données. Vrai ou faux ?

2. Le graphique linéaire est utile quand on veut étudier un changement, une tendance. Vrai ou faux ?

3. Pour interpréter un histogramme, il faut regarder l'épaisseur des bâtons ou des barres. Vrai ou faux ?

4. Regardez le camembert : trois disciplines ont recueilli un revenu similaire : lesquelles ?

5. Regardez la courbe et analysez la tendance entre 2011 et 2013.

6. Regardez les bâtons : quelle discipline a eu la plus forte variation entre 2013 et 2015 ?

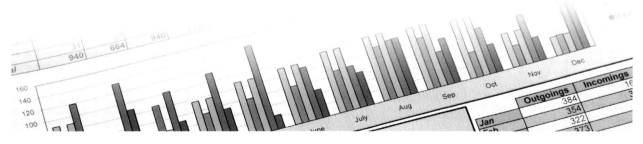

QUELLE LANGUE ON PARLE?

C'est évident : nous ne parlons pas toujours de la même façon et **le français appris dans les livres** n'est pas nécessairement **la langue que nous entendons dans la rue**. Toutes les langues disposent de différentes possibilités pour formuler une même idée. Dans un texte formel, nous n'allons pas utiliser les mêmes formules que dans la conversation : des structures de la langue écrite sembleront sophistiquées dans la langue parlée, tandis que des tournures familières paraîtront déplacées ou même grossières dans un texte écrit.

L'ARGOT

C'est un langage codé, formé par les expressions ou les mots qui se créent et qui sont utilisées exclusivement à l'intérieur d'un groupe (les jeunes parisiens, les lycéens d'un certain établissement scolaire, etc.). Il arrive, toutefois, que certains mots argotiques passent dans le langage familier ; ils entrent alors dans le patrimoine linguistique commun. En effet, tout le monde utilise **blé** pour *argent* ou **bouffer** pour *manger* et aujourd'hui parmi les jeunes **kiffer** a presque remplacé le verbe *aimer*.

LES EMPRUNTS LINGUISTIQUES

Toubib (*médecin*) et **maboul** (*fou*) de l'arabe, **go** (*fille*) du wolof (langue parlée au Sénégal) ou encore **updater** (*mettre à jour*) de l'anglais : la langue française absorbe sans arrêt des mots étrangers qui, parfois, sont adaptés à la phonétique ou à la grammaire françaises.

LE VERLAN

Meuf, téci, zarbi, ouf, céfran, béton : il n'est pas facile de déchiffrer ces termes. Pourtant le mécanisme est simple : on prend un mot, on le coupe en deux et on fait l'inversion des deux parties. Quelques petites adaptations graphiques et le tour est joué : ces mots sont le verlan (c'est-à-dire l'envers) de *femme, cité, bizarre, fou, français* et *tomber*.

VIENS, ON SE CASSE !

LAISSE BÉTON ! J'SUIS VÉNÈRE !

JE TE KIFFE !

CURIOSITÉ

Laisse béton (*Laisse tomber !*) est le titre d'une célèbre chanson de Renaud très riche en expressions argotiques typiques des banlieues des années 70. Cette chanson a contribué au succès du verlan parmi les jeunes.

LES SIGLES ET LES TRONCATIONS

Manif, bac, bio, ado, ciné, instit, psy : on pourrait remplir une page entière avec les troncations qui sont utilisés par les Français. Et les sigles sont aussi bien représentées : de **BCBG** (*bon chic bon genre*, personne très élégante, classique, riche) à **CAP** (*Certificat d'Aptitude Professionnelle*) en passant par **HLM** (*habitation à loyer modéré*), les Français aiment parler par sigles. Tout cela est bien pratique, mais pour les étrangers c'est une difficulté supplémentaire ! Et il faut ajouter le langage sms : une phrase comme **Slt koi 2 9 ?** (*Salut, quoi de neuf ?*), **Tu vas réu6r ! :-)** (*Tu vas réussir ! Je suis content*), **mdr** (*mort de rire*), **dsl** (*désolé*).

LA LANGUE DES CITÉS

Argot, verlan, emprunts, troncations et mille autres inventions forment la langue des cités. Mais attention : il n'existe pas une langue des banlieues mais plusieurs : les mots changent de signification selon les quartiers. À travers l'argot, on affirme son identité car ce langage secret renforce les liens qui unissent la banlieue à ses habitants : parler la langue de son quartier signifie lui appartenir et pouvoir se différencier à la fois des bourgeois et des autres banlieusards.

CURIOSITÉ

Il existe un **Lexik des cités**, un dictionnaire illustré écrit par des jeunes de banlieue ayant le but de faire connaître leur langage et de les comprendre un peu plus.

1 – Ma femme, quand je lui dis que je sors avec mes amis, elle s'inquiète beaucoup.
– Ah ! J'aime bien cette femme !

Slt koi 2 9 ?

MA MEUF, QUAND J'LUI DIS QUE J'SORS AVEC DES POTES, ELLE BAD-TRIPPE GRAVE.

AH ! JE KIFFE CETTE MEUF ! [1]

mdr biz

1 **Répondez par vrai ou faux.**

1. L'argot est parlé exclusivement par des groupes fermés.
2. Le verlan élimine des syllabes.
3. *Meuf* est le verlan de *femme*.
4. Les Français n'aiment pas abréger les mots.

2 **Répondez aux questions.**

1. Comment fait-on pour construire des mots en verlan ?
2. Quelles sont les caractéristiques de la langue des cités ?
3. **Cherchez sur Internet.** Résumez en quelques mots le texte de la chanson de Renaud *Laisse béton*.

3 **Essayez de traduire dans votre langue les sms du texte.**

Dis-moi tout !

1 À VOUS ! **Répondez aux questions suivantes.**

1. Aimez-vous le cinéma ? Y allez-vous souvent ?
2. Quels genres de films aimez-vous particulièrement ? Lesquels détestez-vous ?
3. Quels aspects d'un film vous intéressent le plus (acteurs, histoire, réalisation…) ?
4. Si vous avez vu un film tiré d'un roman que vous avez lu, quelle version avez-vous préférée ? Pourquoi ?

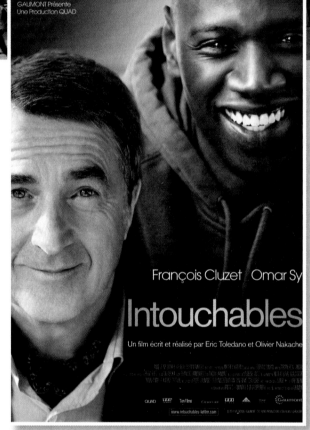

2 CD•046 **À la sortie du cinéma. Écoutez le dialogue et répondez.**

1. Qui a aimé le film ?
   a. Blanche.
   b. Jessica.
   c. Les deux.

2. Comment ont-elles trouvé *Intouchables* ?
   a. Amusant et émouvant à la fois.
   b. Léger et parfois banal.
   c. Original bien qu'un peu triste.

3. Ce matin, Jessica était :
   a. abattue.
   b. de bonne humeur.
   c. en colère.

4. Jessica parle de son chagrin d'amour :
   a. afin de connaître l'avis de Blanche.
   b. dès qu'elle sort du cinéma.
   c. parce que Blanche l'invite à se confier.

3 **Maintenant lisez le dialogue et répondez.**

Blanche – Ce film est génial ! GÉNIAL !

Jessica – C'est vrai ! J'ai tout adoré : les acteurs, la mise en scène, les dialogues… TOUT !

Blanche – Et la bande son ? Sublime !

Jessica – Moi, j'ai aussi aimé ce mélange de situations drôles et de scènes qui m'ont émue…

Blanche – Oui, et en plus de ça, c'est une histoire touchant les consciences sur des thèmes comme le handicap, la banlieue, les différences sociales.

Jessica – Je savais que François Cluzet serait superbe dans le rôle du riche tétraplégique mais l'interprétation d'Omar Sy est surprenante ! Il a réussi un vrai exploit en passant des sketches à la télé à un rôle aussi important sur le grand écran : je suis sûre qu'il va recevoir un César !

Blanche – *Intouchables* t'a remonté le moral, à ce que je vois.

Jessica – Oui. Merci, Blanche : tu as bien fait d'insister. J'avais vraiment le moral dans les chaussettes…

Blanche – Qu'est-ce qui s'est passé, au fait ? Ce matin, tu as été un peu vague…

Jessica – Mais non, ce n'est rien de sérieux. Juste un peu de cafard…

Blanche – Allez, Jessica ! On est amies depuis toujours. Raconte-moi tout, ça te fera du bien.

Jessica – Eh bien, c'est exactement comme dans *Intouchables* : hier, c'était mon premier rendez-vous avec Robert, mais en l'attendant je me suis affolée et je suis partie avant qu'il arrive. Quelle cruche !

Blanche – Tu sais quoi ? Je ferai comme Omar Sy dans le film : j'organiserai une nouvelle rencontre avec ton prince charmant au bord de la mer et vous tomberez amoureux en regardant l'horizon…

1. Peut-on définir *Intouchables* comme un film comique ? Justifiez votre réponse.
2. Quel effet *Intouchables* a eu sur Jessica ?
3. Comment Jessica définit-elle Omar Sy ? Pourquoi ?
4. Pourquoi Jessica se considère-t-elle comme « une cruche », une idiote ?
5. Quelle idée le film a-t-il donnée à Blanche ?

4 **GRAMMAIRE** **Observez et répondez.**

en passant • *en l'attendant* • *en regardant*

1. Cette forme correspond au :
   a. gérondif.
   b. participe présent.
   c. participe passé.

2. Le sujet implicite de cette forme est :
   a. le même que celui de la principale.
   b. différent de celui de la principale.

3. Ces formes sont :
   a. variables.
   b. invariables.

▶ **Le gérondif, p. 127**

L'INFO EN ➕

Depuis 1976, les **Césars** récompensent les diverses catégories professionnelles du cinéma français ; on peut les considérer comme l'équivalent des Oscars américains.
La **Palme d'or** est le prix attribué par le Festival International du Film de Cannes. Les autres formes de spectacle ont elles aussi leurs prix : les **Molières** pour le théâtre et les **Victoires de la musique** pour les variétés, le jazz et le classique.

Biographies

5 France : la patrie des Nobel.

DELF Lisez les documents. Répondez par vrai ou faux. Justifiez votre réponse en citant un passage du texte.

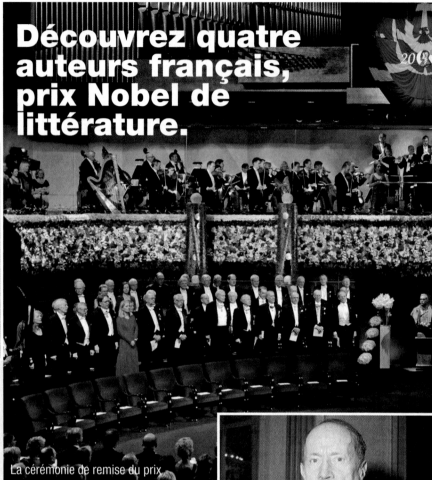

Découvrez quatre auteurs français, prix Nobel de littérature.

La cérémonie de remise du prix Nobel à Stockholm

André Gide

André Gide (1869-1951)

Élevé dans la rigueur protestante, André Gide affiche dès ses premières œuvres sa volonté de s'éloigner des conventions sociales, morales et religieuses pour affirmer sa liberté et vivre pleinement sa condition d'homosexuel. En 1908, il fonde une importante revue littéraire : la *Nouvelle Revue Française* (NRF). *L'Immoraliste* (1902), *Les Caves du Vatican* (1914), *Les Faux-Monnayeurs* (1925) suscitent un scandale mais font de Gide un auteur majeur du XXᵉ siècle. Écrivain engagé, il critique le colonialisme français et abandonne le parti communiste après avoir visité l'URSS et connu la réalité du régime totalitaire instauré par Staline. Le prix Nobel en 1947 couronne l'œuvre de celui qui, tout au long de sa vie, s'est interrogé sur le rôle et la responsabilité de l'écrivain.

Albert Camus (1913-1960)

Né en Algérie, Albert Camus est le fils d'un ouvrier agricole et d'une jeune servante. Une fois ses études de philosophie terminées, il entame une carrière de journaliste, d'abord dans son pays natal et puis à Paris.
En 1942, il publie *L'Étranger*, un roman qui arrivera en tête du classement des cent meilleurs livres du XXᵉ siècle. Lorsqu'éclate la Seconde Guerre mondiale, il entre dans la Résistance ; il devient rédacteur en chef du journal *Combat*, pour lequel il écrit un célèbre éditorial contre la bombe atomique. Publié en 1947, *La Peste* accroît la notoriété de Camus, qui obtient le prix Nobel de littérature en 1957, pour son engagement et pour son œuvre abordant le thème de l'absurdité de l'existence humaine et celui de la révolte. Trois ans plus tard, il meurt dans un accident de voiture, laissant inachevée son autobiographie *Le Premier Homme*.

Albert Camus

Saint-John Perse

Saint-John Perse (1887-1975)

Issu d'une famille aristocratique, Alexis Saint Léger – plus connu sous le pseudonyme de Saint-John Perse – passe son enfance à la Guadeloupe ; il entreprend ensuite des études de droit en France. Il commence une brillante carrière de diplomate, qui le mène à Pékin. Au moment où la France est envahie par les troupes nazies, il est contraint de s'exiler aux États-Unis. Il s'impose alors comme l'un des plus grands poètes de son époque. Auteur d'une œuvre solaire, emplie des images et des sons de son enfance dans les îles, il obtient le prix Nobel de littérature en 1960.

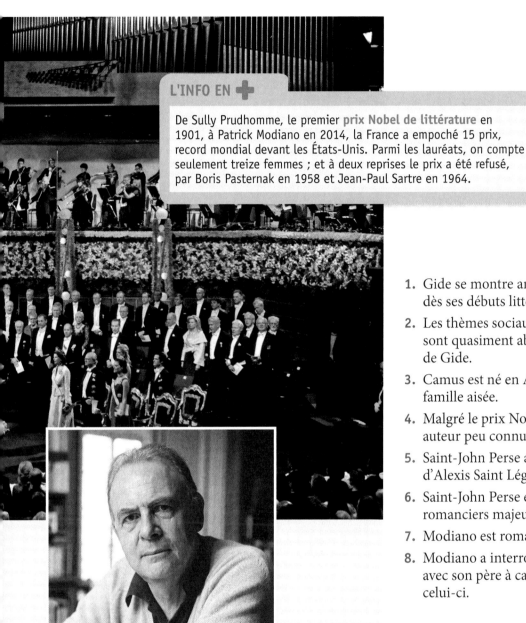

1. Gide se montre anticonformiste dès ses débuts littéraires.
2. Les thèmes sociaux et politiques sont quasiment absents des romans de Gide.
3. Camus est né en Algérie, dans une famille aisée.
4. Malgré le prix Nobel, Camus est un auteur peu connu.
5. Saint-John Perse a écrit sous le nom d'Alexis Saint Léger.
6. Saint-John Perse est un des romanciers majeurs de son temps.
7. Modiano est romancier et scénariste.
8. Modiano a interrompu toute relation avec son père à cause du passé de celui-ci.

Patrick Modiano

Patrick Modiano (1945-vivant)

Fils d'une actrice flamande et d'un homme d'affaires juif d'origine italienne, Patrick Modiano publie son premier roman, *La Place de l'étoile*, en 1967, inaugurant ainsi une carrière littéraire récompensée par de nombreux prix littéraires. Il a par ailleurs signé les scénarios de quelques films. Les romans de Modiano développent le thème de l'absence et de « la survie des personnes disparues ».
Autre obsession de Modiano, le rôle de son père lors de l'Occupation allemande (1939-44). Malgré son origine juive, Albert Modiano n'a jamais été déporté et a probablement collaboré avec les nazis. Troublé, Patrick décide à l'âge de dix-sept ans de ne plus le revoir. En 2014, l'écrivain reçoit le prix Nobel de littérature pour son « art de la mémoire ».

6 Relisez les biographies des quatre écrivains et indiquez si les points suivants sont abordés.

1. Dates
2. Famille, enfance
3. Études
4. Œuvres
5. Autres activités
6. Opinions
7. Raison du prix Nobel

Mots et expressions

CD 047 Le cinéma

- le septième art
- le grand écran
- un cinéaste
- un réalisateur
- un scénario
- un scénariste
- un producteur
- tourner un film
- le tournage
- un cadreur
- la bande son
- le montage

- le casting
- la distribution
- un acteur, une actrice
- la star, la vedette
- le rôle principal
- un figurant
- un cascadeur
- les effets spéciaux
- un film en VO (version originale) / en VF (version française)
- le doublage

- les sous-titres
- un film comique, dramatique, fantastique, historique, d'action, d'horreur, en 3D
- un western
- un thriller
- un film d'animation / un dessin animé
- un documentaire
- une bande annonce

CD 048 La littérature

- un écrivain, une écrivaine
- un auteur
- un prix littéraire
- un éditeur
- une maison d'édition
- un manuscrit

CD 049 Le livre

Patrick Modiano
La place de l'étoile

- le titre
- le sous-titre
- la couverture
- la préface
- le chapitre
- la table des matières
- la 4e de couverture
- le marque-page

PRIX NOBEL DE LITTÉRATURE 2014

folio

CD 050 La prose

Flaubert
Madame Bovary
Préface de Maurice Nadeau

- un romancier
- un roman
- un conte
- une nouvelle
- un récit
- une (auto)biographie
- l'intrigue (f.)
- un personnage

- le héros, l'héroïne
- un roman d'aventures, sentimental, engagé, historique, à l'eau de rose, policier (le polar), …
- la SF (science-fiction)

CD 051 La poésie

- un poète
- un poème
- un vers
- une strophe
- la rime
- un sonnet
- un recueil

Les Fleurs du Mal
Baudelaire
texte intégral

---

1 Les métiers du cinéma. **Associez les éléments des deux colonnes.**

1. L'acteur
2. Le cadreur
3. Le cascadeur
4. Le directeur du casting
5. Le figurant
6. Le producteur
7. Le réalisateur
8. Le scénariste

a. a la responsabilité de la fabrication d'un film.
b. assure le financement d'un film.
c. écrit l'action et les dialogues d'un film.
d. est chargé de filmer avec une caméra.
e. est chargé de trouver les acteurs.
f. interprète un personnage.
g. joue un rôle secondaire, généralement muet.
h. remplace un acteur dans les scènes dangereuses.

2 **De quel genre de film s'agit-il ?**

3 **Recopiez la grille de mots croisés et remplissez-la.**

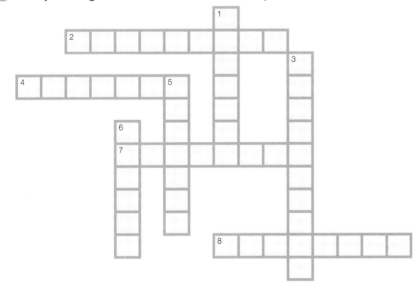

Horizontalement

2. Ouvrage écrit à la main.
4. Il imprime et diffuse des livres.
7. Plus longue qu'un conte, plus brève qu'un roman.
8. La trame d'un roman ou d'un film.

Verticalement

1. Texte placé en tête d'un ouvrage pour le présenter.
3. Partie extérieure d'un livre.
5. Ouvrage où sont réunis des poèmes.
6. Écrivain ou ouvrage qui prend position sur des problèmes sociaux.

4 **À l'oral, complétez les phrases.**

1. Le *Goncourt* et le *Cervantes* sont des … .
2. Un roman est divisé en … , tandis qu'un poème est divisé en … .
3. Les … mettent en scène des détectives, comme Sherlock Holmes ou Hercule Poirot.
4. Les chansons sont pleines de … simples à retenir comme *amour / toujours*.
5. Saint-John Perse et Gabriel García Márquez sont deux … qui ont reçu le prix Nobel de littérature.
6. Gide a raconté sa vie dans son … intitulée *Si le grain ne meurt*.

Grammaire

▶ Le participe présent et l'adjectif verbal

C'est une histoire **touchant** les consciences. / L'interprétation d'Omar Sy est **surprenante**.

Forme

- Le **participe présent** s'obtient en ajoutant la terminaison -*ant* au **radical de la première personne** du pluriel de l'indicatif présent :
  finir → *nous finiss-ons* → **finissant**
  boire → *nous buv-ons* → **buvant**
  chanter → *nous chant-ons* → **chantant**
  marcher → *nous march-ons* → **marchant**
  dormir → *nous dorm-ons* → **dormant**
  Trois exceptions :
  être → *étant*
  avoir → *ayant*
  savoir → *sachant*

- Le participe présent a une forme composée, qui s'obtient avec l'auxiliaire **ayant** ou **étant** + le **participe passé** du verbe :
  ayant chanté,
  étant arrivé(e)(s)

ATTENTION ! Le sujet précède habituellement le participe présent :

*Le chanteur **étant malade**, le concert a été annulé.*

Utilisation

- Le participe présent s'utilise comme un verbe ou comme un adjectif.
- Quand il a la fonction de **verbe**, il est **invariable**, et il est le plus souvent utilisé à l'écrit à la place d'une proposition **relative** introduite par *qui* :
  *Les personnes **désirant** (= qui désirent) s'inscrire au stage, devront remplir ce formulaire.*
  Souvent, il a une valeur **causale** :
  ***Connaissant** ses goûts, je lui ai offert un DVD musical.*

- Quand il est utilisé comme **adjectif**, le participe présent **s'accorde** avec le nom ou le pronom auquel il se réfère :
  *Ils ont tourné des documentaires vraiment **intéressants**.*
- Pour distinguer le participe-verbe de l'adjectif verbal, on peut considérer que :
  – le participe-verbe indique une action ou un processus. Il peut avoir un complément, peut être mis à la forme négative et être suivi d'un adverbe :
  *Cochez les images **correspondant** à la description.*
  *Les candidats **ayant obtenu** au moins 40 points seront éliminés.*
  *Cet hôtel est bien situé, idéal pour les personnes **n'ayant pas** de voiture.*
  – l'adjectif verbal indique une qualité. Il n'est pas suivi d'un complément d'objet direct ou indirect et peut être précédé d'un adverbe (par exemple *très*) :
  *Associez les mots aux images **correspondantes**.*
  *Les trottoirs sont très **glissants** à cause du verglas.*

ATTENTION ! Parfois le participe présent (invariable) et l'adjectif verbal ont une forme écrite différente :

VERBE	ADJECTIF
communiquant	communicant(e)(s)
convainquant	convaincant(e)(s)
provoquant	provocant(e)(s)
fatiguant	fatigant(e)(s)
adhérant	adhérent(e)(s)
différant	différent(e)(s)
équivalant	équivalent(e)(s)
excellant	excellent(e)(s)
influant	influent(e)(s)
précédant	précédente(e)(s)

*Pendant la semaine **précédant** les élections, l'activité des partis est frénétique.*
*Je ne parle pas de la semaine dernière, mais de la semaine **précédente**.*

1 Quel est le participe présent de ces verbes ?

1. avoir
2. commencer
3. craindre
4. être
5. faire
6. manger
7. obéir
8. prendre
9. savoir
10. traduire
11. voir
12. vouloir

2 Transformez les phrases en remplaçant la subordonnée relative par un participe présent.

0. Voici la liste des mots qui commencent par un *h* aspiré. → *Voici la liste des mots commençant par un h aspiré.*
1. Elle a reçu beaucoup de prix pour son roman qui décrit la vie des paysans au XVIIe siècle.
2. La plupart des poèmes qui font partie de ce recueil ont été écrits pendant la guerre.
3. Les gens qui croient qu'il va remporter un Oscar sont de plus en plus nombreux.
4. Pierre Machin a remercié toutes les personnes qui ont contribué au succès de son film.
5. Il vient de tourner un documentaire qui concerne la vie en banlieue.
6. Elle a reçu un courriel qui annonce l'arrivée de sa famille.

3 Choisissez la forme correcte.

1. Le ministre a annoncé de nouvelles mesures *touchant / touchantes* le tourisme.
2. Tu as prononcé des mots si *touchant / touchants* que tu as ému toute l'assemblée.
3. Dans son dernier roman, elle raconte son expérience *surprenant / surprenante*.
4. Ils ont des diplômes *équivalant / équivalents* au bac français.
5. Les personnes *désirant / désirantes* passer un casting doivent remplir ce formulaire.
6. Traduis les mots *suivant / suivants* dans ton cahier.
7. Séverine et Coryse ont eu un voyage très *fatigant / fatiguant* mais excitant.

▶ Le gérondif

> *Vous tomberez amoureux* **en regardant** *l'horizon.*

Forme

- On obtient le gérondif avec le **participe présent** du verbe (invariable) précédé de **en** :
  en faisant
  en se réveillant
- Le gérondif doit avoir le même sujet que le verbe principal :
  *Paul est parti **en claquant** la porte. (Paul sort et Paul claque la porte)*
  ~~En allant vers la mer, le paysage se transforme.~~
- Le gérondif négatif et le gérondif composé sont rares :
  en ne pouvant pas
  en étant arrivés
  en ayant écrit

Utilisation

- Le gérondif a valeur de complément circonstanciel d'un verbe. Il exprime :
  - la **simultanéité** :
    *Il parle **en dormant**.*
  - la **manière**, la **circonstance**, la **condition** :
    *Elle traverse la rue **en courant**.*
    *Ils ont trouvé cet appartement **en mettant** une annonce dans le journal.*
    ***En suivant** mes conseils, vous éviteriez beaucoup de problèmes.*
  - une **cause simultanée**, concomitante :
    *Nous nous sommes ennuyés **en regardant** ce film.*
- Avec les verbes impersonnels (*il y a, il suffit, il faut, il arrive, il est nécessaire, il est possible*, etc.), qui n'ont ni participe présent, ni gérondif, on a recours à une proposition subordonnée explicite, introduite, selon le sens, par *comme, puisque* ou *si* :
  *~~Y ayant~~ → **Comme / Puisqu'**il y a trop d'élèves absents, le texte a été reporté à la semaine prochaine.*
- Lorsqu'il est précédé de l'adverbe *tout*, le gérondif prend une valeur concessive :
  ***Tout en comprenant** ton problème, je ne peux pas t'aider.*

4 **Transformez les phrases en utilisant le gérondif.**

0. Il s'est blessé pendant qu'il coupait du pain.

   → *Il s'est blessé en coupant du pain.*

1. Tu ne peux pas travailler et regarder la télé en même temps !

2. Si vous lisiez plusieurs journaux, vous auriez une vision plus complète des faits.

3. Ils se promènent et ils se tiennent par la main.

4. Nous sommes rentrés et nous avons fait attention à ne pas réveiller nos parents.

5. Il a pensé à toi quand il a pris l'avion.

6. Nous avons changé d'avis sur ce pays : nous avons vécu là-bas.

7. Quand je suis arrivée, j'ai été vraiment surprise.

8. Je me suis préparé : j'ai lu des livres.

9. – Vous vous adapterez bien.
   – Comment ?
   – Apprenez la langue locale.

5 **Choisissez la forme correcte.**

1. *Ayant eu / En ayant eu* une mauvaise note, elle s'est mise à pleurer.

2. *Comme il y a / Y ayant* une grève des transports, la ville est paralysée.

3. Elle a eu une amende parce qu'elle parlait au téléphone *conduisant / en conduisant*.

4. Le temps *étant / en étant* très brumeux, le tournage du film a été interrompu.

5. *Leur parlant / En leur parlant* de son expérience, il les a attristés.

6. *Ne retrouvant plus / En ne retrouvant plus* sa clé USB, elle a dû récrire son exposé.

7. *Visitant / En visitant* Rome, n'oublie pas les catacombes.

▶ Les rapports temporels

> Je suis partie **avant qu'**il arrive.

Entre une proposition principale et une proposition subordonnée, il peut exister un rapport d'antériorité, de simultanéité ou de postériorité.

Antériorité

- Pour indiquer que l'action de la proposition principale est antérieure à celle de la subordonnée, on utilise :

- *avant que, en attendant que, jusqu'à ce que* + **subjonctif** (avec éventuellement le *ne* explétif) :
  J'appréciais ses romans bien avant qu'il (ne) devienne célèbre.

- *avant de, en attendant de* + **infinitif** :
  Gardez ce plat au chaud en attendant de le servir.

- *avant, en attendant, jusqu'à* + **nom** :
  Il a réuni les acteurs avant le tournage.

Simultanéité

- Pour indiquer que l'action de la proposition subordonnée est simultanée à celle de la principale, on utilise :

- *quand, lorsque, au moment où, pendant que, tandis que* + **indicatif** :
  Le téléphone a sonné juste au moment où j'allais sortir.
  Les fans étaient en délire pendant que leur idole montait les marches du palais du Festival.

- *au moment de* + **infinitif** :
  Elle s'est émue au moment de prononcer son discours à la cérémonie des Césars.

- un **gérondif** :
  On ne peut pas travailler en écoutant de la musique !

- *au moment de, pendant* + **nom** :
  Ils se sont rencontrés pour la première fois au moment du tournage.

Postériorité

- Pour indiquer que l'action de la proposition principale est postérieure à celle de la subordonnée, on utilise :

- *quand, lorsque, après que, une fois que, dès que, depuis que* + **indicatif** :
  Vous pourrez sortir une fois que / dès que vous aurez terminé.
  Depuis qu'il a joué un petit rôle, il est devenu insupportable !

- *après* + **infinitif passé** :
  Ils ont commencé à se fréquenter, après s'être connus à Cannes.

- *après, depuis, dès* + **nom** :
  Elle s'est mise à pleurer dès la première scène.

6 À l'oral, complétez avec une expression de la liste.

> au moment de • avant • avant que •
> depuis que • dès que • pendant que

1. Il faut intervenir ... il ne soit trop tard.
2. ... je te connais, je ne t'ai jamais vue aussi heureuse.
3. Ils sont tombés amoureux ... ils jouaient les rôles de Roméo et Juliette.
4. ... payer, je me suis rendu compte que je n'avais pas mon portefeuille.
5. Je me suis tellement ennuyé que je suis sorti ... la fin du film.
6. Nous vous donnerons plus de détails ... nous aurons plus d'informations.
7. L'écrivain a fondu en larmes ... remercier ses parents, sa femme et ses enfants.
8. ... la route d'en face a été refaite, on entend moins de bruit.

7 Unissez les éléments des trois paragraphes pour former une phrase.

1. Faites cuire les carottes
2. J'ai lu un roman entier
3. Elle s'est endormie
4. Je déteste qu'on m'appelle au téléphone
5. Un chagrin d'amour ne dure que
6. Le suspect a été arrêté
7. Il a fait la fête toute la nuit
8. L'accès à la salle sera interdit

a. une fois que
b. après
c. après que
d. au moment où
e. en attendant
f. en attendant d'
g. jusqu'à ce que
h. jusqu'au

A. avoir reçu un César du meilleur acteur.
B. être admis à sa présence !
C. je dîne avec ma famille.
D. la police a découvert de nouveaux indices contre lui.
E. le spectacle aura commencé.
F. mon arrivée.
G. prochain amour.
H. toute l'eau soit évaporée.

▶ Les verbes *croître* et *mouvoir*

- Les verbes *croître* et *mouvoir* sont irréguliers.

croître	mouvoir
je croîs	je meus
tu croîs	tu meus
il/elle/on croît	il/elle/on meut
nous croissons	nous mouvons
vous croissez	vous mouvez
ils/elles croissent	ils/elles meuvent
futur : je croîtrai	**futur :** je mouvrai
participe passé : crû (crue)	**participe passé :** mû (mue)

- Le verbe *croître* s'écrit avec l'accent circonflexe quand on pourrait le confondre avec *croire*. Ses dérivés *accroître* et *décroître*, en revanche, prennent un accent circonflexe uniquement sur le *i* lorsqu'il est suivi d'un *t*. L'auxiliaire de ce verbe est *avoir*.
- Les verbes *(s') émouvoir* et *promouvoir* se conjuguent comme *mouvoir* mais leurs participes passés, toutefois, ne prennent pas d'accent circonflexe.

8 À l'oral ou dans votre cahier, conjuguez les verbes au temps indiqué.

1. Mes grands-parents ... (*s'émouvoir*, indicatif présent) quand ils regardent les photos de leurs petits-enfants.
2. Ils ... (*s'émouvoir*, futur simple) encore plus quand ils verront celles de leur arrière-petite-fille !
3. Si nous sommes élus, nous ... (*promouvoir*, futur simple) la création de nouvelles entreprises.
4. Au printemps, cette rivière ... (*croître*, indicatif présent) et inonde les champs.
5. Les déficits publics ... (*s'accroître*, passé composé) dans la plupart des pays industrialisés.
6. Bien que les ventes ... (*décroître*, subjonctif présent), le profit de cette société reste satisfaisant.

Situer dans le temps

1 **À partir de ces photos, imaginez une histoire (150 mots). Vous devrez intégrer dans votre texte les expressions suivantes (l'ordre des images et des expressions est libre).**

après que • au moment où • en attendant de • en attendant que • quand • tandis que • une fois que

Exprimer la tristesse

> ▶ **Exprimer la tristesse**
> - Je suis triste / malheureux(euse).
> - J'ai / J'éprouve du chagrin.
> - J'ai le cafard / de la peine.
> - Je n'ai pas le moral.
> - J'ai le moral à zéro. (*fam.*)
> - J'ai le moral dans les chaussettes. (*fam.*)

2 **🎧 CD•052 Écoutez et répondez par vrai ou faux.**

1. La tristesse est provoquée par un sentiment de privation.
2. La tristesse est facilement identifiable.
3. On est triste quand on n'a pas réagi face à un problème.
4. Dépression et tristesse sont synonymes.
5. On est plus enclin à parler quand on est chagriné.
6. On efface la tristesse quand on trouve le moyen de l'exprimer.

3 **Écoutez de nouveau et complétez les phrases dans votre cahier.**

1. Alors, la tristesse, …, c'est quoi ?
2. On est … quand la peur et la colère n'ont pas « fonctionné ».
3. Comment peut-on aider quelqu'un qui est … ?
4. Une personne qui … ne parle pas de sa tristesse, elle cache sa ….
5. Il faut tout d'abord écouter ce ….
6. Il faut […] que … s'installe en nous.

4 **Écrivez trois situations qui vous rendent triste.**

DELF

Inviter quelqu'un à se confier

5 **Quelles phrases peuvent être utilisées pour inviter quelqu'un à se confier ?**

1. Ne sois pas gêné(e), tu sais que tu peux tout me raconter.
2. Je te prie de me dire la vérité.
3. Je veux savoir ce qui s'est passé ici !
4. Laisse-toi aller : tu te sentiras mieux après.
5. Ne garde pas tout pour toi : ça fait du bien de partager ses soucis.
6. Si tu n'as pas envie d'en parler, tant pis pour toi.

6 **Remettez dans le bon ordre les répliques du dialogue.**

1. C'est à cause de Vincent…
2. Je ne te crois pas. Tu as les yeux tout rouges.
3. Laisse tomber, ce n'est rien.
4. Merci, mais non, pas maintenant.
5. Oh là là, quelle tête d'enterrement ! Qu'est-ce qui t'arrive ?
6. Tu n'as pas envie de m'en parler ? Ça te ferait du bien.

> **▶ Provoquer une confidence**
> • Ça n'a pas l'air d'aller.
>   Que se passe-t-il ?
> • Qu'est-ce qui t'arrive ?
> • Qu'est-ce qui te tracasse ?
> • Ne sois pas timide,
>   raconte-moi tout.
> • Je suis là pour t'écouter.
> • Tu as envie d'en parler ?
> • Tu veux bien m'en parler ?
> • Ça te fera du bien.
> • Ça te soulagera.

7 **Que dites-vous dans ces situations ?**

DELF

1. À une fête, un(e) ami(e) devient soudainement triste.
2. Votre meilleur(e) ami(e) refuse de vous dire qui l'a invité(e) samedi soir.
3. Un(e) de vos ami(e)s vous a dit qu'il / elle a un problème mais ne veut pas dire de quoi il s'agit.

8 **À deux. En partant de ces indications, créez le dialogue et jouez la scène.**

- **A** remarque que **B** est triste et demande pourquoi.
- **B** minimise le problème.
- **A** persuade **B** de se confier.
- **B** fait allusion à un problème.
- **A** encourage **B** à continuer de parler.
- **B** raconte ce qui lui est arrivé.
- **A** rassure/conseille/console **B**.

> Biographie : histoire écrite de la vie de quelqu'un

Rédiger une biographie

Avant d'écrire la biographie d'un personnage réel, il est indispensable de se documenter sur sa vie (livres, encyclopédies, Internet).

Il faut ensuite sélectionner les faits les plus importants et les présenter dans l'ordre chronologique.

Enfin, il est essentiel de relier les faits entre eux pour leur donner une cohérence, pour que le tout forme une histoire.

1 Lisez la biographie de Faïza Guène et retrouvez les points signalés dans les « questions incontournables » ci-dessous. Sont-ils tous présents ? Si non, pourquoi ?

Les 8 questions incontournables

1 Quand et où est né ce personnage ?

2 Dans quel milieu (social, culturel) a-t-il grandi ?

3 Quelle a été sa formation ?

4 Quel est son état civil ?

5 Quel est son portrait physique et moral ?

6 Quels sont les grands moments de sa vie ?

7 Quelles sont les raisons de sa célébrité ?

8 Où et quand est-il mort ?

Faïza Guène

Faïza Guène est une auteure, scénariste et réalisatrice française. Elle est née en 1985 à Bobigny dans une famille d'origine algérienne. Elle a un frère et une sœur, et a grandi dans différents quartiers « sensibles » de la banlieue parisienne. Faïza est une enfant précoce, qui sait déjà lire avant d'entrer à l'école élémentaire. Pendant le collège, elle fréquente avec passion un atelier d'écriture audiovisuelle et, entre 13 et 17 ans, elle écrit et réalise cinq courts-métrages, qui seront primés dans des festivals.

Faïza a 18 ans lorsqu'elle rédige les premières pages d'un roman ; sans la prévenir, le professeur responsable de l'atelier d'écriture envoie son texte à une maison d'édition. Quelques jours plus tard, elle reçoit le coup de fil qui va changer sa vie : une fois terminé, son roman sera publié. *Kiffe kiffe demain* sort en 2004 ; cette comédie sociale devient rapidement un succès, avec plus de 400.000 exemplaires vendus, et sera traduite en 26 langues.

En 2006, Faïza publie *Du rêve pour les oufs* puis *Les Gens du Balto* en 2008 et *Un homme, ça ne pleure pas* en 2014.

Ses romans traitent de la vie de gens ordinaires, d'anti-héros, dans un style où argot et verlan se mêlent de façon très originale.

2 Rédigez la biographie de Van Gogh à partir des notes suivantes.

- Zundert (Pays-Bas) 1853 – Auvers-sur-Oise (France) 1890
- Famille aisée : père pasteur protestant passionné d'art ; un frère cadet adoré : Théo
- Variété de métiers ; décision de devenir artiste à 27 ans
- Premiers tableaux : vie dure et triste des paysans hollandais
- 1886 : Paris – contacts avec les impressionnistes – changement de style (couleurs plus claires et vives)
- Caractère tourmenté et aspect négligé ; difficultés à nouer des relations sociales
- 1888 : sud de la France (Arles), attiré par la lumière et les couleurs de la Provence
- Ne vend aucune toile ; sentiment d'isolement et d'incompréhension
- 1888 : blesse Gauguin pendant une discussion ; il se tranche le lobe de l'oreille gauche
- 1890 : Auvers-sur-Oise, près de Paris – retour aux couleurs sombres
- 1890 : déprimé et souffrant de troubles nerveux – suicide
- Après sa mort : célébrité et valeur inestimable de ses toiles

3 Inventez la biographie d'un personnage fictif. Répondez d'abord aux « questions incontournables », puis transformez vos notes en un texte cohérent de 200-250 mots.

SÉQUENCE 10

C'est émouvant !

VIDÉO
[03.30]

1 Qu'évoquent pour vous le titre et l'image ? Qu'est-ce que vous associez au mot « émouvant » ?

2 Visionnez la première partie de la vidéo sans le son et répondez.

1. Que se passe-t-il ?
2. Décrivez les personnages.
3. Où se trouvent-ils ? Qu'est-ce qu'ils font ? Pourquoi ?
4. Quel est votre première impression devant le tableau ? Décrivez celui-ci et formulez une critique (positive ou négative).

3 Imaginez que vous voulez acheter le tableau. Faites des hypothèses sur le prix.

4 Regardez la première partie de la vidéo et répondez par vrai ou faux.

1. Annette porte une tenue stricte pour jouer le rôle d'une galeriste d'art.
2. Le film *Intouchables* parle d'un Sénégalais de la banlieue qui est devenu tétraplégique suite à un accident.
3. Driss est tout juste sorti de prison.
4. Le tableau inspire à Philippe un mélange de sérénité et de violence.
5. Selon Philippe, les gens s'intéressent à l'art pour avoir l'air plus cultivés.

5 Regardez la deuxième partie de la vidéo et répondez aux questions.

1. La galeriste a commis une erreur. Laquelle ?
2. Combien coûte le tableau ? Philippe l'achète-t-il ?
3. Que pense Driss du prix ?
4. Pourquoi Annette et les garçons préparent-ils ce sketch ?
5. Quelle a été la première étape du projet ?
6. Qu'est-ce qu'ils ont fait ensuite ?
7. Qu'est-ce qu'ils organisent en dernier ?
8. Patricia aimerait prendre part au projet. Qu'est-ce qu'elle pourrait faire ?

6 Avez-vous aimé le sketch ? Pourquoi ?

7 Énumérez les activités prévues pour la « journée de sensibilisation » dont parlent les personnages et imaginez-en d'autres.

8 Présentez le projet pédagogique dont parlent Annette et les garçons.

9 Lisez la critique du film *Intouchables*. Connaissez-vous d'autres films portant sur les sujets généralement tabous du handicap et des jeunes de la banlieue, ou bien sur les thèmes de l'amitié et de la solidarité ? Rédigez une brève critique et discutez des sujets choisis en classe.

17 millions de Français touchés par *Intouchables*

Le sujet est magnifique, c'est un combat pour la vie, c'est un hymne à l'amitié, c'est la rencontre de l'humour et de la tendresse, c'est le destin hors du commun de deux hommes qui vont se sauver mutuellement. Omar Sys est surprenant, François Cluzet est à nouveau magistral, c'est beau, touchant, fort.

Les interviews impossibles

TÂCHE FINALE ▶

POUR DÉVELOPPER VOS COMPÉTENCES-CLÉS, DANS CET ATELIER VOUS DEVREZ :

✓ chercher des informations sur la biographie d'un personnage réel ou fictif ;

✓ rédiger en français les questions et les réponses d'une interview ;

✓ utiliser un caméscope ou votre smartphone pour filmer ;

✓ utiliser l'ordinateur pour faire le montage de la vidéo.

▶ **Étape 1**	▶ **Étape 2**	▶ **Étape 3**	▶ **Étape 4**
• Formez des groupes de 3/4 élèves. • Chaque groupe choisit un personnage français ou francophone, vivant ou mort, qui sera interviewé par un journaliste. Le personnage peut aussi être fictif : le héros (l'héroïne) d'une œuvre littéraire ou cinématographique, le sujet d'un tableau...	• Chaque groupe cherche des détails biographiques et des anecdotes sur le personnage choisi. • Rédigez un aperçu biographique du personnage ; préparez ensuite 5 questions et 5 réponses, qui doivent mettre en lumière les principales caractéristiques du personnage.	• Distribuez les rôles. Le journaliste présente le personnage et lui pose les questions. L'élève qui incarne le personnage peut être habillé(e) et/ou maquillé(e) comme lui. • Filmez l'interview avec un caméscope ou votre smartphone et effectuez le montage à l'aide d'un logiciel.	• Montrez votre vidéo à vos camarades. • Vous pouvez ouvrir une chaîne YouTube de votre classe et télécharger toutes les vidéos réalisées.

Compréhension de l'oral 25 POINTS

Vous allez entendre 3 documents sonores, correspondant à des situations différentes.
Pour le premier et le deuxième documents, vous aurez :
- 30 secondes pour lire les questions ;
- une première écoute, puis 30 secondes de pause pour commencer à répondre aux questions ;
- une deuxième écoute, puis 1 minute de pause pour compléter vos réponses.

EXERCICE 1 6 POINTS 🎧 CD•053
Répondez aux questions.

1. **Les deux personnes qui parlent sont :** (1 point)
   a. un professeur et une de ses élèves.
   b. le responsable d'une association et une lycéenne.
   c. un sans domicile fixe et une assistante sociale.

2. **Vrai, faux, on ne sait pas ?** (2 points)
   1. La jeune fille cherche du travail.
   2. Le monsieur est satisfait.
   3. Le dialogue a lieu le matin.
   4. La jeune fille expose ses expériences.

3. **Répondez aux questions suivantes par oui ou non.** (2 points)
   a. La jeune fille veut partir avec son frère au Cambodge ?
   b. L'association s'occupe-t-elle d'enfants malades ?
   c. La jeune fille a-t-elle déjà participé à un projet humanitaire ?
   d. La jeune fille se montre déterminée ?

4. **Pour récolter de l'argent, la jeune fille :** (1 point)
   a. a demandé des subventions aux commerçants de son quartier.
   b. a lancé un appel sur Internet.
   c. a organisé des activités solidaires avec ses camarades.

EXERCICE 2 6 POINTS 🎧 CD•054

1. **Vous écoutez :** (1 point)
   a. une émission de radio.
   b. une publicité.
   c. une émission scientifique.

2. **Le jugement sur *Google Body Browser* est positif.** (1 point)
   a. Vrai.
   b. Faux.
   c. On ne sait pas.

3. **Cette application est destinée :** (1 point)
   a. aux étudiants en médecine.
   b. à tous ceux qui s'intéressent à l'anatomie.
   c. aux enfants et aux adolescents.

4. **Cette application fonctionne :** (1 point)
   a. sur des navigateurs dotés d'un plugin.
   b. sur certains navigateurs.
   c. sur tous les navigateurs.

5. **Citez deux parties du corps humain que *Google Body Browser* permet de visualiser.** (2 points)

EXERCICE 3 13 POINTS 🎧 CD•055

Vous allez entendre un document sonore. Vous aurez tout d'abord 1 minute pour lire les questions, puis vous entendrez deux fois l'enregistrement avec une pause de 3 minutes entre les deux écoutes. Après la deuxième écoute, vous aurez encore 2 minutes pour compléter vos réponses.

Répondez aux questions.

1. **Dans son ouvrage, Claude Mercier : (1 point)**
   a. présente les biographies des architectes qui ont construit les monuments français.
   b. raconte la vie de Napoléon.
   c. considère les monuments comme des êtres vivants.

2. **Contre qui Napoléon a-t-il remporté sa victoire à Austerlitz ? (2 points)**

3. **Napoléon a posé la première pierre de l'Arc de triomphe : (1 point)**
   a. le 15 août 1806.
   b. le 6 août 1815.
   c. le 5 août 1816.

4. **Vrai, faux, on ne sait pas ? (4 points)**
   1. Dans un premier temps, on prévoyait la construction d'un éléphant en bois.
   2. Dans le projet originel, l'Arc de Triomphe devait être construit place de la Bastille.
   3. L'Arc de triomphe devait célébrer les armées françaises.
   4. La colline de Chaillot se trouve au centre de Paris.

5. **Que devaient contenir les différentes parties de l'éléphant ? Complétez les informations. (4 points)**
   1. Le ventre.
   2. Une patte.
   3. La trompe.
   4. La tête.

6. **On peut monter au sommet de l'Arc de triomphe. (1 point)**
   a. Vrai.
   b. Faux.
   c. On ne sait pas.

Compréhension des écrits `25 POINTS`

EXERCICE 1 `10 POINTS`

Le week-end approche. Albert, Béatrice, Caroline et Didier veulent assister à un spectacle ; chacun a des goûts bien particuliers :
– Albert adore les super-héros ;
– Béatrice apprécie la musique américaine ;
– Caroline aime les histoires d'amour ;
– Didier veut passer une soirée amusante.
Ils consultent Pariscope *pour trouver le spectacle qui leur convient.*

Le cheveu d'or
Voici le troisième épisode de la saga consacrée à Godefroy de Dugny, le héros médiéval sorti de la fantaisie de Jean Salou. Son astuce et la fidélité de ses compagnons sont, encore une fois, les armes que le chevalier oppose au terrible duc de Darkfate, qui menace le trône de Freelande.
Un film pour la famille.

Jusqu'au bout
Farid et Rebecca, ou Roméo et Juliette à Lille : lui beur, elle juive ; lui chômeur, elle étudiante ; lui, la cité, elle, les beaux quartiers… La nouvelle comédie musicale de Joubert&Sandin fera verser plus d'une larme.
La passion en musique.

Johnny Dayhall, le retour
Après trois ans d'absence, les fans vont pouvoir retrouver la voix rauque et agressive de la star française des stades, accompagnée de sa mythique guitare électrique. Les 12 et 13 mai au Zénith. Billets à partir de 45 €.
Adrénaline assurée !

The Dream (Le rêve)
Le film qui a cartonné aux États-Unis arrive enfin dans nos salles. Les Français vont finalement découvrir les pouvoirs surnaturels que Janet Wadling cache sous sa blouse d'infirmière. Histoire un peu ingénue, mais somme toute passionnante. Effets spéciaux dignes d'un Oscar.
Un film pour tous.

C'est quoi, ça ?
Dans son nouvel one-man show, Pierre Malpade mélange subtilement humour et critique sociale. Ses gags vous feront mourir de rire mais aussi méditer sur les maux de notre époque.
Bonne humeur et réflexion.

Atmosphères
Louis Strongarm est prêt à transporter le public dans le Chicago des années 1930. Laissez-vous séduire par sa capacité d'improvisation et emporter par les rythmes swing de son formidable orchestre.
À ne pas manquer !

Indiquez dans votre cahier quel spectacle va voir chacune des quatre personnes et pourquoi.

- Albert
- Béatrice
- Caroline
- Didier

EXERCICE 2 `15 POINTS`

Lisez le texte, puis répondez aux questions à la page suivante.

L'effet de serre

Certains gaz présents naturellement dans l'atmosphère sont appelés « gaz à effet de serre » (GES) et formés essentiellement de vapeur d'eau, de dioxyde de carbone (ou gaz carbonique), de méthane, de protoxyde d'azote et d'ozone. Sans ces gaz, la température moyenne sur notre planète serait de -18°C et la vie telle que nous la connaissons deviendrait impossible. Les gaz à effet de serre retiennent dans les basses couches de l'atmosphère une partie de la chaleur émise par la surface de la Terre, réchauffée par le Soleil. Appelé « effet de serre », ce processus naturel a permis le développement et le maintien de la vie.

Depuis environ deux siècles, l'activité humaine a sensiblement modifié les concentrations atmosphériques de certains gaz, alors qu'elles étaient plutôt stables auparavant. En effet, à partir de la révolution industrielle, vers 1750, l'utilisation massive de combustibles fossiles (comme le pétrole, le charbon ou le gaz naturel), la déforestation, plusieurs procédés industriels, certaines pratiques agricoles, l'enfouissement* des déchets ont fait considérablement augmenter la quantité de GES rejetés dans l'atmosphère. L'effet de serre s'est amplifié en provoquant un réchauffement de la Terre.

Même dans l'hypothèse la plus optimiste, les mesures de réduction des émissions seront insuffisantes pour arrêter ce réchauffement. Les principaux obstacles sont la durée de vie des gaz à effet de serre déjà présents dans l'atmosphère, la difficulté à réduire rapidement les émissions pour les pays développés et le risque d'augmentation des émissions de GES des pays en voie de développement.

Au Québec, l'augmentation des GES pourrait se traduire, d'ici 2050, par une hausse des températures pouvant atteindre 5°C au sud et 9°C au nord, principalement en hiver. Les précipitations changeront également. Sous nos latitudes, on pourrait s'attendre à une augmentation des précipitations ; des pluies diluviennes pourraient notamment être à l'origine d'inondations et de problèmes d'érosion.

Certains de ces changements risquent d'entraîner des conséquences néfastes pour les populations, les écosystèmes et l'économie, engendrant des coûts importants pour s'y adapter. Sans parler du défi qu'ils poseront pour la santé humaine.

(www.mddelcc.gouv.qc.ca).

* enfouissement : le fait de mettre quelque chose en terre.

1. **Ce document a pour but de : (1,5 points)**
    a. condamner les responsables de l'effet de serre.
    b. proposer des solutions pour limiter l'effet de serre.
    c. informer sur les causes et les conséquences de l'effet de serre.

2. **L'effet de serre : (1,5 points)**
    a. est un obstacle au développement de la vie.
    b. est un phénomène naturel qui rend la Terre habitable.
    c. protège la Terre des radiations solaires.

3. **Les activités industrielles : (1,5 points)**
    a. sont responsables du réchauffement de la Terre.
    b. ont fait diminuer les GES dans l'atmosphère.
    c. ont provoqué la déforestation.

4. **Quelle est la température moyenne de la Terre ? (1,5 points)**
    a. -18°C.
    b. Entre 5°C et 9°C.
    c. On ne sait pas.

5. **Citez trois activités qui ont provoqué une hausse de la température. (1,5 points)**

6. **Dites si les affirmations suivantes sont vraies ou fausses et citez les passages du texte qui justifient votre choix. (4 points)**

> **1.** Le réchauffement de la Terre sera réduit vers 2050.

> **2.** Les pays en voie de développement contribuent au réchauffement de la Terre.

7. **Outre l'augmentation de la température, quel autre risque l'effet de serre comporte-t-il pour le Québec ? (1,5 points)**

8. **À la fin de son texte, l'auteur : (2 points)**
    a. souligne la gravité de la situation.
    b. transmet un message rassurant.
    c. invite le lecteur à se mobiliser.
    d. ne prend pas position.

Production écrite 25 POINTS

EXERCICE 1

À votre avis, quelles raisons sont à la base du succès des télé-crochets, les émissions qui ont pour but de découvrir de nouveaux talents musicaux (*X-Factor*, *The voice*...) ?
Vous écrirez un texte construit et cohérent sur ce sujet. (160-180 mots)

À mon avis...

Production orale 25 POINTS

L'épreuve se déroule en trois parties qui s'enchaînent. Elle dure entre 10 et 15 minutes. Pour la troisième partie, vous disposez de 10 minutes de préparation. Cette préparation se fera au début de l'épreuve (avant la réalisation de l'entretien dirigé).

ENTRETIEN DIRIGÉ (2 à 3 minutes)

Vous parlez de vous, de vos activités, de vos centres d'intérêt. Vous parlez de votre passé, de votre présent et de vos projets. L'épreuve se déroule sur le mode d'un entretien avec l'examinateur (ou l'examinatrice) qui amorcera le dialogue par une question (Par exemple : *Bonjour... Pouvez-vous vous présenter, me parler de vous, de votre famille... ?*).

EXERCICE EN INTERACTION (3 à 4 minutes)

Vous tirez au sort deux sujets parmi ceux que vous présente l'examinateur. Après en avoir choisi un, vous jouez le rôle qui vous est indiqué.

Sujet n° 1 – *Vous êtes délégué(e) de classe et vous demandez à votre prof de maths de reporter le prochain contrôle. Le professeur refuse ; expliquez les raisons de votre demande et essayez de trouver une solution. L'examinateur (ou l'examinatrice) joue le rôle du professeur.*

Sujet n° 2 – *À cause du comportement de deux de vos camarades, toute la classe a été punie et le voyage scolaire risque d'être annulé. Vous allez chez le proviseur pour le faire revenir sur sa décision. L'examinateur (ou l'examinatrice) joue le rôle du proviseur.*

Sujet n° 3 – *Pendant un voyage scolaire, votre professeur vous a donné du temps libre et vous a fixé rendez-vous à 17 heures. Vous arrivez avec une demi-heure de retard. Justifiez-vous. L'examinateur (ou l'examinatrice) joue le rôle du professeur.*

Sujet n° 4 – *Votre professeur d'EPS (éducation physique et sportive) voudrait inscrire la classe à un championnat scolaire d'athlétisme. Selon vous, ce n'est pas une bonne idée. Vous lui expliquez vos raisons et proposez une alternative. L'examinateur (ou l'examinatrice) joue le rôle du professeur.*

Sujet n° 5 – *Vous avez commandé des pizzas à un service de livraison. Après avoir payé le livreur, vous vous rendez compte que les pizzas ne correspondent pas à votre commande. Vous appelez le service de livraison pour réclamer. L'examinateur (ou l'examinatrice) joue le rôle de l'employé.*

Sujet n° 6 – *Vous êtes en train de rouler à mobylette sans casque. Un agent de police vous arrête pour vous verbaliser. Vous essayez de le convaincre qu'il « ferme les yeux ». L'examinateur (ou l'examinatrice) joue le rôle de l'agent.*

EXPRESSION D'UN POINT DE VUE (5 à 7 minutes)

Vous tirez au sort deux documents parmi ceux que vous présente l'examinateur (ou l'examinatrice). Après en avoir choisi un, vous dégagez le thème soulevé par le document et vous présentez votre opinion sous la forme d'un <u>exposé personnel de trois minutes environ</u>. L'examinateur (ou l'examinatrice) pourra vous poser quelques questions.

Des sondages indiquent que les adolescents préfèrent aujourd'hui lire sur des supports numériques, mais il semble que le papier ait toujours la cote chez les jeunes qui ont été habitués, dès leur plus jeune âge, à feuilleter des magazines. C'est ce qu'a constaté la maison d'édition Bayard lorsqu'elle a consulté les jeunes abonnés à ses revues *Les explorateurs* (pour les 6 à 10 ans) et *Les débrouillards* (pour les 9 à 14 ans), en vue de lancer une nouvelle publication pour les 14 à 17 ans. Alors en septembre, est né *Curium*, un mensuel en couleurs qui traite à la fois des sciences, des technologies et des questions de société.

D'une manière générale, la reproduction et la diffusion de l'image ou la vidéo d'une personne doivent respecter les principes issus du droit à l'image et du droit à la vie privée. Le droit à l'image permet à toute personne de s'opposer à l'utilisation de son image sans son autorisation expresse. Dans le cas de photos prises dans les lieux publics, seule l'autorisation des personnes qui sont isolées et reconnaissables est nécessaire. La diffusion, à partir d'un site web, de l'image ou de la vidéo d'une personne doit respecter ces principes. Le non-respect de cette obligation est sanctionné par l'article 226-1 du code pénal, qui prévoit un an d'emprisonnement et 45 000 € d'amende.

Être bénévole dans une association signifie donner votre temps librement et gratuitement pour mener à bien une action collective. Cet engagement n'est encadré par aucun contrat, vous pouvez donc décider librement du temps que vous souhaitez consacrer et du moment où vous voulez arrêter. Mais n'oubliez pas que l'association auprès de laquelle vous vous engagez compte sur vous. Il est donc important que vous preniez le temps de choisir le secteur qui vous intéresse et de discuter avec des associations qui peuvent vous conseiller. Un million d'associations existent, plus ou moins grandes, dans tous les secteurs, au sein desquelles vous pouvez choisir le temps que vous voulez consacrer à votre engagement et les responsabilités que vous voulez prendre.

Samedi dernier, la deuxième *Teens party* organisée à Marseille, dans la discothèque House Club, a obtenu un grand succès. Le principe : une soirée réservée aux ados, de 13 à 17 ans, de 18 h à 23 h, boissons sans alcool et bonbons à volonté ; prix d'entrée entre 20 et 25 €. Jeanne Anneau, chargée de communication des *Teens party*, prévient : « Les parents peuvent rentrer cinq minutes pour être rassurés, voir que c'est sécurisé. Mais seulement cinq minutes, ce doit être une soirée pour les jeunes, loin de leur regard. » Chloé et Agathe, 15 ans, sont ravies de leur première soirée en boîte. Les parents n'ont pas dit non, « comme il n'y a pas d'alcool... ». Fabien, 17 ans, est « venu à la soirée pour accompagner un ami qui emmène sa sœur de 14 ans. » Pour lui, « c'est bien pour les plus jeunes. Mais il n'y a pas la même ambiance que dans les boîtes. »

CRÉDITS

GÉNÉRATION B1

Méthode de français

CAHIER

CAHIER
D'ACTIVITÉS

M. Caneschi - D. Cecchi - F. Tortelli

didier
Français Langue Étrangère

L'info : où la trouver ?

1 🎧 CD•056 Écoutez et complétez le tableau.

	Que fait-il/elle ?	Quel média utilise-t-il/elle ?	Pourquoi ?
Anaïs			
Éric			
Tarik			

2 Voici les résultats d'un sondage sur les jeunes et les moyens de communication. Écrivez les questions qui ont été posées en utilisant l'inversion du sujet.

1. ....

15 % ▪ Moins de 18 ans.
75 % ▪ Entre 18 et 25 ans.
10 % ▪ Plus de 25 ans.

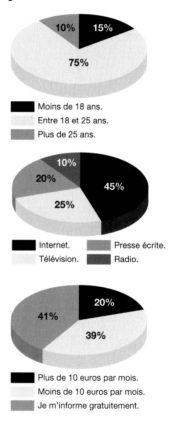

2. ....

45 % ▪ Internet.
25 % ▪ Télévision.
20 % ▪ Presse écrite.
10 % ▪ Radio.

3. ....

20 % ▪ Plus de 10 euros par mois.
39 % ▪ Moins de 10 euros par mois.
41 % ▪ Je m'informe gratuitement.

Les infos autrement

3 Complétez le texte avec les mots de la liste.

caractères • profil • utilisateurs • hashtags • réseau social • messages

Comment écrire un tweet ?

Twitter est un (**1**) .... qui compte près d'un demi-milliard d'(**2**) .... dans le monde
et qui permet d'envoyer des (**3**) .... (appelés tweets) à une liste de contacts personnels.
Vous voulez écrire des tweets ? Voici comment faire : vous devez tout d'abord vous inscrire et créer
votre (**4**) .... Vous pouvez ensuite écrire votre tweet qui ne doit pas faire plus de 140
(**5**) .... Si vous voulez qu'un maximum de personnes lisent votre message, vous pouvez
inclure des (**6**) ...., c'est-à-dire des mots-clés signalés par un symbole #.
Enfin, vous pouvez envoyer votre tweet en cliquant sur « Update ».

4 🎧 CD•057 Écoutez et indiquez si les affirmations sont vraies ou fausses.

1. Alexis utilise les réseaux sociaux. ⬜V ⬜F
2. Alexis utilise Facebook pour rester en contact avec sa famille et ses amis. ⬜V ⬜F
3. Véronique utilise beaucoup Facebook. ⬜V ⬜F
4. Véronique ne veut pas mettre d'informations privées sur Internet. ⬜V ⬜F
5. Véronique préfère discuter au téléphone avec ses amis. ⬜V ⬜F
6. Samia aime bien les réseaux sociaux professionnels. ⬜V ⬜F
7. Samia pense qu'on ne peut pas trouver de travail sur les réseaux sociaux. ⬜V ⬜F

MOTS ET EXPRESSIONS

5 Écrivez les mots suivants sous l'image ou le symbole correspondants.

un hashtag • un internaute • une tablette • une arobase • un smartphone

1. ....   2. ....   3. ....   4. ....   5. ....

6 Quel nom ne peut-on pas associer au verbe proposé ? Éliminez l'intrus.

1. **Lire :** un magazine / un article / une émission
2. **Feuilleter :** un journal / l'actualité / un magazine
3. **Regarder :** la radio / le journal télévisé / une vidéo
4. **Cliquer sur :** un mot-clé / un titre / un internaute
5. **S'abonner à :** un magazine / un journal électronique / une rubrique
6. **Télécharger :** un auditeur / un article / une vidéo

7 Observez l'article et écrivez les numéros des parties qui le composent.

l'article (1) • la journaliste (2) • le chapeau (3) • le titre (4) • les rubriques (5)

⬜ À la une ➤ Politique ➤ Monde ➤ *Société* ➤ Économie ➤ Culture ➤ Sport ➤ Sciences

⬜ **La famille, ça change !**
⬜ *1,5 million d'enfants vivent dans une famille recomposée*
La famille évolue, c'est ce qui ressort de l'enquête de l'Insee (Institut National de la Statistique et des Études
⬜ Économiques). En effet, 1,5 million d'enfants de moins de 18 ans vivent dans 720 000 familles recomposées,
c'est-à-dire dans une famille où les enfants ne sont pas tous ceux du couple actuel.
Anne Leclerc ⬜

8 Écrivez à côté de chaque sentiment l'/les interjection(s) qui l'exprime(nt), puis écrivez une phrase.

0. le dégoût	*Beurk ! C'est dégoûtant !*	5. le doute	....
1. l'indifférence	....	6. le dépit	....
2. le soulagement	....	7. le regret	....
3. l'admiration	....	8. la satisfaction	....
4. la surprise	....	9. l'ennui	....

▶ **Le conditionnel présent**

9 **Complétez au conditionnel présent.**
1. Je prendr.....
4. Ils verr.....
2. Vous viendr.....
5. Nous aur.....
3. On fer.....
6. Tu chercher.....

10 **Transformez au conditionnel.**
1. Il est.
4. Nous souhaitons.
2. Vous finissez.
5. Elles vont.
3. J'ai.
6. Il faut.

11 **Posez des questions en utilisant le conditionnel comme dans l'exemple.**
0. Vous voulez poser une question.
   Est-ce que je pourrais poser une question ?
1. Vous voulez parler à Amélie.
   ....
2. Vous demandez à un monsieur où se trouve la gare.
   ....
3. Vous achetez deux kilos de tomates.
   ....

▶ **La phrase exclamative**

12 **Mettez un point, un point d'exclamation ou un point d'interrogation à la fin des phrases.**
1. C'est une émission nulle ....
2. Quel type de films tu préfères ....
3. Quel beau film ....
4. Qu'est-ce qu'il est mignon ....
5. Tu utilises les réseaux sociaux ....

13 **Complétez les phrases exclamatives suivantes. Plusieurs solutions sont possibles.**
0. *Quel* excellent journaliste !
1. .... tu as grandi !
2. .... argent dépensé pour cette émission !
3. .... vous avez bien joué aujourd'hui !
4. .... expérience inoubliable !
5. .... spectateurs pour cette pièce !

14 **Transformez les phrases à la forme exclamative.**
1. Elle est belle.
   ....
2. Ce livre est passionnant.
   ....
3. Cet appartement est grand.
   ....

▶ **Les pronoms relatifs *dont* et *où***

15 **Pour chaque phrase, indiquez si le pronom relatif *où* exprime le lieu (L) ou le temps (T).**
1. La période où nous avons vécu en Corse, a été très heureuse. □L □T
2. L'année où tu as été malade a dû être très difficile. □L □T
3. La vidéo où tu as vu des animaux sauvages est sur Internet. □L □T
4. Les pays où il y a des migrants ne sont pas toujours des pays riches. □L □T
5. Le week-end où nous sommes allés en Norvège a été riche en aventures. □L □T
6. Rennes est la ville où je suis né. □L □T

16 **Complétez les phrases par *où* ou *dont*.**
1. J'aime l'immeuble .... je vais emménager.
2. L'endroit .... je t'ai parlé est sympa.
3. Le quartier .... il habite depuis 10 ans est calme et joli.
4. Le restaurant .... il connaît tout le monde n'est pas cher.
5. La ville .... je rêve de vivre est située près de la mer.
6. Le pays .... tu rêves est difficile à trouver.

17 **Reliez les phrases par *où* ou *dont*.**
0. Aude travaille dans un magasin. Le magasin est très loin de chez elle.
   Le magasin où Aude travaille est très loin de chez elle.
1. Tu m'as parlé d'une jeune fille très sympa. La jeune fille est d'origine indonésienne.
   ....
2. Delphine a grandi dans ce quartier. Le quartier de Delphine se trouve près du centre-ville.
   ....
3. Elle rêve de ce voyage. François va offrir à Anne le voyage.
   ....
4. Tu m'as parlé d'un blog intéressant. J'ai oublié le nom de ce blog.
   ....
5. J'ai perdu des billets de train. Le remboursement des billets de train est impossible.
   ....

18 Complétez les phrases par *qui, que, où, dont, dont le, dont la, dont les.*

1. C'est l'immeuble .... j'habitais dans mon enfance et .... a été détruit.
2. Le camping .... Jeanne nous a parlé et .... nous avons vu sur Internet ouvre en avril.
3. C'est un livre .... vient de paraître et .... critiques sont très positives.
4. Le spectacle .... nous avons vu l'affiche et .... nous aurions aimé voir a été annulé.
5. C'est l'architecte .... a construit le musée .... vous êtes allés.
6. C'est un reportage .... qualité est indiscutable.
7. Nous étions en Islande l'année .... le volcan s'est réveillé.
8. C'est un ami .... habite à côté de chez moi et .... père est professeur de sport.

▶ **Les adjectifs et pronoms indéfinis :** *autre*

19 Complétez avec les mots de la liste.

> mon autre • l'autre • d'autres • deux autres • des autres • les autres • d'autre

1. Tu veux .... revues ?
2. Les uns travaillent, ... pas.
3. Il ne faut pas se mêler des affaires ....
4. .... soir, j'ai vu un reportage sur la télé réalité.
5. .... désir serait de partir en Polynésie.
6. Quelqu'un .... devrait le faire à ta place.
7. J'aime bien ces tee-shirts, j'en voudrais .... : un bleu et un rouge.

▶ **La nominalisation**

20 Écrivez le verbe qui est à l'origine de ces mots.

1. une tenue ....
2. une prise ....
3. une production ....
4. un balayage ....

21 CD•058 Écoutez les infos et complétez les titres par un nom.

1. France : .... de l'usine Peugeot-Citroën de Caen va fermer vendredi.
2. Politique : .... d'un accord sur les forêts françaises entre le gouvernement et les associations.
3. International : .... du Président à Madagascar.
4. Économie : .... du chômage en septembre. Le nombre de chômeurs a atteint 3,2 millions.

▶ **Les verbes** *conclure* **et** *résoudre*

22 Conjuguez les verbes entre parenthèses au mode et au temps qui conviennent.

1. Le gouvernement .... (*conclure*) demain un accord avec les associations de protection de l'environnement.
2. Trouvez vite une solution et .... (*résoudre*) ce problème !
3. On .... (*dissoudre*) le sucre dans le café chaud.
4. Nous .... (*exclure*) cet étudiant de la salle d'examen parce qu'il trichait.
5. Quand il était plus jeune, mon père .... (*conclure*) souvent les repas par un digestif.
6. Les policiers .... (*résoudre*) cette affaire de vol, ils trouveront le coupable.
7. On l'........................... (*absoudre*) après un long procès.
8. À ta place, j'................ (*inclure*) une photo.

23 Traduction. Traduisez dans votre langue.

1. Quoi ? Le cinéma est fermé ce soir ? Quel dommage !
2. Que de belles images ! J'aimerais en voir d'autres.
3. Quel journaliste compétent !
4. C'est un quotidien que mon père apprécie beaucoup, qu'il lit tous les jours, et dont les articles sont toujours intéressants.
5. Les autres chaînes qui parlent de musique ne me plaisent pas.
6. Vous désirez autre chose ? Je prendrais bien un dessert.
7. Nous avons résolu l'exercice sans aucun problème.
8. Je conclurai rapidement parce que c'est le moment où commence le journal télé.

Exprimer des sentiments positifs

24 🎧 **CD•059 Écoutez ces flash infos et faites les exercices suivants.**

DELF **a.** Numérotez les nouvelles que vous entendez.

☐ L'histoire de la comptable qui tombe sur un crocodile et le blesse grièvement.

☐ Un cambrioleur trahi par ses empreintes... mais d'oreilles.

☐ Une étrange demande de mariage lors d'un saut en parachute.

☐ Un sexagénaire conduisant sans permis depuis 40 ans.

b. Écoutez une deuxième fois et écrivez les expressions utilisées pour exprimer la surprise.

1re information : ....

2e information : ....

3e information : ....

4e information : ....

c. Quels sont les éléments insolites des quatre épisodes ?

25 **Écrivez une nouvelle insolite selon le modèle de celles que vous avez écoutées.**

26 **Lisez les portraits que vos amis ont publiés sur Facebook et complétez le tableau.**

Stéphane Alors la porte de la classe s'est ouverte et elle est entrée. C'était une jeune fille superbe. Elle avait un beau visage. Elle avait de longs cheveux blonds, ses yeux étaient d'un bleu si profond qu'en les regardant on aurait pu se noyer dedans. Sa bouche était comme celle d'une poupée, bien dessinée et comme une rose. Sa taille ressemblait à celle d'un mannequin. Je suis resté muet d'admiration.

Aurore Je l'ai rencontré devant le lycée. Il était grand et costaud. Il avait les yeux bleu clair comme la mer. Les cheveux blonds comme des fils d'or, la peau bronzée comme du pain d'épice. Son visage était magnifiquement dessiné. Ses yeux en amande lui donnaient un petit air moqueur. Son corps était très musclé. Il avait des bras comme Mister T. Bref. On voyait qu'il faisait du sport. Il était superbe !

Jeannine Il était assis dans le bus devant moi. Qu'il était beau ! Il était brun. Il avait une bouche bien dessinée, un nez ni trop petit ni trop grand, juste à la bonne taille, les yeux bleus, les sourcils froncés, les cheveux mi-longs coiffés en arrière. Il était bien proportionné, il avait l'air d'être musclé avec son costume cintré. Il avait l'allure digne d'un mannequin.

Charles À la piscine, j'ai regardé cette belle jeune fille à l'allure athlétique. Elle portait un maillot de bain bleu marine rayé de blanc qui laissait apparaître son corps bronzé. Un visage souriant complétait le tableau. Elle était magnifique.

Auteur du portrait	Lieu de la rencontre	Aspect physique (éléments observés)	Vêtements	Adjectifs ou expressions valorisants	Expressions d'admiration

27 Écrivez le portrait d'un garçon ou d'une fille qui vous a marqué(e). Exprimez votre admiration.

28 Observez les images et écrivez ce que les personnages ont dit pour exprimer leur joie.

1.

2.

3.

4.

Donner des conseils

29 Lisez les conseils de Pierre Robert à propos de la rédaction d'un journal scolaire dans le forum *Rien ne vaut un conseil d'expert*, puis répondez aux questions.

Bonjour à tout le monde. Comme je m'occupe du journal de mon lycée depuis plusieurs années, je peux essayer de répondre à vos questions sur la rédaction d'un journal en classe. À mon avis, il vaudrait mieux impliquer tous les élèves de la classe. On devrait d'abord leur expliquer le projet. Il faudrait après constituer des groupes et leur demander de comparer plusieurs journaux. Je vous conseille de passer ensuite au choix des rubriques. Chaque groupe choisira celle qu'il préfère. Quant à la rédaction des articles, on pourrait confier à chaque élève un article différent à rédiger. Pour la création de la Une, au contraire, il est préférable de reprendre les groupes de travail. Le choix enfin de la mise en page des articles, du nom du journal, des titres et des illustrations est, d'après moi, un travail collectif.
Bon travail.

Pierre Robert

1. Quels sont les différents conseils donnés par l'expert ? Dressez-en la liste.
2. Quelles expressions introduisent ces conseils ?
3. Imaginez et écrivez les questions qu'on lui a posées.

30 Quels conseils est-ce que vous donneriez à... :
1. ... votre tante qui vient vous voir et qui ne sait pas quoi visiter dans votre ville ?
2. ... votre cousin qui joue au foot et qui veut améliorer ses performances ?
3. ... votre copain qui arrive toujours en retard ?

31 CD•060 Dictée. Écoutez et écrivez dans votre cahier.

2

Environnement ? Respect !

1 🎧 **CD•061** Écoutez les dialogues et cochez les comportements écologiques dont on parle.

	Personne 1	Personne 2	Personne 3	Personne 4
a. Protéger les rivières et les mers / océans				
b. Respecter la faune et la flore				
c. Gérer ses déchets et ses poubelles				
d. Protéger et réintroduire des espèces menacées				
e. Économiser les ressources naturelles				
f. Faire attention à ce que l'on mange				
g. Ne pas polluer l'air				
h. Économiser l'énergie				
i. Ne rien faire				

2 🎧 **CD•062** Écoutez l'interview et répondez aux questions.

DELF

1. Les membres de l'association *Vert L'Avenir* sont :
   a. ☐ des étudiants d'une école d'économie.
   b. ☐ des étudiants d'une école de management.
   c. ☐ des professeurs d'une école de management.

2. Cette association existe depuis :
   a. ☐ 2006.
   b. ☐ 2010.
   c. ☐ 2012.

3. Son projet est destiné aux :
   a. ☐ jeunes.
   b. ☐ adultes.
   c. ☐ travailleurs.

4. Le projet réalisé avec les élèves se déroule :
   a. ☐ à l'intérieur de l'école.
   b. ☐ à l'extérieur de l'école.
   c. ☐ à l'intérieur et à l'extérieur de l'école.

5. Les thèmes abordés sont :
   a. ☐ les énergies renouvelables, la faune et la flore, le traitement des déchets.
   b. ☐ la qualité de l'eau, les énergies renouvelables, la faune et la flore.
   c. ☐ la faune et la flore, le traitement des déchets, la protection de la biodiversité.

6. Les élèves n'ont pas fait preuve d'intérêt pour les sujets traités. ☐V ☐F

7. Sur le long terme :
   a. ☐ ils pensent intervenir encore dans la même école.
   b. ☐ ils ont adopté des comportements plus écologiques.
   c. ☐ ils n'ont pas changé leurs habitudes.
   d. ☐ ils veulent intervenir dans d'autres écoles.

La planète en danger

3 🎧 **CD•063** Écoutez les dialogues et complétez les phrases avec les mots ou les expressions qui manquent.

A. Pour Nathalie, les zoos sont (1) .... et (2) .... Ils sont le meilleur moyen de (3) .... des éléphants aux enfants.

B. Loïc est contre les zoos car les animaux sont coupés de leur (4) ....

Des (5) .... animales sont alors en danger.

C. Sophie pense qu'aujourd'hui les zoos ressemblent plus à des (6) .... qui accueillent même des espèces (7) ....

D. Nathalie est d'accord avec Loïc, mais elle pense aussi qu'il existe des zoos qui (8) .... les animaux, qui ont une fonction (9) .... et dont le but est de (10) .... les espèces.

MOTS ET EXPRESSIONS

4 **Associez les éléments des deux colonnes.**

1. ☐ Être malin comme...   **a.** une oie.
2. ☐ Être lent comme...   **b.** de poule.
3. ☐ Avoir une mémoire...   **c.** de cheval.
4. ☐ Avoir une faim...   **d.** un singe.
5. ☐ Avoir une fièvre...   **e.** d'éléphant.
6. ☐ Être bête comme...   **f.** de loup.
7. ☐ Avoir les larmes...   **g.** une tortue.
8. ☐ Avoir la chair...   **h.** de crocodile.

5 **Complétez les phrases avec les expressions de la liste.**

> déforestation • protection de la nature • écologie • tri sélectif •
> environnement • développement durable

1. L' .... est l'ensemble des éléments naturels qui entourent une espèce.
2. Toutes les forêts tropicales, en particulier en Amazonie, en Afrique équatoriale et en Asie du sud-est, souffrent de la ....
3. L'école intègre de plus en plus d'activités pour sensibiliser les enfants à la .... C'est une bonne chose, n'est-ce pas ?
4. Le ministre de l' .... s'est enfin engagé à taxer les industries qui polluent.
5. Le .... associe le progrès économique et social avec la préservation de l'environnement.
6. On appelle .... la pratique qui consiste à séparer les ordures selon leur nature afin de leur donner une seconde vie.

6 **Éliminez l'intrus.**

1. le taureau / l'aigle / la vache / le veau
2. l'agneau / la biche / la jument / le bœuf
3. le lapin / l'oie / le canard / le coq
4. le lion / la girafe / le tigre / la panthère
5. le sanglier / le loup / le phoque / le renard
6. l'hirondelle / le moineau / la tortue / l'aigle

7 **Complétez les phrases en choisissant parmi les noms de la liste.**

> prairie • marais • rivière • colline • glacier

1. Un relief de faible hauteur dont la pente est généralement douce est une ....
2. Un .... se forme par l'amas de couches de neige accumulées.
3. On appelle .... un terrain d'herbe qu'on utilise pour l'alimentation des animaux.
4. Un cours d'eau qui se jette dans un autre cours d'eau est nommé ....
5. Un terrain couvert d'eau stagnante s'appelle ....

▶ **Le conditionnel passé**

8 **Transformez les verbes au conditionnel passé.**

1. Je recyclerais. ....
2. Tu écrirais. ....
3. Elle se marierait. ....
4. On grandirait. ....
5. Nous sauvegarderions. ....
6. Vous feriez. ....
7. Ils mourraient. ....
8. Elles survivraient. ....

9 **Transformez au conditionnel passé et dites s'il s'agit d'un regret (RG), d'un reproche (RP) ou d'une information non confirmée (INC).**

1. Je voudrais tant te revoir avant ton départ.

....

....

2. Il ne faut pas gaspiller d'eau.

....

....

3. Sarkozy a été plus « écolo » que Hollande.

....

....

▶ **Le plus-que-parfait et le futur antérieur**

10 **Soulignez la forme verbale correcte.**

Jacques (**1**) *sort / sortait / était sorti* de chez lui à 8 heures. Il (**2**) *a été / était / avait été* pressé car il (**3**) *a eu / avait / avait eu* rendez-vous avec son patron, qui lui (**4**) *a proposé / proposait / avait proposé* un meilleur poste dans son travail. Il (**5**) *n'a pas dû / ne devait pas / n'avait pas dû* rater ce rendez-vous car il (**6**) *a travaillé / travaillait / avait travaillé* très dur.

11 **Complétez les phrases avec le plus-que-parfait des verbes de la liste.**

grandir • arriver • acheter • ne pas oublier • s'intéresser toujours • partir

1. J' .... un vélo rétro à la brocante.
2. Nous .... à l'écologie.
3. Il .... cet instant.
4. Je me souviens qu'elle .... en retard.

5. Vous .... en vacances avec votre belle-famille.
6. Ils .... si vite que nous ne les reconnaissions plus.

12 🎧 **CD•064** **Écoutez et complétez le tableau.**

passé composé	imparfait	plus-que-parfait
....	....	....
....	....	....
....	....	....

13 **Complétez avec les verbes au futur antérieur.**

1. Je te serai très reconnaissant pour tout ce que tu .... (*faire*) pour moi.
2. Appelez-nous quand vous .... (*finir*).
3. Anatole n'est pas encore arrivé ? Comme d'habitude, il .... (*perdre*) du temps pour se préparer.
4. Tu ne trouves plus ton lapin ? Il .... (*sortir*) quand je suis entré.
5. Nous .... (*partir*) avant minuit. On ne peut pas tarder ce soir.
6. Le bus n'est pas passé. Il .... (*avoir*) une panne.

▶ **L'accord du participe passé**

14 **Récrivez chaque proverbe à partir du premier mot donné.**

1. Nuit étoilée, journée ensoleillée. Soirées...

....

2. Faute avouée à moitié pardonnée. Mensonges...

....

3. Un homme averti en vaut deux. Une femme...

....

15 **Écrivez une brève histoire en utilisant les verbes de la liste au passé composé.**

Une fille et un garçon...

se rencontrer • se dire bonjour • se parler • se plaire • se prendre la main • s'embrasser • se voir souvent • se marier

16 Observez le participe passé et soulignez le COD qui a déterminé l'accord.

1. Les *fraises / poireaux* que tu as mangées viennent du jardin de ma grand-mère.
2. C'est *le téléphone / la robe* que tu as acheté au marché aux puces ?
3. Il *nous / l'* a informés de sa décision.
4. *La lettre / Le colis* ? Sophie l'a envoyée hier.
5. J'espère que ma tante *vous / t'* a bien accueillis.
6. Les *espèces / animaux* que je t'ai montrées sont en voie de disparition.

17 Complétez avec le participe passé à la forme qui convient.

1. Les lettres qu'elle a .... (*écrire*) sont magnifiques.
2. Sa femme ? Il l'a .... (*rencontrer*) à Paris.
3. Ne fais plus d'exercices ! Tu en as .... (*faire*) assez.
4. C'est la voiture que j'ai .... (*acheter*).
5. Quelles mesures avez-vous .... (*prendre*) ?
6. Le professeur a .... (*emmener*) ses élèves au musée d'art contemporain.

▶ **Le superlatif**

18 Complétez les phrases avec un superlatif absolu, en variant les expressions. Puis transformez-les au superlatif relatif, comme dans l'exemple.

0. Cet exercice est ..très.. difficile. (*unité*)
   C'est l'exercice le plus difficile de l'unité.
1. Le lion est un animal .... agressif. (*savane*)
2. C'est une ville .... écologique. (*région*)
3. Elle dit que son frère est .... intelligent. (*sa famille*)
4. Jean est .... bon en maths. (*sa classe*)
5. Ce livre est .... intéressant. (*ceux que j'ai lus*)
6. Jasmine est une fille .... sympa. (*mes copines*)

19 Complétez avec les superlatifs relatifs.

1. Paris est la ville qui fait .... (*– le tri sélectif*).
2. La qualité de vie .... (+ *bonne*) est à la campagne.
3. Les produits .... (+ *polluants*) sont les pesticides.
4. La nation qui a .... (+ *bien*) travaillé dans les énergies renouvelables est la Suisse.
5. Le recyclage est l'habitude écologique .... (+ *répandue*).
6. La France compte .... (+ *grand*) nombre de centrales nucléaires.

▶ **Les verbes *battre* et *vivre***

20 Conjuguez les verbes entre parenthèses aux temps et aux modes qui conviennent.

1. Les espèces qui .... (*survivre*) ne sont pas toujours les plus fortes.
2. Un violent ouragan .... (*s'abattre*) sur les Bermudes dans quelques heures.
3. Mes grands-parents .... (*vivre*) en Tunisie pendant longtemps après leur mariage.
4. L'équipe de France .... (*combattre*) contre l'Angleterre hier soir.
5. Oublie le passé ! .... (*vivre*) le présent !
6. Pour rien au monde, je .... (*revivre*) les moments terribles que j'ai passés lors de l'accident.
7. Quand mon père était jeune, il .... (*se battre*) pour ses idées. Maintenant, il est plus modéré.

21 Traduction. **Traduisez dans votre langue.**

1. Un tigre serait arrivé hier soir en ville.
2. Tu n'aurais pas dû gâcher tant d'eau.
3. Quand j'étais enfant, j'aurais voulu avoir une girafe. J'en avais vu une au zoo et je l'avais trouvée superbe.
4. Quand nous aurons résolu le problème de la pollution de ce fleuve, nous pourrons venir y pêcher.
5. Ces eaux sont très propres. Ce sont les meilleures de la côte.
6. Les guépards sont les animaux les plus rapides de la savane.
7. Les oiseaux que nous avons vus sont en voie d'extinction. Le déboisement les a mis en danger.

Exprimer le regret

22 🎧 **CD•065 Écoutez le dialogue et répondez aux questions.**

1. Qui sont les personnes qui parlent ?
2. Où sont-elles ?
3. À quelle heure était leur rendez-vous ?

4. Pourquoi la dame est-elle arrivée en retard ?
5. Est-ce que la réalisatrice aime son travail ?
6. Quelles sont les phrases qui expriment le regret ?

23 **Lisez le mail et soulignez les formules utilisées pour exprimer le regret.**

> Chère Agnès,
>
> Je suis vraiment désolée pour ce qui s'est passé cet après-midi. J'ai été insupportable. Je n'aurais pas dû te répondre mal, mais j'étais fatiguée et je me suis énervée pour un rien. J'ai été désagréable et agressive. Je regrette mon comportement et je te promets que cela ne se reproduira pas.
> J'espère que tu pourras me pardonner.
> Je t'embrasse très fort.
>
> Ton amie Valérie.

24 **Ce matin vous n'êtes pas allé(e) à l'école parce que vous aviez peur d'être interrogé(e) en histoire et vous n'aviez pas appris votre leçon. Cela a provoqué de vives réactions de la part de vos camarades. Vous leur écrivez pour exprimer votre regret. Utilisez le mail précédent comme modèle.**

25 **Lisez le texte et répondez aux questions.**

Les animaux peuvent-ils éprouver des regrets ?

Le regret est associé à la prise de conscience qu'une autre action aurait été plus profitable que celle qu'on a choisie. Les animaux peuvent-ils éprouver des regrets ?
Des neuroscientifiques de l'université du Minnesota ont finalement apporté une réponse à cette question. D'après leurs études, les rats éprouvent des regrets lorsqu'ils font un mauvais choix qui les empêche d'obtenir une récompense.

Pendant l'expérience, les animaux devaient se déplacer dans un espace circulaire où s'ouvraient des tunnels qui conduisaient à des nourritures de saveur différente. Quand le rat arrivait à l'entrée de chaque voie, une tonalité annonçait le temps d'attente pour recevoir la nourriture : plus le son était aigu, plus il fallait attendre. Le rat pouvait choisir de partir ou de rester et attendre pour avoir sa récompense.

Le résultat a montré que, dans la plupart des cas, les rats avaient attendu pour obtenir leur goût préféré. Certains avaient été plus impatients et s'étaient contentés de la première nourriture

disponible, mais, après avoir découvert qu'ils avaient renoncé à leur friandise préférée, ils s'étaient arrêtés pour regarder en arrière, ce que les scientifiques ont interprété comme un signe de regret. Les rats qui avaient adopté ce comportement de regret, avaient changé également d'attitude : au lieu de prendre leur temps pour déguster leur nourriture et pour se toiletter après, ils l'avaient mangée rapidement avant de repartir à la recherche d'un autre « restaurant ».

Selon le chef de l'équipe des chercheurs, David Redish, l'étude prouve que le regret n'est pas une émotion propre à l'humain. Sans aller probablement jusqu'à ruminer leurs regrets toute la nuit, les rats peuvent certainement reconnaître le « ce qui aurait pu être ».

1. De quel type de texte s'agit-il ?
2. Qu'ont démontré les scientifiques de l'université du Minnesota ?
3. Que devaient faire les rats pendant l'expérience ?
4. En fonction de quel élément les rats pouvaient-ils choisir ?
5. Quelle réaction avaient eue les rats qui avaient renoncé à l'attente ? Comment les scientifiques l'ont-ils interprétée ?
6. En quoi ces rats avaient-ils changé d'attitude ?

Exprimer des sentiments négatifs (1)

26 **Cochez les phrases qui expriment un sentiment négatif et dites de quel sentiment il s'agit.**

1. ☐ Tu aurais pu m'aider !   ....
2. ☐ Quand même, je ne suis vraiment pas d'accord avec toi.   ....
3. ☐ Elle aurait dû être plus prudente !   ....
4. ☐ Je pense exactement la même chose que toi.   ....
5. ☐ Ça m'embête !   ....
6. ☐ Ça m'est égal.   ....
7. ☐ Je trouve ça scandaleux !   ....
8. ☐ Quelle merveille !   ....

27 **Écrivez ce que les personnages peuvent dire pour exprimer les sentiments indiqués.**

1. Les Martin ont raté leur avion à cause d'une grève de métro. (*regret*)

....

2. La mère de Juliette n'est pas contente parce que sa fille s'est fait faire un tatouage. (*colère*)

....

3. André a utilisé la tablette de son frère sans lui demander la permission. (*reproche*)

....

28 🎧 **CD•066 Écoutez et, pour chaque mini-dialogue, notez : qui parle ; le sentiment qu'il/elle exprime ; les expressions utilisées pour l'exprimer.**

1. ....
2. ....
3. ....
4. ....

29 **Lisez le texte et répondez aux questions.**

Comment exprimez-vous votre colère ?

Nous ne réagissons pas toujours de la même manière à ce qui nous irrite et chacun de nous exprime sa colère à sa façon : à quel type correspondez-vous ?

Sophie   J'annonce la colère, je fais comprendre aux autres ce qu'il peut leur en coûter et finalement j'explose.

Gaëlle   Je fais mine de rien et je pense à ma revanche.

Frédéric   Je ne laisse rien paraître ; je serre les dents.

Serge   Je vois rouge, perds le contrôle et éclate.

Guy   Je sens la colère monter en moi, mais je me contrôle et me concentre sur ma tâche.

1. Est-ce que tout le monde réagit de la même manière à la colère ? ....
2. Pour qui la colère est une réaction brutale ? ....
3. Qui cache sa colère ? ....
4. Qui arrive le mieux à maîtriser sa colère ? ....
5. Et vous ? Est-ce que vous arrivez à gérer les émotions négatives ? Si oui, de quelle manière ?

....

30 🎧 **CD•067 Dictée. Écoutez et écrivez dans votre cahier.**

1 Trouvez le mot correspondant.

1. La première page d'un journal.
   ....
2. La personne qui écoute la radio.
   ....
3. Le texte qui explique une image.
   ....

.... / 3

2 Reliez les deux colonnes pour former des mots qui concernent l'information.

1. ☐ Cha   a. que
2. ☐ Émis   b. dien
3. ☐ Rubri   c. rial
4. ☐ Hebdo   d. îne
5. ☐ Quoti   e. sion
6. ☐ Édito   f. madaire

.... / 6

3 De quel animal s'agit-il ?

1. Quel animal chante le matin ?
2. Quel animal a un cou très long ?
3. Quel animal est le roi des animaux ?
4. Quel animal a un nez en trompe ?
5. Quel animal est le plus élégant ?

.... / 5

4 🎧 CD•068 Écoutez et complétez les phrases, puis indiquez le sentiment exprimé en choisissant parmi ceux de la liste suivante.

colère • désapprobation • admiration • reproche • surprise • bonheur • regret • indignation

1. .... J'aurais bien aimé partir avec toi ! (................)
2. .... Ce panorama est magnifique ! (................)
3. Tu veux que je change de ville pour te suivre ? .... (..............)
4. Il est minuit, ton appel l'a réveillé .... (................)
5. Pourquoi tu dis ça ? .... (................)
6. .... : Louis m'a enfin demandée en mariage ! (................)
7. Les gens qui jettent leurs ordures par la fenêtre de leur voiture, ... (................)
8. .... Tu plaisantes ? (................)

.... / 16

5 Remettez dans l'ordre.

1. comme / pull / es / avec / beau / ce / tu / !
   ....
2. de / as / combien / tu / livres / !
   ....
3. est / elle / mère / qu' / ma / contente / !
   ....

.... / 6

6 Transformez ces phrases en titre.

0. Le nombre de chômeurs a baissé.
   → Baisse du nombre de chômeurs.
1. Le Prince William s'est marié dimanche.
   ....
2. Le Louvre prépare une exposition.
   ....
3. Les agriculteurs européens protestent.
   ....
4. Un magasin Lovéa va ouvrir à Angers.
   ....

.... / 4

7 Complétez les phrases par *qui, que, où, dont* ou *dont le/la/les*.

1. Le magazine .... tu lis est nul. C'est une revue .... articles ne sont pas du tout intéressants.
2. Je connais bien la femme .... vous parlez. C'est celle .... habite en face de chez moi.
3. Les photos .... tu m'as montrées sont celles du jour .... tu as rencontré Romain, n'est-ce pas ?
4. Le guépard est un animal .... vit surtout en Afrique et .... vitesse peut atteindre 110 km/h.
5. C'est le projet de loi .... il a présenté et .... but est la sauvegarde de certains oiseaux en voie de disparition.

.... / 10

8 Complétez par la forme correcte de *autre*.

1. J'aime bien les chats, je voudrais en prendre .... Comme ça, Filou aurait un ami.
2. Vous avez deux possibilités au choix : l'une, c'est partir, ... c'est rester.
3. Il n'y a que toi ? Où sont .... ?
4. – Vous désirez .... chose ?
   – Non, rien ...., merci.
5. Il faut respecter la liberté ....

.... / 6

9 Complétez les phrases : choisissez l'expression qu'il faut pour former des superlatifs.

> le plus • la meilleure • ultra • le moins
> • le moins de • le mieux • le plus d'

1. C'est .... de toutes.
2. C'est la ville qui a .... espaces verts.
3. Je l'ai acheté à un prix .... convenable.
4. Ma sœur est celle qui danse ....
5. C'est le lac .... profond du pays.
6. La chauve-souris est l'animal que je déteste ....
7. Luc perd toujours. C'est celui qui a .... chance.

.... / 7

10 À partir des éléments donnés, écrivez des phrases avec des superlatifs relatifs.

1. Ce fleuve / pollué / monde (–).
....
2. Cette plage / propre / côte (+).
....
3. Ce jour / beau / ma vie (+).
....

.... / 6

11 Conjuguez les verbes au conditionnel présent ou passé.

1. On va au centre-ville ? J'...................... (aimer) visiter la cathédrale.
2. Tu es fatigué ? C'est normal, tu t'es couché à minuit. Tu .... (devoir) aller au lit plus tôt.
3. Excusez-moi, vous .... (pouvoir) me dire l'heure, s'il vous plaît ?
4. Les enfants .... (être) heureux d'aller au zoo, mais il est trop tard.

.... / 4

12 Conjuguez les verbes au plus-que parfait ou au futur antérieur.

1. Mardi prochain, il .... (arriver) à Sidney.
2. Nous .... (connaître) l'histoire de notre grand-père il y a quelques années.
3. Quand elle .... (écrire) sa biographie, elle la publiera.
4. Les enfants .... (finir) tous les gâteaux, il n'y en avait plus.
5. Vous pourrez jouer, quand vous .... (terminer) vos devoirs.

.... / 5

13 Complétez le texte par les participes passés des verbes de la liste en faisant l'accord, si nécessaire.

> annuler • commencer • raccompagner
> • partir • laisser • appeler

Leila a (1) .... par ranger les documents qu'elle avait (2) .... le matin sur son bureau. Puis elle est (3) .... prendre son train. Le train qu'elle devait prendre a été (4) .... Elle a (5) .... sa collègue et, heureusement, elle l'a (6) .... en voiture jusque chez elle.

.... / 6

14 Mettez les verbes au participe passé et faites l'accord, si nécessaire.

1. Mes sœurs sont .... (aller) plusieurs fois à ce bal.
2. Ils ont .... (adorer) la cérémonie.
3. C'est la recette que ma grand-mère m'a .... (donner).
4. Mes devoirs ? J'en ai .... (faire) beaucoup mais je ne les ai pas .... (terminer).
5. Des sorties qu'ils ont .... (organiser), celles que j'ai .... (préférer) ont .... (être) les visites aux musées.
6. Ils se sont .... (connaître) hier et ils se sont .... (plaire) tout de suite.

.... / 10

15 Conjuguez les verbes aux modes et aux temps qui conviennent.

1. La semaine passée, le PSG .... (battre) l'OM.
2. Nous organiserons un débat quand tu .... (conclure).
3. Il est très fort en maths ! Il .... (résoudre) tous les problèmes !
4. Quand j'étais petite, je .... (vivre) à la campagne.
5. Luc .... (combattre) demain pour son titre.
6. À ta place, je n'............... (exclure) pas cette hypothèse.

.... / 6

TOTAL .... / 100

3

Ruraux ou urbains ?

1 🎧 **CD•069** Ils préfèrent vivre en ville ou à la campagne ? Écoutez et remplissez le tableau.

	Qui parle ?	Où vit-il/elle ?	Que préfère-t-il/elle ?	Pourquoi ?
1.				
2.				
3.				
4.				
5.				

Vivre autrement

2 Lisez le texte et répondez par vrai ou faux. Corrigez les affirmations fausses.

> *Le documentaire, « Vivre autrement » réalisé par Camille Teixeira, raconte trois histoires de vies alternatives.*
>
> **Vivre en nomades**
> Cécile et André ne supportaient plus d'être enfermés entre quatre murs, ils ont plaqué leur travail, fermé leurs comptes en banque et vendu leur maison. Ils vivent maintenant dans une tente de 10 m² et se déplacent en charrette tirée par des ânes. Ils voyagent selon l'humeur et s'installent au gré des terres abandonnées.
> En quatre ans de vie nomade, ils ont évolué et sont revenus à un certain confort : ils ont depuis peu un panneau solaire pour recharger téléphones et ordinateur. Ils utilisent un poêle à bois qui leur assure une grande chaleur l'hiver.
>
> **Vivre en hauteur**
> Charles a toujours imaginé une vie faite de hauteur et de nature ; à 30 ans, il a décidé de réaliser son rêve d'enfant : vivre dans les arbres. Après avoir appris le métier de charpentier, Charles a construit seul sa maison perchée à 7 mètres de haut dans les bois. Au début, sa maison n'avait pas l'électricité, mais aujourd'hui, il a un groupe électrogène, quelques outils électriques et l'eau courante.
>
> **Vivre en yourte**
> L'association « Vivre ensemble » a construit des yourtes sur un terrain qui appartient à la mairie et compte bien accueillir de nouveaux arrivants prêts à vivre cette aventure.
> Louise, membre de l'association, est une pionnière de la vie en yourte et elle a intégré la communauté en 1968, à la recherche de la bonne formule pour vivre intelligemment en collectivité.

1. Cécile et André se déplacent en voiture. ⬜V ⬜F ....
2. Cécile et André ont un panneau solaire. ⬜V ⬜F ....
3. Charles a réalisé son rêve d'enfant. ⬜V ⬜F ....
4. Charles s'est fait aider pour construire sa maison. ⬜V ⬜F ....
5. Charles n'a aucun confort dans sa maison. ⬜V ⬜F ....
6. L'association « Vivre ensemble » n'accueille personne. ⬜V ⬜F ....
7. Louise a une longue expérience de vie en collectivité. ⬜V ⬜F ....

MOTS ET EXPRESSIONS

3 Associez chaque mot à sa définition.

1. ☐ périphérie
2. ☐ champ
3. ☐ métropole
4. ☐ lotissement
5. ☐ urbain
6. ☐ rural

a. grande ville
b. de la campagne
c. ensemble des quartiers situés autour d'une ville
g. de la ville
e. ensemble de pavillons construits en même temps
f. terrain cultivé

4 Classez les mots suivants en deux groupes : positifs et négatifs.

contentement • terreur • bonheur • anxiété • ravissement • horreur • prudence • ennui • surprise • gêne • tristesse • soulagement • malheur • extase • désespoir • béatitude • frustration • curiosité • hystérie • optimisme • énervement • colère • indécision • embarras • pessimisme

Positifs : ....

Négatifs : ....

5 Écrivez le verbe qui correspond aux mots suivants et écrivez une phrase comme dans l'exemple.

0. Travail : *travailler. Mon père travaille pour la même entreprise depuis 15 ans.*

1. Emploi : ....

2. Recrutement : ....

3. Chômage : ....

4. Embauche : ....

5. Licenciement : ....

6. Rétribution : ....

7. Engagement : ....

8. Offre : ....

6 🎧 CD•070 Écoutez et complétez le texte.

Pour rechercher un emploi, on peut répondre à une (**1**) .... d'emploi pour un (**2**) .... spécifique ou publier une (**3**) .... d'emploi. On peut aussi poser sa (**4**) .... directement dans l'(**5**) .... où on souhaite travailler ou se servir de son (**6**) ...., c'est-à-dire de ses relations personnelles. Il est nécessaire d'adresser à l'entreprise une (**7**) .... et un curriculum vitae (CV) pour donner des informations sur son état civil (le nom, l'âge, l'adresse, le numéro de téléphone, l'adresse e-mail, la situation familiale), sa formation, son (**8**) .... et ses activités extra-professionnelles.

Les (**9**) .... sélectionnés doivent se présenter à un ou plusieurs (**10**) .... où ils présentent leurs motivations et leur profil, c'est-à-dire les (**11**) .... qu'ils ont acquises et qui vont décider l'(**12**) .... à les recruter dans la société.

Quand on est (**13**) ...., on doit signer un contrat avec l'entreprise : un CDD (Contrat à durée déterminée) ou un CDI ((**14**) ....). Il est possible de travailler à plein-temps (35 heures) ou à (**15**) .... Le travailleur reçoit un (**16**) .... L'entreprise lui remet une (**17**) .... où sont notés les détails de la (**18**) .... Quand il veut partir, l'employé donne sa (**19**) .... et l'employeur aussi peut (**20**) .... le salarié.

▶ Les pronoms interrogatifs invariables

7 **Complétez les phrases avec *qui*, *que* ou *quoi*.**

0. Tu as fait .quoi. ?
1. .... t'a donné la bonne réponse ?
2. À .... pensez-vous quand vous vous présentez à un entretien d'embauche ?
3. .... dois-tu faire en premier ?
4. .... vient d'être licencié ?
5. .... se passe-t-il dans son bureau ?
6. Pour .... avez-vous acheté ces fleurs ?

8 **Pour chaque phrase de l'exercice précédent, écrivez si le pronom interrogatif se réfère à une personne, à un objet et s'il a la fonction de sujet, de COD ou de complément prépositionnel.**

9 **Récrivez les phrases de l'exercice 7 en remplaçant les pronoms interrogatifs simples par ses formes composées.**

0. Qu'est-ce que tu as fait ?

10 **Transformez les questions en éliminant *est-ce que/qui* et en faisant l'inversion, si possible.**

1. Pour qui est-ce que vous travaillez ?
....
2. Qu'est-ce que tu penses de cela ?
....
3. Qui est-ce qui n'a pas encore répondu ?
....

▶ Les doubles pronoms

11 **Complétez les phrases avec les pronoms *moi, lui, la, le, nous, leur, en, y* .**

1. Mes frères voulaient des montres. Mes parents leur .... ont offert pour leur anniversaire.
2. Il est important de lutter pour défendre son poste de travail : le syndicaliste .... leur a bien fait comprendre.
3. Mon cousin est à l'hôpital et ses livres lui manquent. Avec toute ma famille, on les .... a envoyés.
4. Ses enfants aiment aller au parc. Il les .... emmène tous les dimanches.
5. Si tu as acheté le nouveau livre d'anglais, montre-le......... s'il te plaît.
6. Une nouvelle employée vient d'arriver. Ses collègues .... l'ont présentée ce matin.
7. Il a acheté des cadeaux pour ses amis. Il va les .... apporter.
8. La vérité ? Tu ne .... lui as pas dite.

12 **Transformez les phrases en remplaçant les compléments soulignés par les pronoms personnels correspondants.**

0. Patricia a offert <u>ce week-end en Normandie à ses parents</u>. Patricia le leur a offert.
1. Sylvie et Anne transmettent <u>toutes les informations à leur responsable</u>.
....
2. Tu as bien dit <u>à ton père</u> que nous arrivions samedi ?
....
3. Tu accompagneras <u>tes nouveaux collègues au bureau</u>.
....
4. Ne parle pas encore <u>de ton idée à ton patron</u>.
....

13 **Transformez les phrases à l'impératif affirmatif et négatif.**

0. Tu écris ce mail à ton copain. Écris-le-lui ! Ne la lui écris pas !
1. Tu achètes du pain à ta grand-mère.
....
2. Tu me prêtes ton stylo.
....
4. Tu nous achètes les billets du théâtre.
....

14 **Répondez en employant les pronoms personnels (faites attention aux accords).**

0. Pierre a montré les photos de ses vacances à ses parents ? Oui, il les leur a montrées.
1. La secrétaire a remis les fiches de paie aux ouvriers ? Non, ...
2. Madame Clément, avez-vous accompagné les familles des élèves à la nouvelle salle vidéo ? Oui, ...
3. Monsieur Rolland a organisé la nouvelle activité pour les stagiaires ? Non, ...
....
4. Claude t'a parlé des nouveaux postes de travail chez Carrefour ? Non, ...
....
5. Est-ce que Sophie a offert les cadeaux à ses amis ? Oui, ...
6. Les enfants, ce matin, vous m'avez rendu des copies ? Non, ...

15 **Répondez négativement aux questions et donnez des ordres selon les indications.**

0. Tu as apporté le livre d'anglais à tes copains ? (*devoir, tout de suite*) → Non, je ne le leur ai pas apporté. – Alors, apporte-le-leur ! Tu dois le leur apporter tout de suite !

1. Tu as accompagné tes petits frères au zoo ? (*pouvoir, demain*) → ....

2. Tu nous as envoyé ton rapport de stage ? (*devoir, immédiatement*) → ....

3. Tu as expliqué les règles de maths à ta sœur ? (*savoir*) → ....

▶ Le discours indirect au présent

16 **Transformez au discours indirect.**

1. Le professeur répète à ses élèves : « Maintenant fermez vos cahiers et écoutez-moi ! »

....
....

2. Madame Leclerc recommande à sa fille : « Ne rentre pas trop tard ce soir ! »

....
....

3. Le patron affirme : « Il est temps de se remettre au travail. »

....
....

▶ L'interrogation indirecte au présent

17 **Complétez les interrogations indirectes en employant *qui*, *ce qui* ou *ce que*.**

1. Que fait-il ? Je veux savoir ....

2. Qu'est-ce qui pourrait soulager son angoisse ? Je me demande ....

3. Tu regardes quoi ? Dis-moi ....

4. Qui est arrivé ? Je te demande ....

5. Avec qui partez-vous dimanche ? J'aimerais savoir ....

6. Qu'est-ce qui lui est arrivé ? Je me demande
....

7. Qui est-ce qui va téléphoner au directeur ? Vous pouvez me dire ....

18 **Récrivez les questions de Paul au style indirect (variez le verbe introducteur).**

1. Comment s'appelle la nouvelle secrétaire ?
→ ....

2. Quand est-elle arrivée ? → ....
....

3. Pourquoi personne ne me l'a pas encore présentée ? → ....

4. Que va-t-elle faire dans le bureau du directeur ?
→ ....

5. Que lui est-il arrivé ? → ....
....

▶ Les verbes *s'asseoir*, *(con)vaincre* et *plaire*

19 **Conjuguez les verbes entre parenthèses au temps et au mode qui conviennent.**

1. Quand je .... (*s'asseoir*) par terre, mes parents me grondaient.

2. Grâce à mes conseils, tu .... (*vaincre*) toutes tes peurs, maintenant tu ne crains plus rien.

3. Est-ce que le film t' .... (*plaire*) ? Oui je l'ai beaucoup aimé.

4. Demain, à la conférence, nous .... (*s'asseoir*) à côté de la délégation de Lyon.

20 **Traduction. Traduisez dans votre langue.**

1. Qu'avez-vous préparé pour la fête de dimanche prochain ? Dites-moi comment vous pensez organiser le dîner.

2. Qui vous a autorisé à écrire cet article ? Je veux savoir qui est le directeur de ce journal.

3. Que fait le syndicat ? Je me demande ce qu'il veut proposer et s'il pense organiser une grève.

4. Je n'ai plus de café. Achète-m'en un paquet quand tu sors, s'il te plaît.

5. Nos clients anglais m'ont demandé à visiter les bureaux et les ateliers. Je les accompagnerai demain matin.

6. Tu as déjà acheté les livres pour Mélanie ? Oui, je les lui ai achetés hier.

7. Le directeur veut savoir si tous les employés ont reçu leur fiche de paie.

Articuler son discours

21 🎧 CD•071 **Écoutez les témoignages de ces personnes et reconstituez les phrases en associant les éléments des deux colonnes.**

1. ☐ Lise est étudiante et n'a pas de revenus,
2. ☐ Lise partage le loyer et les frais.
3. ☐ Maria habite à la campagne
4. ☐ Maria n'a pas de voiture,
5. ☐ Julie ne trouve pas de travail
6. ☐ Julie d'une part donne des conseils,
7. ☐ Coralie menait auparavant une vie de luxe.
8. ☐ Coralie a d'abord changé de maison

a. et ensuite elle a commencé à cultiver la terre.
b. de l'autre elle bénéficie de services.
c. alors elle s'est inscrite sur un site d'échange de services.
d. Du coup, elle met de l'argent de côté.
e. Par contre, maintenant elle vit plus modestement.
f. par conséquent elle vit en colocation.
g. mais elle travaille en ville.
h. donc elle fait du covoiturage pour aller au bureau.

22 **Complétez les phrases en employant les connecteurs de la liste.**

> puis • donc • par conséquent • enfin • c'est pourquoi • ensuite • par contre • d'abord • pourtant

1. La banque m'a accordé un prêt, ... je peux acheter une maison.
2. Tu n'as pas été aimable avec lui, ... il avait tout fait pour te plaire.
3. Ça fait trois ans que je travaille dans cette entreprise, ... j'ai eu une augmentation de salaire.
4. Il a trouvé du travail, il peut .... rembourser ses dettes.
5. Le prix du pétrole a baissé, ... le prix de l'essence a augmenté.
6. Tu dois .... te reposer, ... prendre des vitamines, ... faire du sport, ... tu seras en forme.

23 **Complétez le texte avec des connecteurs.**

> enfin • ensuite • par contre • en somme • toutefois • c'est pourquoi • d'abord • puis

Moi, j'essaie d'avoir une consommation responsable. **(1)** .... j'achète beaucoup d'objets d'occasion : presque tous mes livres, des vêtements, des jouets pour les enfants…
(2) .... je fais pousser quelques légumes dans mon jardin. J'ai des radis et deux pieds de tomates. **(3)** ...., je n'achète aucun objet inutile. **(4)** ...., chaque année, avec des voisins, nous organisons un vide-grenier. Nous vendons les vêtements qui sont trop petits pour nos enfants et les jouets qu'ils n'utilisent plus. **(5)** ...., je vais rarement au marché parce que j'ai peu de temps. **(6)** .... je fais souvent mes courses au supermarché où **(7)** .... j'essaie d'acheter des produits bio. **(8)** .... un consommateur presque parfait !

24 **Lisez cette copie d'élève, puis faites les exercices à la page suivante.**

> Les parents disent toujours vouloir le bonheur de leurs enfants. Mais la notion de bonheur est-elle la même pour les parents et les enfants ?
>
> D'un côté, les parents, dans la majorité des cas, associent le bonheur à des résultats concrets. D'abord, ils décident de ce que l'enfant doit apprendre pour avoir plus de chances dans la vie et orientent son choix. Ensuite, ils le lancent dans la compétition : il doit être le premier en classe, avoir toujours de bons résultats et critiquer les autres. Enfin, ils associent études brillantes et carrière professionnelle. Bref, le bonheur coïncide pour eux avec la réussite sociale.
>
> D'autre part, pour les enfants, plus instinctifs et plus immédiats que les adultes, le bonheur est souvent une façon d'être dans la vie de tous les jours. Dans des circonstances favorables, quand les problèmes se réduisent à de petits ennuis, le bonheur est surtout la capacité de ne pas se plaindre, celle d'apprécier les joies de la vie quotidienne. Le bonheur est aussi une ouverture sur le monde et les gens auxquels on fait confiance. En somme, presque un art de vivre !
>
> En conclusion, les parents disent vouloir le bonheur de leurs enfants et pourtant ils les incitent à la compétition. Ils devraient plutôt nous enseigner qu'être heureux signifie vivre en harmonie avec les autres.

1. Soulignez les connecteurs logiques.
2. Complétez maintenant la grille suivante avec les expressions que vous avez relevées.

Alternative	
Énumération	
Opposition	
Conséquence	
Synthèse	

3. Trouvez l'idée centrale des paragraphes 2 et 3 et résumez-la en une phrase.

   Paragraphe 2 : ....

   Paragraphe 3 : ....

4. Remettez dans le bon ordre les idées énoncées dans les paragraphes 2 et 3 (chaque paragraphe commence par les phrases soulignées).

   a. ☐ Ils lient les études à la profession.

   b. ☐ Pour les enfants, le bonheur est un art de vivre.

   c. ☐ Ils orientent les choix de leurs enfants.

   d. ☐ C'est s'ouvrir aux autres.

   e. ☐ Ils les incitent à la compétition.

   f. ☐ C'est la capacité de ne pas se plaindre.

   g. ☐ Pour les parents, le bonheur coïncide avec la réussite sociale.

   h. ☐ C'est la capacité de jouir du quotidien.

25
DELF Suivant le modèle précédent, écrivez un texte structuré en paragraphes sur ce sujet :
« Facebook est le réseau social le plus utilisé : pour quelles raisons ? Quels avantages et quels inconvénients présente-t-il ? ». (180 mots environ)

Interagir

26 🎧 CD•072 Écoutez le dialogue et complétez avec les expressions utilisées pour...

1. engager la conversation : ....

2. intervenir : ....

3. garder la parole : ....

4. donner la parole : ....

5. terminer la conversation : ....

27 L'été prochain, vous voudriez partir en vacances avec vos amis. Vous en parlez à vos parents. Rédigez le dialogue en suivant les indications données.

A Vous demandez si vous pouvez partir avec vos amis pour faire du camping.

B Votre mère vous interrompt immédiatement en disant non.

A Vous demandez à garder la parole et vous finissez d'exposer vos raisons.

B Votre mère donne la parole à votre père pour connaître son point de vue.

C Votre père hésite mais n'est pas favorable.

D Votre sœur intervient en votre faveur.

B Vos parents terminent la conversation en consentant à votre départ.

28 🎧 CD•073 Dictée. Écoutez et écrivez dans votre cahier.

4

Vous avez dit clichés ?

1 **Complétez le texte avec les mots de la liste.**

la réputation • une image stéréotypée • les clichés • sont perçus

Les étrangers ont (**1**) .... des Français qui va du petit homme un peu rond portant béret, et baguette sous le bras à la femme grande, mince et élégante qui s'habille avec des marques très chères et très chics. Les Français ont également (**2**) .... de manger des escargots et beaucoup de fromage même si, en général, les étrangers trouvent la nourriture française très variée et très bonne.
Enfin, les Français (**3**) .... comme des gens très élégants et romantiques mais aussi un peu désagréables et très râleurs. C'est dommage mais (**4**) .... ont la peau dure !

2 🎧 **CD•074 Écoutez le dialogue et transcrivez les préjugés d'Antonin, marseillais, sur d'autres villes françaises.**

Grenoble : ....

Lille : ....

Paris : ....

Lyon : ....

Marseille : ....

3 **Choisissez quatre villes de votre pays et, comme Antonin, dites un stéréotype pour chacune.**

Goûter l'insolite

4 🎧 **CD•075 Écoutez les goûts de ces personnes et associez à chacune le type de cuisine que vous lui conseilleriez.**

1. ☐ Sylviane   **a.** cuisine vietnamienne
2. ☐ Rémi   **b.** cuisine expérimentale
3. ☐ Reda   **c.** cuisine traditionnelle
4. ☐ Emma   **d.** cuisine italienne

5 🎧 **CD•076 Écoutez et indiquez si les affirmations suivantes sont vraies ou fausses.**

1. Une petite quantité d'insectes apporte plus de protéines qu'un steak.   V   F

2. Le goût de la blatte ressemble à celui d'un yaourt.   V   F

3. Pour tirer le meilleur des insectes, il faut les avaler frais et entiers.   V   F

4. C'est pour nous aider à lutter contre l'obésité que les insectes vont envahir nos assiettes.   V   F

5. Les consommateurs préfèrent manger surtout des libellules et des mouches.   V   F

MOTS ET EXPRESSIONS

6 **Les familles des légumes : classez les légumes de la liste dans la bonne catégorie. Si vous avez des doutes, cherchez sur Internet.**

ail • artichaut • asperge • aubergine • brocoli • carotte • céleri • chou-fleur • cornichon • courgette • ~~endive~~ • ~~épinards~~ • ~~fenouil~~ • haricot • navet • oignon • petit pois • poireau • poivron • radis • ~~salade~~ • tomate

0. Les légumes-feuilles: _salade, endive, épinards, fenouil_ ....

1. Les légumes-tiges : ....

2. Les bulbes : ....

3. Les légumes-fleurs : ....

4. Les légumes-racines : ....

5. Les légumes-graines : ....

6. Les légumes-fruits : ....

7 **Complétez avec le nom d'un fruit.**

1. L' .... est un agrume mais c'est aussi un adjectif de couleur.

2. La prunelle est une .... sauvage mais c'est aussi la pupille de l'œil.

3. Attention ! Ne pas confondre l'amende qui est une contravention avec l'.............., un fruit sec !

4. Le .... est un fruit riche en vitamine C et un oiseau néo-zélandais.

5. Un seul accent distingue une activité sportive du fruit nommé ....

6. La .... est le fruit de Blanche Neige mais celle d'Adam est une partie du corps humain.

8 **Citez des fruits appartenant aux catégories suivantes (certains peuvent appartenir à plusieurs catégories).**

1. Les fruits secs : ....

2. Les agrumes : ....

3. Les fruits rouges : ....

4. Les fruits tropicaux : ....

5. Les fruits à noyau : ....

6. Les fruits à pépins : ....

9 🎧 CD•077 **Qui est qui ? Écoutez et devinez le nom de l'insecte qui correspond à chaque description.**

1. .... **4.** ....

2. .... **5.** ....

3. .... **6.** ....

▶ **L'hypothèse avec si**

10 **Associez les propositions subordonnées aux principales.**

1. ☐ Si les gens voyageaient davantage,
2. ☐ Si tu manges des épinards,
3. ☐ Si tu avais bu plus d'oranges pressées,
4. ☐ Si on allume la lumière,
5. ☐ Si vous allez en Belgique,
6. ☐ Si je pouvais partir,

a. ce serait magnifique !
b. tu ne te serais peut-être pas enrhumé.
c. goûtez absolument les moules-frites.
d. tu deviendras très fort.
e. il y aurait moins de clichés sur les étrangers.
f. les moustiques vont rentrer.

11 **Futur, présent ou impératif ? Conjuguez les verbes entre parenthèses au temps correct.**

1. Vous .... (*arriver*) en retard, si vous .... (*ne pas se dépêcher*).
2. S'il .... (*pleuvoir*), il .... (*ne pas falloir*) arroser les plantes.
3. Si tu .... (*ne pas vouloir*) de mouches dans l'appartement, ... (*fermer*) les fenêtres !
4. S'il .... beau (*faire*), demain on .... (*aller*) à la mer.

12 **Complétez librement les phrases suivantes de manière à exprimer une hypothèse improbable.**

1. ...., elle finirait avant midi.
2. Si je pouvais arrêter de travailler, ...
3. Si j'étais toi, ...
4. Si j'avais une voiture, ...
5. ...., tu vivrais mieux.
6. ...., on pourrait acheter tout ce qu'on veut.

13 **À partir des éléments donnés, formez des phrases qui expriment des hypothèses non réalisées dans le passé.**

0. Si vous / arriver à temps / nous / prendre le train de 10 h. *Si vous étiez arrivés à temps, nous aurions pris le train de 10 heures.*
1. Si elle / m'attendre / on / y / aller ensemble
   ....
2. Tu / venir à la fête / si tu / s'amuser
   ....
3. Si je / avoir plus de temps / mieux le faire
   ....

14 **Complétez avec le verbe entre parenthèses au mode et au temps qui conviennent.**

1. Si tu .... (*ne pas comprendre*), pose des questions au professeur !
2. Parfois, je me demande ce qu'on .... (*faire*), si on n'avait pas de télé.
3. S'ils .... (*apprendre*) cela, ils ne seront pas très contents.
4. S'il .... (*ne pas pleuvoir*), nous aurions pu aller à la mer.
5. Si Marie .... (*ne pas être*) allergique aux fruits secs, elle aurait pu manger ta tarte aux noix.
6. Si tu rentrais plus tôt le soir, nous .... (*pouvoir*) manger tous ensemble.
7. Si je n'avais pas retrouvé mes clés, nous .... (*ne pas entrer*) dans l'appartement.
8. Si tu arrives en retard, ... -moi (*prévenir*) !

▶ **Le futur dans le passé**

15 **Futur, conditionnel présent ou passé ? Soulignez la forme correcte.**

1. Je pensais que tu m' *attendrais / aurais attendu / attendras*.
2. Je sais qu'il *serait venu / viendra / viendrait* quand qu'il pourra.
3. Je t'ai demandé où tu *iras / irais / serais allé* en vacances.
4. – Je ne peux pas venir : je suis très occupée.
   – C'est dommage, ça nous *ferait / fera / aurait fait* plaisir de vous voir !
5. Mon père m'avait dit qu'il *passerait / serait passé / passera* me chercher quand il *finira / finirait / aurait fini* de travailler.

16 **Transformez les phrases au passé.**

1. Ils annoncent qu'ils se marieront bientôt.

....

2. Elle prévient qu'elle partira tout de suite.

....

3. Nous vous assurons que nous appellerons dès que nous serons arrivés. ....

....

4. Tout le monde pense que vous vous en irez.

....

▸ **Le pronom *en***

17 **Récrivez les phrases en remplaçant les mots soulignés par les pronoms adéquats.**

1. Je reviens <u>du gymnase</u>.

....

2. Il est sorti indemne <u>de cet accident</u>.

....

3. Tu dois profiter <u>de tes vacances</u>.

....

4. Elle se plaint toujours <u>du chien des voisins</u>.

....

▸ **Les adjectifs et pronoms indéfinis :
chaque, tout, tous les et *chacun***

18 **Complétez les phrases avec *chaque* ou *chacun*.**

1. .... est responsable de ses actions.

2. .... matin, je me réveille à 6 h 30.

3. Elle lit .... mail et elle répond à ....

4. Range tes affaires, ... chose à sa place, s'il te plaît.

5. .... année, nous allons en vacances en Corse.

6. Je connais par cœur le numéro de téléphone de .... de mes amis.

19 **Complétez avec la forme correcte de *tout*.**

1. Il faut manger des fruits et des légumes .... jours.

2. Nous restons à disposition pour .... information supplémentaire.

3. Je n'en peux plus, il m'appelle .... cinq minutes !

4. Je suis là, ... ira bien !

5. Ils sont .... arrivés, on peut partir.

6. .... passager doit être muni d'une pièce d'identité.

▸ **Le pluriel des mots composés**

20 **Associez les mots des deux colonnes pour former des mots composés, puis mettez-les au pluriel.**

1. ☐ un laissez-   a. pensée   → ....
2. ☐ un sèche-   b. vaisselle   → ....
3. ☐ une arrière-   c. passer   → ....
4. ☐ un rond-   d. bras   → ....
5. ☐ un avant-   e. cheveux   → ....
6. ☐ un lave-   f. point   → ....

21 **Transformez au pluriel ces mots composés.**

1. un passe-partout   → ....
2. un tire-bouchon   → ....
3. un beau-frère   → ....
4. un portemanteau   → ....

▸ **Les verbes *boire* et *rire***

22 **Conjuguez le verbe entre parenthèses au mode et au temps corrects.**

1. Si tu .... (*boire*) plus d'eau, tu serais plus en forme.

2. Elles sont très belles quand elles .... (*sourire*).

3. Hier soir, j'............... (*boire*) trop de café. J'ai mal au ventre.

4. Tu te souviens des vacances en Angleterre ? Qu'est-ce que nous .... (*rire*) !

5. Même si tu ne peux pas venir, ce soir nous .... (*boire*) à ta santé.

6. Tu as changé d'habitude : avant tu ne .... (*boire*) jamais de café.

7. Avant, nous .... (*rire*) plus souvent.

8. .... (*sourire*) davantage ! La vie est belle !

23 **Traduction. Traduisez dans votre langue.**

1. Si j'étais un insecte, je serais une cigale.

2. Si j'avais su que les courgettes étaient si chères, je ne les aurais pas achetées.

3. Les Français ne mangent pas de crêpes tous les jours.

4. Chacun de ses désirs devient un ordre.

5. Chloé a promis à sa maman qu'elle essaierait de manger des artichauts.

6. Mes projets ? Je n'en parle jamais.

7. Mes frères ? Je m'occupe d'eux tous les jours.

Parler de ses projets

24 🎧 **CD•078 Écoutez et remplissez le tableau.**

	Études	Métier	Mariage/enfants	Rêve ou ambition
Annie				
Philippe				
Mélina				
Roland				

25 **Écrivez un bref exposé sur vos projets en ce qui concerne vos études, votre profession,**
DELF **votre famille....**

26 **En suivant les indications données, écrivez les projets des personnes suivantes :**

Timéo veut devenir ingénieur et pense aller vivre aux États-Unis.

Emma n'a pas encore décidé.

Arthur a l'intention de s'inscrire à l'université.

Léa voudrait s'inscrire dans une faculté scientifique parce qu'elle aime les mathématiques et la chimie.

Maëlys a l'intention d'ouvrir un magasin de fleurs avec son cousin, elle pense réaliser son projet dans six mois.

27 🎧 **CD•079 Écoutez et cochez les affirmations correctes.**

1. a. ☐ Il veut ouvrir un magasin de fruits et légumes.
   b. ☐ Il veut ouvrir un bar à jus de fruits et légumes.
   c. ☐ Il a ouvert un bar à jus de fruits et légumes.

2. a. ☐ Les gens aiment les produits naturels.
   b. ☐ Les gens n'aiment pas les produits naturels.
   c. ☐ Les gens n'aiment plus les produits naturels.

3. a. ☐ Il cherche un magasin.
   b. ☐ Il possède un magasin.
   c. ☐ Il achète un magasin.

4. a. ☐ Il pense repeindre le local avec des couleurs acidulées et le meubler de tables et de tabourets.
   b. ☐ Il a repeint le local avec des couleurs acidulées et l'a meublé de tables et de tabourets.
   c. ☐ Le local est peint avec des couleurs acidulées, il y a des tables et des tabourets.

5. a. ☐ Le bar ne sera fréquenté que par les femmes et les sportifs.
   b. ☐ Les jeunes ne pourront pas y aller.
   c. ☐ Il compte avoir une clientèle vaste et diversifiée.

28 **Employez les phrases précédentes pour résumer le texte en les reliant, si nécessaire, par des connecteurs ou des pronoms.**

Exprimer des sentiments négatifs (2)

29 **Associez les questions aux réponses.**

1. ☐ J'ai beaucoup aimé le livre que Louise m'a prêté. Et toi, comment tu l'as trouvé ?
2. ☐ Tu as vu le dernier film de Luc Besson ? Tu dois aller le voir !
3. ☐ Qu'est-ce que tu penses du dernier congrès sur l'écologie ?
4. ☐ Cet acteur, vous le connaissez ? Il est comment ?
5. ☐ Tu es allé au restaurant bio qui vient d'ouvrir dans le Quartier latin ?
6. ☐ Qu'est-ce que tu penses du nouveau professeur d'anglais ? On dit que ses cours sont intéressants.

a. Je suis déçu, je me suis ennuyé à mourir. Les présentations étaient banales et les conférenciers n'arrivaient pas à impliquer le public.
b. Moi, je le trouve nul. Sa dernière interprétation dans le film de Chéreau a été une véritable déception.
c. Ah bon ? Moi, je m'attendais à autre chose, j'ai trouvé l'intrigue décevante et les descriptions trop longues.
d. Oui, j'y suis justement allé hier et je dois dire qu'il m'a déçu. J'ai pris une soupe que j'ai trouvée dégoûtante.
e. Moi, je préférais M. Leroix. D'après moi, il est ennuyeux comme la pluie, ses cours sont assommants !
f. Je l'ai vu la semaine dernière. Honnêtement, il ne m'a pas beaucoup plu, à mon avis c'est un film quelconque.

30 **Lisez le blog de Michel et faites les exercices.**

Manger des insectes ? Est-ce que c'est bon ?
Les amis, aujourd'hui, on va parler d'insectes ! Oui, car *La Boutique Insolite* m'a envoyé des insectes comestibles à déguster pour que je puisse me faire une idée de ce que les spécialistes appellent les aliments de demain. En effet, vous le savez tous, la production mondiale de viande (bœuf, volaille, porc, etc.) explose, ce qui est un désastre écologique pour la planète. J'ai dégusté tous les insectes que j'ai reçus : il y avait des grillons, des cigales, des sauterelles et des vers de terre. Est-ce que c'est bon ? Eh bien non. Enfin, moi je n'aime pas. Ça ne me fait pas vomir, je ne les crache pas après les avoir mis en bouche, mais honnêtement, ce n'est pas génial.
Je trouvais rigolo de partager ça. Si vous souhaitez partager votre propre expérience, n'hésitez pas à laisser un petit commentaire.

Michel

1. Jean Non, ça me répugne de manger des insectes. Et puis, on mange déjà trop d'animaux, aucun besoin d'aller bouffer des insectes. Notre salut ? Les légumes et fruits, dont la variété des saveurs est bien plus grande que celle des viandes et… des insectes.

2. Annie C'est vraiment dégoûtant ! Je crois que je serais végétarienne plutôt que de manger des insectes.

3. Louise Pouah ! T'as du courage. Les insectes, j'ai horreur de ça ! Je les déteste quand je les vois, je ne pourrais jamais en manger.

1. Répondez aux questions suivantes.
   a. Qu'est-ce que Michel a reçu de *La Boutique Insolite* ? ....
   b. Est-ce que l'augmentation de la production de viande est positive pour la planète ? ....
   c. Est-ce que Michel a apprécié les insectes qu'il a dégustés ? ....

2. Soulignez dans tous les textes les expressions qui expriment le dégoût puis écrivez votre commentaire.

31 🎧 CD•080 **Dictée. Écoutez et écrivez dans votre cahier.**

1 **Écrivez le nom qui correspond à chaque adjectif.**

1. bouleversé ....
2. déçu ....
3. dégoûté ....
4. ennuyeux ....
5. haineux ....
6. honteux ....
7. soulagé ....
8. tendre ....

.... / 8

2 **Complétez les phrases avec les mots de la liste.**

> sa démission • un entretien • un emploi
> • un salaire • un CV • un contrat
> • une candidature • les candidats

1. On recherche ....
2. On pose. ....
3. On présente ....
4. On est convoqué à ....
5. On est sélectionné parmi ....
6. On signe ....
7. On touche ....
8. On donne ....

.... / 8

3 **Recomposez les noms des fruits et des légumes.**

1. ufegi → ....
2. nihocncro → ....
3. otriopn → ....
4. isrnia → ....
5. htairtuca → ....
6. sqaèupet → ....

.... / 6

4 🎧 CD•081 **Écoutez et complétez la lettre que Sophie a écrite à Madeleine.**

Chère Madeleine,

quel (**1**) .... d'entendre à nouveau le chant des (**2**) .... et le bourdonnement des (**3**) .... qui butinent dans le pré devant la maison. (**4**) .... de la ville ! Je n'ai pas très bien dormi cette nuit (**5**) .... : j'ai découvert qu'une (**6**) .... avait tissé sa toile

au plafond de ma chambre et un (**7**) ...., caché quelque part dans la pièce, a chanté jusqu'à 3 heures du matin ! Ce sont les petits (**8**) .... de la campagne. (**9**) ...., ce matin, j'ai eu la (**10**) .... de goûter les (**11**) .... et de cueillir les (**12**) .... de mon potager. Et toi, quels sont tes (**13**) .... pour l'été ? Quel (**14**) .... de ne pas être ensemble !

Je t'embrasse,

Sophie

.... / 14

5 **Cherchez l'erreur dans chaque phrase et corrigez-la.**

1. Les portes-clés sont dans la vitrine à côté des portefeuilles.
2. Madames et messiers, voilà les nouveautés pour votre garde-robe.
3. Ces pommes de terres et ces choux-fleurs sont délicieux.
4. Ces trompe-l'œil sont des chef-d'œuvre.
5. Ces gentilhommes sont très sympathiques.
6. Ce sont des messieurs francos-italiens sourds-muets.
7. Je passe des demies-journées aux ciné-clubs du quartier.
8. Passez-nous le casse-noisettes et les cure-dent qui sont sur la table.

.... / 8

6 **Remplacez les mots soulignés par un pronom.**

1. Tu nous as déjà préparé la soupe ?
....
2. Il offre des fleurs à sa femme.
....
3. Je montre mes photos à mes amis.
....
4. Donne-moi des tomates !
....
5. Il a offert des fraises à nos voisins.
....
6. Donnez-nous un kilo de cerises.
....

.... / 12

7 Traduisez dans votre langue les expressions soulignées.

1. Je mange des fruits <u>chaque jour</u>.

....

2. <u>Toute autre date</u> me conviendrait.

....

3. <u>Chacun de mes élèves</u> a son ordinateur.

....

.... / 6

8 Complétez les hypothèses suivantes en conjuguant les verbes entre parenthèses aux modes et aux temps qui conviennent.

1. Si j' .... (*être*) un ver luisant, je pourrais te guider dans la nuit.

2. Si on .... (*manger*) plus de légumes, on réduit les risques de maladies.

3. Si elle m'avait écouté, elle .... (*ne pas avoir*) tant d'ennuis.

4. Si tu ne goûtes pas à ton plat, tu .... (*ne pas avoir*) de dessert !

5. Si vous .... (*ne pas m'en parler*) avant, je n'aurais pas su lui répondre.

6. S'ils étaient plus sages, nous .... (*se fâcher*) moins.

.... / 6

9 Écrivez les questions concernant les éléments soulignés. Utilisez des pronoms interrogatifs invariables.

0. Je suis désolé. Je suis en retard mais il y avait <u>une manifestation</u>.
   → *Pardon, qu'est-ce qu'il y avait ?*

1. <u>Les agriculteurs</u> ont protesté. → ....

....

2. Ils manifestaient contre <u>la politique agricole du gouvernement</u>. → ....

....

3. Il y a eu <u>quelques incidents</u>. → ....

....

.... / 6

10 Transformez au discours indirect.

1. Il se demande : « Pourquoi ne m'a-t-il pas répondu ? » ....

....

2. « Sont-ils satisfaits de leur travail ? » Nous l'ignorons. ....

....

3. Il m'ordonne : « Va-t'en ! » ....

....

4. Il répond : « Non. » ....

....

5. Il nous demande : « Qu'est-ce qui vous chagrine ? » ....

....

.... / 10

11 Entourez la forme verbale qui convient.

1. Il répond qu'en ce moment il *avait été / est / était* occupé.

2. Il disait qu'il *changerait / aurait changé / changera* de travail.

3. Je ne sais pas qu'elles *soient / seraient / sont* ses intentions.

4. Elles ont promis qu'elles *nous aideront / aideraient / auraient aidés*.

5. Marie affirme *être / d'avoir été / n'être pas* désespérée.

6. Il me dit que maintenant je *n'avais pas / n'ai pas / n'aurais pas* le droit de prendre la parole.

.... / 6

12 Complétez les phrases en conjuguant les verbes *s'asseoir*, *vaincre*, *convaincre*, *plaire*, *boire*, *rire*, *sourire* aux modes et aux temps qui conviennent.

1. ...., s'il vous plaît, et sortez vos livres et vos cahiers !

2. Si vous ...., vous auriez l'air plus heureux !

3. Ton argument ne me .... pas. Trouves-en un autre.

4. Le film que j'ai vu hier soir .... : il était ennuyeux. Un vrai navet !

5. Il a payé une amende de 135 € : il .... avant de se mettre au volant.

6. Et si on .... un pot à la terrasse d'un café ?

7. J'espère que tu .... ton anxiété.

8. On a une crise de fou rire quand on .... sans pouvoir se contrôler.

9. Si tu me donnes une chaise, je .... volontiers : je suis un peu fatigué.

10. Ça me .... de venir avec toi mais, malheureusement, je suis malade !

.... / 10

TOTAL .... / 100

5

Les gens de la banlieue

1 Lisez l'interview d'Abdel et répondez aux questions.

Abdel accepte de nous parler. Il est né de parents immigrés et a grandi à Clichy. Il fait de l'infographie, c'est un autodidacte. Sa petite société démarre doucement mais sûrement. Le malaise de sa génération et des précédentes, il l'explique avant tout par l'histoire de la France : « C'est comme si la France, c'était mon père, et que moi j'étais un enfant illégitime qu'on refuse de reconnaître… Et les gens en ont marre du chômage, de la dégradation, de la ghettoïsation, des discriminations… voilà. Mais, mes parents, ils paient les impôts comme tout le monde, et quand on a eu besoin d'eux pour reconstruire la France après la 2ᵉ guerre mondiale, on est parti les chercher chez eux. Aujourd'hui on en a plus besoin, et là on les met sur le côté. » À la question : « Est-ce que tu te sens français ? », il répond : « Non, je me sens banlieusard… Je vis en France, ma culture, c'est une culture française que j'ai eue, mais quand je vois que j'ai des problèmes ou quand je vois que j'ai besoin d'aide, elle ne me tend pas la main… Mes rêves à moi, franchement, j'en ai pas, j'ai arrêté de rêver, ça sert à rien… » conclut Abdel.

1. Qui est Abdel ? ....
2. Selon Abdel, la France s'est-elle comportée de manière correcte envers les immigrés ? Pourquoi ? ....
   ....
3. Abdel se sent-il français ? Pourquoi ? ....

2 🎧 **CD•082** Écoutez la strophe de la chanson de Disiz *Jeune de Banlieue*, complétez-la puis répondez aux questions.

Je suis un jeune de banlieue
Un jeune de banlieue, un jeune de banlieue
J'ai beau me **(1)** ...., mes **(2)** .... me trahissent
On sait que je **(3)** .... d'ici, donc on m' **(4)** .... de la liste
Ils me catégorisent, sur mon **(5)** .... théorisent
Mais je pars **(6)** .... de la terre promise comme Moïse
Au début, j'essayais de camoufler mon accent **(7)** ....
Mais quand j'm'entendais parler, je trouvais ça bizarre
Est-ce que l'Auvergnat a honte de son **(8)** .... ?
Alors pourquoi devrais-je avoir honte de mon **(9)** .... ?
Pourquoi les **(10)** .... de chez nous n'ont pas leur part entière ?
Est-ce que Jamel aura le même rôle sa vie entière ?
J'aime pas m'faire du fric¹ sur la **(11)** ....
Mais j'te jure qu'mes galères², j'en suis fort et **(12)** ....

1. Expliquez l'expression « on m'écarte de la liste ».
2. Pourquoi Disiz cherche à camoufler son accent ?
3. Est-ce que Disiz a honte de son milieu ?

> **Glossaire**
> **1. fric :** argent
> **2. galères :** misères

S'engager dans le social

3 🎧 **CD•083** Écoutez les témoignages de ces bénévoles et remplissez le tableau.

	prénom de l'interviewée	âge	profession	type de mission bénévole	fréquence de l'activité	type d'activité
1.						
2.						
3.						
4.						

4 **Lisez le texte et répondez aux questions.**

> ### Passeport Bénévole
>
> Le *Passeport Bénévole* est un livret personnel de reconnaissance de l'expérience bénévole.
> C'est un outil France Bénévolat, que vous pouvez vous procurer dans le réseau France Bénévolat ou par courrier.
> Il permet à tout bénévole qui le souhaite de créer une passerelle entre son expérience associative et son parcours professionnel, et de valoriser les compétences qu'il a acquises en association.
>
> Le *Passeport Bénévole* permet :
> – de décrire précisément chacune des missions réalisées bénévolement ;
> – de faire certifier par chacune des associations que la mission a bien été réalisée ;
> – de décrire les démarches de formation suivies grâce aux associations bénéficiaires ;
> – de relier tous ces éléments au profil du bénévole.
>
> Le *Passeport Bénévole* bénéficie de l'appui de Pôle Emploi, du Ministère de l'Éducation Nationale, du Ministère de la Santé, de la Jeunesse et des Sports, ainsi que de l'AFPA (Association nationale pour la formation professionnelle des adultes).

1. Qu'est-ce que le Passeport Bénévole ? ....
2. Quel est le but du Passeport Bénévole ? ....
3. Qui est-ce qui certifie les missions bénévoles ? ....
4. Le ministère de l'Éducation Nationale le reconnaît-il ? ....

5 🎧 **CD•084 Écoutez l'appel radio lancé par les *Restos du cœur* et complétez-le.**

Vous l'avez vu et surtout ressenti : depuis une semaine, le temps s'est refroidi et la neige a commencé à tomber. (**1**) .... en appellent à votre générosité et votre temps : nous avons besoin de (**2**) .... mais aussi de (**3**) ...., de (**4**) ...., d' (**5**) .... pour aider les personnes en (**6**) .... Un jour, ça pourrait être moi, ça pourrait être vous, faites un (**7**) .... et contactez-nous par téléphone ou sur notre site Internet. Merci à tous et à toutes.

MOTS ET EXPRESSIONS

6 **Trouvez les mots correspondants aux définitions.**

1. Action qui vise à se mettre ou à mettre quelqu'un à l'écart de la société. → ....
2. Aide financière versée par l'État à un particulier. → ....
3. Organismes administratifs chargés d'appliquer les mesures législatives de protection sociale. → ....
   ....
4. Clandestin qui vit dans un pays sans titre de séjour. → ....
5. Rassemblement de personnes sur la voie publique pour exprimer une opinion, un mécontentement ou un soutien. → ....
6. Vocabulaire propre à un milieu social ou à une profession. → ....
7. Habitation à loyer modéré. → ....
8. Forme d'argot dans laquelle les syllabes des mots sont inversées. → ....

7 **Associez les affirmations (à gauche) aux expressions (à droite).**

1. ☐ Max travaille gratuitement pour la Croix-Rouge.
2. ☐ Je pense aller manifester pour les droits des sans-papiers.
3. ☐ Lou rencontre le maire pour organiser la construction d'un hôpital à l'île Maurice.
4. ☐ Ton frère est très content de participer au marathon de Handicap International.
5. ☐ Mon père appelle toutes les banques car il a besoin d'argent pour l'association.
6. ☐ Mes amis ont organisé une pétition en ligne contre les disparités sur le marché du travail entre les femmes et les hommes.

a. monter un projet
b. collecter des fonds
c. être bénévole
d. lutter contre les inégalités
e. soutenir une cause
f. se sentir utile

▶ **Le subjonctif**

8 **Complétez le tableau.**

	indicatif présent	subjonctif présent
étudier	nous .... ils	que nous .... que je .... qu'ils ....
réussir	nous .... ils	que nous .... que je .... qu'ils ....
prendre	nous .... ils	que nous .... que je .... qu'ils ....
recevoir	nous .... ils	que nous .... que je .... qu'ils ....
voir	nous .... ils	que nous .... que je .... qu'ils ....
tenir	nous .... ils	que nous .... que je .... qu'ils ....

9 **Soulignez la forme correcte.**

1. Il faut que nous *sachions / sachons* quand le centre d'accueil est ouvert.
2. Ma femme aimerait que j'*ai / aie* un poste comme éducateur.
3. Je voudrais bien que tu *peux / puisses* avoir un soutien psychologique.
4. Il faudrait que vous *soyez / serez* plus solidaires avec les immigrés.
5. Nous aimerions que nos enfants *s'engageaient / s'engagent* dans le social.
6. Il faut que tu *fasses / fais* toutes tes démarches administratives pour le droit au logement.

▶ **L'emploi du subjonctif**

10 **Justifiez l'emploi du subjonctif dans les phrases suivantes. Qu'est-ce qu'il exprime ?**

0. Je suis contente que tu ailles mieux.
   Subjonctif après un verbe de sentiment.
1. Florence veut que tu travailles demain.
   ....
2. Il faut que vous arrêtiez de faire du bruit !
   ....
3. Je doute que nous puissions nous promener.
   ....

11 **Formez une seule phrase avec le subjonctif.**

0. Je suis déçu. Tu n'aimes pas t'engager.
   Je suis déçu que tu n'aimes pas t'engager.
1. On se met à détruire toutes les barrières. J'en doute. ....
2. Les sans-abri sont de plus en plus nombreux. Il regrette cela.
   ....
3. Tu ne peux pas trouver un travail. Je suis désolée.
   ....
4. Ils sont xénophobes. Il est furieux.
   ....
5. Nos voisins font du bruit. Nous n'aimons pas ça.
   ....

12 **Conjuguez les verbes entre parenthèses.**

1. Elle regrette que tu .... (*être*) malade.
2. Nous craignons qu'elle .... (*avoir*) un problème.
3. Elle préfère que j'............... (*aller*) travailler.
4. Je suis heureuse que vous .... (*faire*) des progrès.
5. Nous sommes désolés que tu .... (*venir*) seulement demain.
6. Pierre aime bien que sa famille .... (*vivre*) en banlieue.

▶ **Le pronom *y***

13 **Récrivez les phrases en remplaçant les mots soulignés par *y*, par un pronom COI ou par *à* + pronom tonique.**

1. J'ai adhéré volontiers <u>à ton projet de solidarité</u>.
   ....
2. Il s'est adressé <u>à la directrice de l'association France bénévolat</u>.
   ....
3. Il est nécessaire de téléphoner <u>à la nouvelle assistante sociale</u>.
   ....
4. Je m'oppose toujours d'une manière très ferme <u>à toute forme de discrimination</u>.
   ....

▶ **Le but**

14 **Complétez le texte avec les mots de la liste. Parfois plusieurs solutions sont possibles.**

pour • pour que • de manière à •
dans le but d' • de façon à • afin que

Les associations humanitaires font de la publicité (1) .... informer les gens des moyens de s'engager et (2) .... de plus en plus de personnes s'engagent.
Les personnes choisissent de s'engager tout d'abord (3) .... aider les autres et en vue d'éliminer les inégalités. Les personnes âgées s'engagent dans des associations pour faire partie d'un groupe et (4) .... se sentir utiles.
Les bénévoles acceptent des missions à l'étranger (5) ....vivre une expérience enrichissante et, souvent, (6) .... les personnes les plus démunies aient une chance de survie.

▶ Le passif

15 **Soulignez la forme verbale correcte.**

1. Quand je me suis cassé la jambe, *j'étais pris / j'ai été pris / je suis pris* en charge par le personnel médical de l'hôpital Saint-Antoine.
2. Depuis les années 60, de grandes avancées médicales *étaient faites / ont été faites / seront faites* par les chercheurs.
3. Hier, la famille Vasouk *aurait été relogée / aurait relogé / sera relogée* dans un logement social.
4. Quand j'avais 10 ans, *j'ai été félicitée / je suis félicitée / je serai félicitée* par le directeur.

16 **Complétez ce portrait de l'Abbé Pierre avec *par* ou *de*.**

1. Il grandit entouré ..... ses sept frères et sœurs.
2. Il est éduqué ...... les Jésuites.
3. Il est poursuivi ...... la Gestapo.
4. Il est élu ...... les républicains.
5. Grâce à Emmaüs, il est adoré ...... les sans-abri.
6. À cause de son franc-parler, il est redouté ...... les hommes politiques.
7. Il est décoré de la Légion d'honneur ...... Jacques Chirac.
8. Il est aimé ...... tous les Français.

17 **Transformez les phrases à la forme passive.**

1. En 1998, la France a gagné la coupe du monde de football.
   ....
   ....
   ....

2. Juste avant la manifestation, on distribuera de nombreux paniers repas.
   ....
   ....
   ....

▶ Les verbes *fuir* et *haïr*

18 **Complétez avec le verbe *fuir* au temps correct.**

1. Paul n'aime pas rencontrer ses professeurs ; quand il les voit, il les ....
2. L'armée bombardait ce quartier et les civils .... pour sauver leur vie. C'était un spectacle horrible !
3. Coûte que coûte, je ne .... jamais face aux difficultés. C'est promis !
4. Ne .... pas vos responsabilités.
5. Si un tigre te poursuit, il vaut mieux que tu ....
6. Quand les voleurs ont vu la police, ils ....

19 **Conjuguez le verbe *haïr*.**

1. au présent du subjonctif, 3ᵉ personne du singulier : ....
2. au présent du conditionnel, 3ᵉ personne du pluriel : ....
3. à l'impératif, 1ʳᵉ personne du pluriel : ....
4. au passé composé, 2ᵉ personne du singulier : ....

20 **Traduction. Traduisez dans votre langue.**

1. Je doute qu'ils aient écrit des lettres pour avoir des subventions.
2. Il n'était pas sûr que nous arrivions en premier, mais nous, nous avions confiance en lui.
3. Ne t'inquiète pas ! C'est le meilleur pilote que j'aie jamais connu.
4. Des fonds seront récoltés pour financer les activités de bénévolat.
5. Les HLM de banlieue seront remplacées par des quartiers résidentiels.
6. Il est nécessaire que tu fasses une collecte de manière à aider les sans-abri.
7. Il faut qu'il pleuve pour que les températures baissent.

Promettre

21 **Lisez le texte et répondez aux questions.**

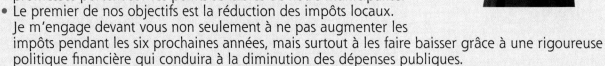

Chères électrices, chers électeurs, bonjour.

D'abord, je tiens à vous remercier pour votre présence ici.
Comme vous le savez sans doute déjà, je m'appelle Francis Duvel
et je suis candidat aux prochaines élections municipales. Si vous me
choisissez, je serai votre nouveau maire.

- Pourquoi vouloir devenir maire de cette ville ? Parce que cette ville
  le mérite et pour moi ce serait un honneur. Ma candidature est faite
  de passion, de convictions, et d'enthousiasme. J'aime ma ville, je
  crois beaucoup en son potentiel et je veux lui consacrer toute mon
  énergie. Si je suis élu, avec mon équipe nous allons apporter de
  nombreux changements mais, ce soir, je souhaite vous présenter
  les priorités de notre programme et vous comprendrez que nos
  promesses portent sur les points sensibles de notre municipalité.
- Le premier de nos objectifs est la réduction des impôts locaux.
  Je m'engage devant vous non seulement à ne pas augmenter les
  impôts pendant les six prochaines années, mais surtout à les faire baisser grâce à une rigoureuse
  politique financière qui conduira à la diminution des dépenses publiques.
- L'une de nos priorités est également la sécurité. Nous ferons notre possible afin que le respect de
  la loi et la tranquillité des citoyens soient assurés, c'est pourquoi nous promettons d'augmenter
  sensiblement les effectifs de la police municipale. De cette manière, nos quartiers seront plus
  surveillés et, donc, plus sûrs jour et nuit.
- Les jeunes représentent un autre aspect essentiel de notre programme politique, car les nouvelles
  générations sont l'avenir de notre ville. Vous pouvez compter sur nous pour la modernisation et
  l'amélioration des infrastructures sportives et la création d'une *Maison des Jeunes et de la Culture*
  pour que nos enfants puissent faire du sport et avoir un endroit pour se retrouver et faire des
  activités.
- Les personnes âgées aussi font partie de nos préoccupations : je vous garantis que nous avons
  l'intention de mettre en place une série d'actions concrètes pour répondre à leurs besoins et
  favoriser un vieillissement le plus actif possible.

En conclusion, je vous assure que mon souhait le plus cher est de consacrer à notre ville toute mon
énergie. Sachez que vous pouvez compter sur moi.
Je vous remercie infiniment de votre attention.

Francis Duvel

1. De quel type de texte s'agit-il ? ....
2. Quel est le premier objectif du programme de Francis Duvel ? ....
3. Pourquoi veut-il augmenter les effectifs de la police municipale ? ....
4. Quels sont ses engagements pour les jeunes ? Et pour les personnes âgées ? ....
....
5. Retrouvez dans le texte et soulignez les phrases qu'il utilise pour exprimer ses promesses.

22 **Vous vous présentez aux élections des délégués de classe. Écrivez votre discours à partir**
DELF **du plan suivant : vous vous présentez, vous annoncez votre programme et vous faites**
une conclusion (180 mots environ).

23 **Imaginez les promesses que vous pourriez formuler en ce qui concerne les sujets suivants.**
Variez les expressions.

1. L'école / les études.
2. La relation avec vos parents.

3. Les sorties.
4. L'ordinateur.

Mettre en garde et rassurer

24 Imaginez quatre situations dans lesquelles on met en garde quelqu'un. Complétez les tableaux comme dans l'exemple.

Situation	Christine parle à son ami qui part faire un voyage dans un pays tropical.
Mise en garde	Faire attention aux moustiques.
Expressions utilisées	Fais attention aux moustiques, ils peuvent être dangereux. Il vaut mieux que tu achètes un bon répulsif.

1.

Situation	
Mise en garde	
Expressions utilisées	

2.

Situation	
Mise en garde	
Expressions utilisées	

3.

Situation	
Mise en garde	
Expressions utilisées	

4.

Situation	
Mise en garde	
Expressions utilisées	

25 CD•085 Écoutez le dialogue et répondez aux questions.

1. Est-ce que Céline est confiante ? Pourquoi ? ....
2. Pourquoi Alexia est-elle sûre que Céline réussira son exposé ? ....
3. Qu'est-ce qu'elle lui conseille de faire ? ....
4. Est-ce que les mots d'Alexia ont aidé Céline ? ....

26 Écoutez de nouveau le dialogue et écrivez les expressions qu'Alexia utilise pour rassurer Céline.

27 Et vous, qu'est-ce que vous diriez à Céline pour la rassurer ? Écrivez au moins trois autres expressions différentes.

28 Écrivez des mini-dialogues pour les situations données. Suivez l'exemple et variez les expressions que vous utilisez pour rassurer.

0. A Demain, j'ai un contrôle d'histoire. J'ai peur ! ....
    Sois tranquille ! Pourquoi tu as peur ? ....
  A Parce que je crains que les questions soient trop difficiles. ....
    Ne t'inquiète pas ! Tu as bien travaillé. ....

1. Vous avez peur de la nouvelle prof d'anglais parce qu'elle a l'air méchante, et une de vos amies vous rassure.
2. Vous êtes inquiet pour la santé de votre père et vous en parlez à votre mère.
3. Vous devez passer votre permis de conduire et vous avez peur de rater l'examen. Votre ami Jacques vous rassure.

29 CD•086 Dictée. Écoutez et écrivez dans votre cahier.

Le français des jeunes

1 🎧 CD•087 **Écoutez et complétez le texte avec les mots ou les expressions manquants.**

L'(1) .... est un (2) .... particulier à un groupe (3) ...., c'est à-dire un sociolecte, qui vise à exclure toute tierce personne de la (4) .... Il est né avec le but essentiel de crypter le (5) .... pour qu'un non-initié ne le (6) .... pas. En effet, au Moyen Âge des bandits ont commencé à utiliser une (7) .... incompréhensible pour (8) .... entre eux, afin de (9) .... et, donc, de se protéger.
L'argot a également une (10) .... identitaire car il permet la reconnaissance mutuelle (11) .... et la démonstration de leur séparation de la (12) .... par un langage (13) .... Il faut distinguer l'argot du (14) ...., qui est (15) .... à un (16) .... professionnel et est censé, en théorie, ne pas avoir ce but cryptique.

2 **Lisez le texte et répondez aux questions.**

Le verlan c'est devenu trop « relou » !

Ces derniers temps, le célèbre linguiste Alain Rey a observé que le verlan, cet argot qui consiste à inverser les syllabes, n'est franchement plus populaire en banlieue. Il faut effectivement remonter à plusieurs années pour trouver des mots de verlan qui aient eu une certaine diffusion. « Caillera » (racaille[1]), « véner » (énervé), « pécho » (choper[2]), « à donf » (à fond) ou « renoi » (noir) font partie des derniers arrivants. « Céfran » (français) et « reum » (mère) semblent, eux, déjà périmés.

Localement, il peut continuer à y avoir de multiples naissances de mots de verlan, mais ceux-ci restent prisonniers du quartier, ou même de la bande. Selon Alain Rey, deux raisons expliquent ce phénomène. La première, c'est que les ambassadeurs du verlan, c'est-à-dire les rappeurs, ont changé de registre et ont moins recours, dans leurs paroles, au verlan, jugé un peu démodé. La seconde, c'est que cette créativité s'est déplacée :« On assiste désormais à une entrée en scène des langues maternelles. Les jeunes vont davantage incorporer des mots provenant de la culture de leurs parents », explique-t-il.

Pour le rappeur Rost, à la tête de l'association *Banlieues actives*, « on a constaté ces dernières années dans les cités un repli vers la famille en raison de la crise. Cela a forcément une influence sur le langage : on va utiliser davantage les mots de la communauté pour communiquer ». Des emprunts à l'arabe, mais aussi au bambara[3] ou au créole[4], font une percée dans les textes des rappeurs comme Mister You ou Tunisiano.

Sur le déclin, le verlan n'est pas toutefois totalement mort. Aussi « zarbi » (bizarre) que cela puisse paraître, c'est un peu comme un volcan endormi susceptible de se réveiller à tout moment. « Ça peut, par exemple, se recycler en littérature, prévient Alain Rey. En linguistique, on peut tout imaginer mais on ne peut rien prévoir… »

Glossaire

1. **racaille :** malhonnête (*fam.*).
2. **choper :** attraper (*fam.*).
3. **bambara :** langue du Mali.
4. **créole :** langue des habitants des Caraïbes.

1. Est-ce qu'on invente encore beaucoup de mots en verlan ?
2. Pourquoi, selon Alain Rey, le verlan n'est plus très populaire en banlieue ?
3. Pourquoi, selon le rappeur Rost, on introduit de plus en plus de mots provenant des langues maternelles ?
4. Quelles sont les langues d'origine des nouveaux mots qui caractérisent les textes des rappeurs ?
5. Est-ce qu'on peut affirmer que le verlan est définitivement mort ?

3 **Associez les mots en verlan à leur traduction en français.**

1. ☐ béton
2. ☐ auch
3. ☐ séca
4. ☐ zen
5. ☐ guaitupor
6. ☐ zyva
7. ☐ chanmé
8. ☐ tigen

a. méchant
b. portugais
c. gentil
d. tomber
e. nez
f. cassé
g. chaud
h. vas-y

Voter à 16 ans

4 CD•088 **Écoutez et indiquez si les affirmations suivantes sont vraies ou fausses. Corrigez les fausses.**

1. Tiffany pense que la maturité et l'intérêt pour la politique apparaissent à 16 ans. V F
2. Selon Tiffany, à 16 ans, on peut avoir des idées politiques. V F
3. Tiffany affirme qu'à 40 ans on va toujours voter. V F
4. Nadine est contre cette proposition parce qu'elle ne s'intéresse pas à la politique. V F
5. Nadine pense qu'à 16 ans on est influençable. V F
6. Julien est contre le droit de vote pour les adolescents. V F
7. Il pense que la maturité ne dépend pas seulement de l'âge. V F
8. Il croit qu'un jeune de 16 ans peut faire de la politique. V F

5 **Complétez la lettre qu'un représentant des lycéens écrit au proviseur pour demander la salle polyvalente pour un débat sur le droit de vote à 16 ans.**

(1) ...., représentant des lycéens

Monsieur le Proviseur, Lycée Pasteur

(2) .... : Demande de salle

Dijon, (3) ....

(4) ....

(5) .... à la proposition d'un groupe d'élèves de Première, les représentants lycéens souhaiteraient organiser une réunion de (6) .... du lycée pour (7) .... L'assemblée aura lieu le 20 octobre de (8) .... À cette occasion, (9) .... la salle polyvalente, où nous pourrions avoir assez de place pour tout le monde.

(10) .... de votre disponibilité à favoriser les moments de débat entre les lycéens,

(11) ....

Mathieu Blanc

MOTS ET EXPRESSIONS

6 **Complétez les phrases suivantes à l'aide des Mots et expressions du Livre de l'élève (p. 92).**

1. Le président de la République est élu au .... direct.
2. L'Assemblée nationale est appelée aussi Chambre des ....
3. Le pouvoir .... appartient au gouvernement.
4. Le taux .... a augmenté : la plupart des électeurs n'ont pas voté aux dernières ....
5. Le .... est l'ensemble des lois qui définissent les infractions et les sanctions applicables.
6. L' .... a prononcé son discours pour défendre l'............................... .

7 **Associez les définitions aux mots correspondants.**

1. ☐ magistrat chargé de rendre la justice — a. témoin
2. ☐ déclarer un accusé non coupable — b. avocat
3. ☐ il est appelé dans un procès pour dire ce qu'il a vu — c. acquitter
4. ☐ dénoncer — d. juge
5. ☐ personne chargée de la défense d'un accusé — e. porter plainte

▶ Indicatif ou subjonctif ?

8 **Entourez la forme verbale correcte.**

1. Je pense qu'il *doit* / *doive* téléphoner à son avocat.
2. Ils imaginent que tu *veuilles* / *voudras* témoigner au procès demain.
3. Il me semble que vous *suivez* / *suiviez* des cours à l'Université de Grenoble.
4. Croyez-vous qu'il *parte* / *partira* en Espagne le mois prochain ?
5. Il semble que le nouveau candidat *puisse* / *peut* l'emporter aux prochaines élections.
6. Il est difficile qu'il *comprenne* / *comprendra* ta décision.
7. Ils espèrent que tu *viendras* / *viennes* les voir dimanche.
8. Il ne fait aucun doute que notre parti *fasse* / *fera* ces réformes.

9 **Transformez les phrases à la forme négative. Changez le mode des verbes si nécessaire.**

1. Il pense que l'État doit s'occuper de l'instruction des jeunes.

   ....

   ....

2. Il doute que les partis politiques puissent trouver un accord.

   ....

   ....

3. Il est sûr que le gouvernement reviendra sur ses décisions.

   ....

   ....

10 **Conjuguez les verbes aux temps et aux modes appropriés.**

1. N'espérez pas que je .... (*revenir*) mardi.
2. Je ne suis pas certain qu'il .... (*savoir*) résoudre ce contentieux.
3. Nous voulons savoir qui vous .... (*permettre*) de faire cela.
4. Si ma copine .... (*vouloir*), je l'accompagnerais volontiers.
5. Il est clair que les revendications présentées .... (*être*) inacceptables.
6. Je doute que tu .... (*pouvoir*) te débrouiller tout seul.
7. Nous sommes sûrs que les coupables .... (*être condamné*).
8. Cet exercice est plus facile que tu ne .... (*penser*).

▶ La cause

11 **Complétez les phrases avec les mots de la liste. Plusieurs solutions sont parfois possibles.**

> puisque • comme • étant donné que •
> du moment que • car • grâce à • parce que

1. Tu dois recopier l'exercice .... tu as fait trop d'erreurs.
2. Le ministre attaque la presse .... on l'accuse de corruption.
3. .... il faisait froid, nous avons décidé de rentrer plus tôt.
4. Elle a trouvé un boulot .... Pôle Emploi.
5. L'agent lui a mis une amende .... il a violé le code de la route.
6. .... ils doivent penser à leur avenir, les jeunes doivent s'intéresser à la politique.
7. .... il n'y avait pas assez de participants, l'assemblée a été reportée.

12 **Récrivez ces titres en exprimant une relation de cause. Variez les expressions.**

0. Le nombre de femmes violées augmente. Il est urgent de se mobiliser.
   Puisque le nombre de femmes violées augmente, il est urgent de se mobiliser.

1. Les policiers se trompent de porte. Ils braquent une arme sur un adolescent.
2. Des tempêtes ont frappé le littoral aquitain durant l'hiver dernier. La terre a reculé de 20 mètres.
3. Le gouvernement modifie le projet de loi. Le syndicat annule la grève de vendredi.
4. Les antinucléaires ont bloqué un convoi SNCF. Ils devront comparaître devant le tribunal de Caen.

13 **Transformez les phrases comme dans l'exemple.**

0. Je n'ai pas pu dormir parce que les voisins faisaient beaucoup de bruit.
   À cause du *bruit, je n'ai pas pu dormir.*

1. Comme elle a beaucoup insisté, elle a obtenu ce poste. À force d'.................................

   ....

2. Puisque Pierre n'a plus d'argent, il ne peut pas acheter ce téléphone portable. Faute d'....

   ....

3. Comme il pleuvait, la compétition a été annulée. En raison de.............................
....

▸ La conséquence

14 **Associez les phrases pour former des énoncés corrects.**

1. ☐ Ce bébé est si mignon
2. ☐ Marion travaille tellement
3. ☐ Nous avons tant travaillé
4. ☐ Il y avait tellement de monde dans la salle
5. ☐ Il fait tellement froid
6. ☐ Il y a un tel bruit

a. que le lac reste glacé.
b. qu'on risquait d'étouffer.
c. que tout le monde l'adore.
d. qu'il est impossible d'entendre ce qu'il dit.
e. qu'elle risque de tomber malade.
f. que nous sommes morts de fatigue.

15 **Récrivez les phrases en insérant les éléments donnés.**

1. Il faisait un temps affreux. Le concert a été interrompu. (*si bien que*)
....
....

2. Je me suis bien comporté. On ne peut rien me reprocher. (*c'est pour ça que*)
....
....

3. Dimanche prochain se tiendra le second tour des élections présidentielles. Je dois chercher ma carte électorale. (*alors*)
....
....

▸ Les prépositions

16 **Complétez avec la bonne préposition, s'il le faut.**

1. Le Conseil municipal se réunit deux fois .... semaine.
2. Je suis monté .... le train à 18 heures mais le train n'est pas encore parti.
3. Cet avocat a beaucoup de dossiers .... préparer pour les prochains procès.
4. Je dois passer .... l'avocat pour discuter de mon témoignage de mardi.

5. Nous avons lu une interview du ministre de la Défense qui a été publiée .... tous les quotidiens.
6. .... qui est le manuel qui est resté sur le bureau du professeur ?
7. Nous espérons .... partir le 24 et nous pensons .... passer .... Lyon.
8. Odette vient d'acheter une belle jupe .... velours à la boutique du coin.

▸ Les verbes *suffire* et *valoir*

17 **Entourez le verbe correct.**

1. *Il vaut mieux / Il suffit* l'appeler tout de suite.
2. Pour faire démarrer cet appareil, *il suffit / il vaut mieux* d'appuyer sur le bouton vert.
3. Trois heures *suffisent / valent* pour finir ce travail.
4. Pour obtenir une réponse immédiate, *il suffira / il vaudra mieux* lui téléphoner.
5. On ne devait pas insister, *il valait mieux / il suffisait* lui laisser le temps de réfléchir.
6. Le devoir d'anglais était vraiment facile, *il suffisait / il valait mieux* de répondre à deux questions.
7. Pour trouver une solution, *il suffirait / il vaudrait mieux* de la chercher.
8. Ces bijoux *valent / suffisent* énormément d'argent.

18 **Traduction. Traduisez dans votre langue.**

1. Je pense t'appeler demain.
2. Je vais voir ma tante deux fois par mois.
3. Tu dois essayer de finir ce travail pour demain.
4. Je m'intéresse à la politique et je crois que tous les jeunes doivent s'y intéresser.
5. Le débat était plus intéressant que je ne le pensais.
6. Il est peu probable que ce sondage puisse influencer le résultat des prochaines élections.
7. Grâce à votre aide, nous avons trouvé un nouveau témoin pour le procès.
8. J'espère avoir trouvé la solution.
9. C'est mieux de partir tôt, si nous voulons arriver à midi.
10. Pour apprendre un texte par cœur, il suffit de le répéter de nombreuses fois.

Exprimer la certitude, la probabilité, la possibilité, le doute

19 Mettez les phrases dans le bon ordre selon le degré de certitude exprimé, du plus au moins.

☐ **a.** Il va sans doute réussir.

☐ **b.** Je suis convaincu qu'il va réussir. J'en suis sûr.

☐ **c.** Je ne suis pas du tout sûr qu'il réussisse.

☐ **d.** Je n'ai aucun doute qu'il réussira.

☐ **e.** Je ne suis pas tout à fait sûr qu'il réussisse.

20 Complétez le texte avec les expressions suivantes.

> je ne doute pas • il est certain • j'en suis sûr • il est probable que • tout à fait • il se peut
> • bien évidemment • j'hésite • ça m'étonnerait • il y a des chances

Bonjour Yves, j'ai appris la bonne nouvelle ! **(1)** .... que tu partiras aux sports d'hiver avec nous ! Super !
(2) .... qu'Annie aussi nous rejoigne puisqu'il **(3)** .... qu'elle se libère avant la fin de la
semaine. **(4)** .... que tu seras content de la revoir. Par contre, **(5)** .... un peu à inviter Jacques
qui n'est pas trop sociable ces derniers temps. Qu'est-ce que tu en penses ?
J'ai regardé la météo : malheureusement, **(6)** .... il pleuvra les deux premiers jours mais on trouvera
quand même la manière de s'amuser, **(7)** .... **(8)** .... qu'on n'y arrive pas !
(9) .... vous êtes tous invités chez moi : ce sera l'occasion de profiter de ma maison à la montagne. Mes
parents sont **(10)** .... d'accord pour nous la prêter. À très bientôt, alors !

21 L'inspecteur Gaillot se trouve sur la scène d'un cambriolage. Imaginez les déductions qu'il fait
à partir de ses constatations. Utilisez des expressions qui expriment la certitude, le doute, la
probabilité et la possibilité, comme dans l'exemple.

> Voilà ce qu'il constate :
> Il y a des traces de deux roues dans le jardin. *Ils sont sûrement arrivés jusqu'ici à moto.*
> La porte de la maison est fermée de l'intérieur : deux vitres sont cassées.
> Les propriétaires sortent rarement mais, ce soir-là, ils étaient au vernissage d'une exposition.
> Il n'y a aucune empreinte digitale.
> Le coffre-fort est ouvert et tous les bijoux ont disparu.
> Le chien de garde dort paisiblement dans le jardin.
> Les voleurs n'ont touché ni à l'argenterie ni aux appareils multimédias.

Formuler un souhait ou l'intention

22 🎧 CD•089 Écoutez ces petites annonces passées sur *Radio Bonheur* et remplissez le tableau
ci-dessous.

	qui ?	souhait	dans quel but ?	expressions du souhait
1.				
2.				
3.				
4.				
5.				

23 Associez chaque personne à son rêve et écrivez son souhait dans votre cahier, en variant les expressions.

24 Lisez ces lettres au Père Noël et écrivez la vôtre en exprimant vos souhaits.

Cher Papa Noël, je suis un petit garçon qui aime beaucoup Noël, pas juste pour les cadeaux, mais pour les décorations et les illuminations aussi. J'aimerais beaucoup un sous-marin pour mon Noël mais si tu n'en as pas, tant pis ! Bon courage pour tout ton travail et joyeux Noël !

Adrien, 6 ans

Bonjour Père Noël, un petit bonjour pour vous souhaiter bonne chance pour le mois de décembre qui va bientôt arriver. Moi je n'ai pas demandé beaucoup de choses mais je voudrais surtout que vous veniez à mon spectacle à l'école. Je suis la danseuse en rose. Un gros bisous à vous et à vos elfes.

Camille, 8 ans

Justifier ses choix, ses opinions

25 Trouvez au moins trois explications possibles pour justifier ces faits.

1. Le devoir de maths ne peut pas être remis à la semaine prochaine. → ....
   ....

2. On doit renoncer aux vacances de neige. → ....
   ....

3. Ce week-end, vous ne pourrez pas sortir avec vos amis. → ....
   ....

4. Vous avez quitté votre petite amie ou votre petit ami. → ....
   ....

26  CD•090 Dictée. Écoutez et écrivez dans votre cahier.

JE M'ÉVALUE

1 Complétez les phrases.

1. Le Parlement est composé de deux
   ....
2. La gestion de l'économie du pays revient au ministre ....
3. Pour voter, chaque citoyen doit présenter sa ....
4. Les membres du gouvernement sont les
   ....
5. On est acquitté après un procès quand on est déclaré ....
6. Les candidats aux élections organisent une .... pour présenter leur programme.
7. Dans un régime démocratique, les trois .... sont séparés.
8. Le premier citoyen d'une ville est le ....
9. L'................. défend son client dans un procès.

.... / 9

2 Associez les deux colonnes pour former des phrases.

1. ☐ Une fondation caritative
2. ☐ Un immigré
3. ☐ Un beur
4. ☐ Un zonard
5. ☐ Un sans-abri
6. ☐ Les bénévoles

a. habite la banlieue.
b. sont des volontaires.
c. porte secours aux personnes sans ressources.
d. demande le permis de séjour.
e. est le fils d'un immigré.
f. n'a pas de domicile fixe.

.... / 6

3 Classez les expressions suivantes selon le sentiment qu'elles expriment.

Allez, ce n'est rien ! • Évidemment • Méfie-toi !
• Éventuellement • Peut-être • Attention !
• Bien sûr • Ne t'en fais pas.

1. Exprimer la certitude : ....
2. Exprimer la possibilité : ....
3. Mettre en garde : ....
4. Rassurer : ....

.... / 8

4 🎧 CD•091 Écoutez et complétez le texte.

(1) .... de la Banque alimentaire les 29 et 30 novembre. Les 29 et 30 novembre prochains, la Banque alimentaire fera appel à la (2) .... et à la (3) .... de tous pour (4) .... des denrées à destination des (5) .... La part de la (6) .... touchée par la (7) .... et la (8) .... progresse dans notre pays et les (9) .... de distribution de l'(10) .... doivent faire face à un afflux important de demandes.
Les (11) .... en gilet orange seront aux portes des hypermarchés et supermarchés pour vous accueillir et (12) .... une petite part de vos courses.
Nous sommes sûrs de la (13) .... de tous les (14) ....

.... / 14

5 Conjuguez les verbes au subjonctif.

1. Elle trouve bien que les jeunes .... (*vouloir*) se mêler à la vie politique.
2. Il regrette que sa copine ne lui .... (*ne pas répondre*) jamais.
3. Nous doutons que vous .... (*être*) à l'heure.
4. Il faut que tu .... (*finir*) ce travail ce matin.
5. Je souhaite que le pays .... (*reprendre*) son développement.
6. Il semble qu'elle .... (*suivre*) des cours à l'université de Dijon.
7. Nous avons peur que vous .... (*ne pas venir*) nous rendre visite.
8. C'est le seul qui .... (*savoir*) et .... (*pouvoir*) faire face à la situation.
9. Je ne pense pas que vous .... (*arriver*) dans trois mois.
10. Espérez-vous qu'il .... (*obtenir*) ce qu'il a demandé ?

.... / 11

6 Subjonctif ou indicatif ? Complétez en conjuguant les verbes au mode qui convient.

1. On espère qu'ils .... (*améliorer*) leurs conditions de travail.
2. Nous voulons que vous .... (*réfléchir*) avant d'agir.
3. Je ne pense pas qu'il .... (*devoir*) décider immédiatement.

4. Elle est sûre que le coupable .... (*être arrêté*) et que la justice .... (*triompher*).

5. Mon père n'est pas content que je .... (*recevoir*) un mauvais bulletin.

6. Il est certain que vos revendications .... (*ne pas être*) compatibles avec les moyens dont nous disposons.

.... / 7

7 **Choisissez dans la liste pour compléter les phrases.**

> comme • de façon à • parce que • alors • pour • tellement • grâce à

1. Nous faisons du bénévolat .... nous voulons aider les personnes en difficulté.

2. .... sa volonté, il a réussi.

3. .... vous avez compris, je vous laisse continuer seuls.

4. Nous avons ouvert la fenêtre .... faire entrer un peu d'air.

5. On a manifesté .... une amélioration des écoles primaires.

6. Elle est .... timide qu'elle rougit toujours quand on lui adresse la parole.

7. J'ai travaillé jusqu'à 8 heures, ... je suis arrivé en retard chez ma copine.

.... / 7

8 **Reliez les deux phrases en utilisant la conjonction, la préposition ou la locution entre parenthèses.**

1. Il a beaucoup neigé. Plusieurs routes ont été fermées. (*parce que*)

....
....

2. Elle demande un rendez-vous. Elle veut que le proviseur l'écoute. (*pour*)

....
....

3. Nous faisons du sport. Nous voulons maigrir. (*afin de*)

....
....

4. On a pris le bus. Il pleuvait. (*à cause de*)

....
....

.... / 8

9 **Transformez les phrases au passif.**

1. Nos voisins ont acheté une nouvelle voiture.

....

2. Le comité des sports a exclu le coureur n° 785.

....

3. On déposera les bagages à la gare.

....

4. Cet artiste devrait vendre tous les tableaux.

....

.... / 8

10 **Complétez avec *par* ou *de*.**

1. La Bastille a été détruite .... les révolutionnaires.

2. Cet acteur est suivi .... les photographes.

3. Toutes les leçons seront apprises .... les élèves.

4. Le professeur est aimé .... tous.

5. Le jardin est entouré .... arbres magnifiques.

6. De nouvelles HLM ont été construites .... la mairie de Caen.

.... / 6

11 **Complétez les phrases avec des prépositions.**

1. Tu as cours trois fois .... semaine.

2. J'ai lu un article .... le journal.

3. Ce week-end, j'ai un dossier .... boucler.

4. On m'a offert un bracelet .... or.

5. Elle a acheté une veste .... 30 euros.

6. Je dois passer .... le fleuriste.

7. Il distribue trois feuilles .... candidat.

8. Je n'ai pas d'argent .... moi et je n'ai rien .... manger.

.... / 9

12 **Conjuguez les verbes aux temps et aux modes qui conviennent.**

1. Paul est peu courageux, il .... (*fuir*) toujours si on l'attaque.

2. Il les .... (*haïr*) parce qu'ils étaient insolents et antipathiques.

3. À qui sait comprendre, peu de mots .... (*suffire*).

4. Si vous aviez plus de courage, vous .... (*ne pas fuir*) devant les difficultés.

5. Son comportement lui .... (*valoir*) d'être expulsé plusieurs fois.

6. Leur relation est compliquée, ils s'aiment et .... (*se haïr*) à la fois.

7. Il .... (*suffire*) d'arriver avant midi si on veut trouver de la place.

.... / 7

.... / 100

7

JE DÉCOUVRE

Parlons d'art

1 **Lisez le texte et soulignez la bonne option.**

En 1873, le **(1)** *compositeur / sculpteur* français Georges Bizet se lance dans la composition d'un opéra inspiré d'une nouvelle de Mérimée intitulée *Carmen*, qui raconte la passion tragique de Don José pour une belle bohémienne.
Bizet est très inspiré par **(2)** *ce tableau / cet ouvrage* et il compose une
(3) *musique / pièce* que l'on qualifiera plus tard de « passionnée ». Il assiste à toutes les
(4) *expositions / répétitions* mais il se heurte aux **(5)** *chanteurs / danseurs*, qui n'ont pas l'habitude de bouger en scène et de **(6)** *peindre / jouer* leurs personnages avec naturel, et aux **(7)** *musiciens / comédiens*, qui trouvent les airs de cet opéra trop difficiles.
Le 3 mars 1875, l'Opéra-Comique lève **(8)** *son rideau / ses coulisses* sur la
(9) *distribution / représentation* de l'opéra *Carmen* mais cette **(10)** *première / dernière*
n'est pas appréciée du public. Bizet mourra trois mois plus tard, après avoir signé un contrat avec l'Opéra impérial de Vienne pour la **(11)** *production / distribution* de *Carmen* qui lui assurera une notoriété mondiale qu'il n'avait jamais connue de son vivant.

2 **Complétez avec les mots de la liste.**

actrice • mélodie • chorégraphies • musique de ballet • rythme • danse
• tambour • crescendo • orchestre • danseuse

En 1928, quand Maurice Ravel compose, à la demande de Mme Rubinstein, **(1)** ....
et **(2)** .... russe, sa célèbre **(3)** .... *Boléro*, il explique : « J'ai composé
un boléro pour **(4)** .... C'est une **(5)** .... d'un mouvement très modéré et
constamment uniforme, tant par la **(6)** .... que par l'harmonie et le
(7) ...., ce dernier marqué sans cesse par le **(8)** .... Le seul élément de
diversité y est apporté par le **(9)** .... orchestral ». Les plus célèbres
(10) .... de ce ballet seront, quelques années plus tard, celles d'un autre Maurice, Béjart.

3 **Remettez dans le bon ordre.**

☐ rend moins nets les contours
☐ la *Joconde* se présente en buste, le visage de face et les mains croisées.
☐ obtenue par la superposition
☐ la *Joconde* est le portrait de la femme d'un marchand florentin.
☐ de plusieurs couches de peinture à l'huile de couleurs transparentes,
☐ Sur un arrière-plan de paysage montagneux,
☐ et contraste avec le réalisme des mains et des plis de la robe
☐ La technique du sfumato,
☐ Peinte entre 1503 et 1506 par Léonard de Vinci,
☐ qui crée un effet sculptural.

4 🎧 CD•092 **Écoutez et complétez avec les spectacles programmés.**

1. vendredi à 17 heures : ....
2. vendredi à 19 heures : ....
3. samedi après-midi : ....
4. samedi soir : ....
5. dimanche midi : ....
6. dimanche après-midi : ....

Parlons de théâtre

5 **Lisez cette critique théâtrale et répondez aux questions.**

Le Misanthrope… encore, toujours !

Il faudra donc que ce Molière continue à nous poursuivre : du 18 novembre au 20 décembre 2014, Thibault Perrenoud met en scène *Le Misanthrope* au Théâtre de la Bastille. La question d'abord : pourquoi *Le Misanthrope* en 2014 ? C'est une pièce toujours actuelle qui alimente encore des réflexions sur l'homme et sur ses rapports avec la société. Une merveille. On passe deux heures de pure jouissance.

L'intelligence de cette mise en scène est de faire de la pièce une tragédie centrée sur l'histoire d'amour de Célimène et d'Alceste, qui s'aiment mais qui ne peuvent pas s'empêcher de se faire du mal. Et… il n'y a rien de plus drôle que la misère humaine !

Pour appuyer cette vision, plusieurs partis-pris de mise en scène très judicieux. D'abord, les personnages sont tous habillés comme à notre époque. Ensuite, la géniale audace, pendant les échanges les plus extrêmes, c'est de faire se chevaucher les voix. Alceste n'attend pas que Philinte ait fini son vers pour lui répondre, il parle en même temps que lui : la véracité en est saisissante. Les corps aussi s'affrontent, et montrent comment Molière peut être violent, charnel, nullement précieux. Ils se frappent, ils tombent, s'embrassent et se lancent des bouquets à la figure, avec grande vigueur. De plus, commencer le dernier acte dans l'obscurité presque totale, une chasse à l'homme à la seule lumière d'une lampe de poche, est ingénieux. Le décor devient de plus en plus minimaliste : c'est même ce qui justifie la nudité dans laquelle Alceste passe tout le début du dernier acte. Pourtant, dernière réussite de la sublime interprétation de Marc Arnaud, Alceste est le seul vrai humain de la pièce – dans tous les sens du terme – et finalement, nous l'aimons. Les comédiens de la compagnie Kobal't, capables de passer dans un seul vers de la rage à la placidité, de l'amour au dépit, sont aussi capables d'immenses silences, de vers qui respirent, graves, tenus, sobres. L'émotion est, à ces moments, plus que généreuse.

Et nous, transis, comme dans une tragédie, d'applaudir à tout rompre.

1. À quoi correspondent les différents paragraphes ?

   ☐ paragraphe 1   **a.** La critique présente l'histoire et commente le spectacle.

   ☐ paragraphe 2   **b.** La critique analyse la mise en scène.

   ☐ paragraphe 3   **c.** La critique situe la représentation dans le contexte.

2. Qu'affirme le texte à propos…
   – du décor ? ....
   – de l'éclairage ? ....
   – du jeu des acteurs ? de la qualité de l'énonciation ? ....
   – des costumes ? ....
   – du personnage principal et de son interprétation ? ....

3. À travers quels termes la critique exprime-t-elle un jugement sur cette mise en scène ? ....
   Quelle est son appréciation globale du spectacle ? ....

MOTS ET EXPRESSIONS

6 **Retrouvez le mot correspondant à la définition.**

1. Il joue un rôle dans une pièce de théâtre ou dans un film, c'est un ....

2. Il taille la pierre, le bois etc. pour faire une œuvre d'art, c'est un ....

3. Il donne des concerts, c'est un ....

4. Il marche sur une corde, au-dessus du sol, c'est un ....

5. Il peint des tableaux, c'est un ....

6. Il monte un spectacle théâtral, c'est un ....

7 **Montrez la différence entre les mots suivants en les utilisant dans des phrases.**

1. un tableau / un cadre
2. une esquisse / une fresque
3. la scène / la salle
4. la comédie / la tragédie
5. un chef-d'œuvre / un chef d'orchestre
6. le décor / les coulisses

▶ **Les pronoms relatifs composés**

8 **Complétez les phrases avec le pronom relatif composé qui convient.**

1. C'est le meuble dans .... ma sœur a toutes ses chaussures.
2. Ce sont des amis sur .... il peut toujours compter.
3. Je ne sais pas .... de ces deux comédies je préfère.
4. Ce sont des peintures pour .... je dépenserais une fortune.
5. Voilà les copains avec .... je suis parti en vacances l'été dernier.
6. C'est une robe à .... je tiens beaucoup : c'est un cadeau de ma mère.
7. C'est le tableau pour .... ce peintre est devenu célèbre.
8. Marthe et Sophie sont les filles avec .... je suis allée au cinéma.

9 **Complétez avec *qui*, *quoi* ou un pronom relatif composé.**

1. C'est une personne à .... on peut faire confiance.
2. C'est la raison pour .... je veux partir tôt.
3. Par .... vas-tu commencer ? Par la lecture du texte ?
4. Les peintures en face .... nous nous trouvons appartiennent au XVIIIᵉ siècle.
5. Anne et Sophie sont des amies pour .... j'ai beaucoup d'affection.
6. Dis-moi à .... tu penses. Aux vacances ?
7. C'est le petit train avec .... mon frère aimait jouer quand il était petit.
8. Tu peux me dire à .... je dois m'adresser ?

▶ **Le discours et l'interrogation indirects au passé**

10 **Transformez les questions à la forme indirecte.**

0. « Connais-tu cet acteur ? ». Il m'a demandé *si je connaissais cet acteur.*
1. « Tu as téléphoné ? ». Il m'a demandé..........
   ....
2. « Qu'est-ce que tu manges ? ». Je voulais savoir..
   ....
3. « Comment tu t'appelles ? ». Il t'a demandé....
   ....
4. « Où vas-tu ? ». J'ignorais..............................
   ....

11 **Transformez au discours indirect.**

Christine	Marie, qu'est-ce que tu as fait pendant le week-end ?
Marie	Je suis allée voir une comédie musicale.
Christine	C'est super ! Pourquoi tu ne me l'as pas dit avant ? J'aurais aimé y aller avec toi.

....
....
....
....
....
....
....
....
....
....

12 **Transformez les phrases au discours indirect.**

1. Ils ont annoncé : « Nous nous marierons l'année prochaine. » ....
   ....
2. Il a demandé: « Où est-ce que vous êtes allés hier ? » ....
   ....
3. Elle m'a demandé : « Qu'est-ce que tu es en train de faire ? » ....
   ....
4. La météo a annoncé : « Demain, il fera beau sur toute la France. » ....
   ....

▶ **L'opposition et la concession**

13 **Complétez à l'aide de la liste.**

contrairement à • en revanche • au contraire • cependant • mais • au lieu de

1. Moi, j'aime bien les natures mortes, mon père, ..., les déteste.
2. .... te plaindre, essaie de trouver une solution.
3. Il aurait aimé devenir un grand chef d'orchestre, ... il n'avait pas assez de talent.
4. À mon avis, la mise en scène était nulle, ... certains acteurs jouaient très bien.
5. Hier soir, il pleuvait et il faisait très froid, ... mon frère est sorti.
6. .... ce qu'on craignait, l'exposition a eu beaucoup de visiteurs.

14 **Complétez en exprimant l'opposition ou la concession de six façons différentes.**

1. C'est un gros problème, ... tu peux t'en sortir.
2. J'aurais voulu devenir peintre, ... mes parents ont voulu que je devienne comptable.
3. Il a dit qu'il n'avait pas faim, ... il a mangé deux assiettes de pâtes.
4. Tu ne me crois pas, et .... je dis la vérité.
5. .... m'aider, il ne pense qu'à lui-même.
6. J'adore le poisson, ... mon mari n'en mange jamais.

15 **Unissez les deux phrases à l'aide de conjonctions variées qui expriment l'opposition.**

1. Le samedi soir je voudrais aller au théâtre. / Mon mari veut regarder la télé.
....
....
2. La situation est compliquée. / Elle est capable de s'en sortir toute seule.
....
....
3. La mer est agitée. / Il veut se baigner.
....

16 **Conjuguez le verbe entre parenthèses aux temps et aux modes qui conviennent.**

1. Bien qu'elle .... (*faire*) du sport, elle est très paresseuse.
2. Même s'il .... (*faire*) froid, je fais une promenade.
3. Quoiqu'elle .... (*venir*) d'avoir un troisième enfant, elle ne veut pas arrêter de travailler.
4. Quand bien même tu .... (*ne pas avoir envie*), tu dois finir tes devoirs avant 17 h, sinon tu ne pourras pas sortir.
5. Si amoureux de l'art qu'il .... (*être*), il ne va pas souvent voir des expositions.
6. Au lieu de .... (*suivre*) mes conseils, vous faites toujours ce que vous voulez.
7. Il a beau .... (*s'excuser*), je ne lui pardonnerai pas facilement.
8. Bien que vous .... (*dire*), je ne changerai pas d'avis.

17 **Récrivez les phrases en utilisant les mots entre parenthèses.**

1. Il est encore tôt pour déjeuner mais il a déjà très faim. (*quoique*) ....
....
2. Il continue son métier de comédien, même s'il est assez âgé. (*pourtant*) ....
....
3. Elle fait des efforts mais elle n'obtient pas les résultats espérés. (*avoir beau*) ....
....

▶ **Les verbes *acquérir* et *vêtir***

18 **Conjuguez le verbe entre parenthèses aux modes et aux temps qui conviennent.**

1. Avec l'âge, on .... (*acquérir*) toujours de l'expérience.
2. La diversification des sources d'énergie renouvelables .... (*revêtir*) dans l'avenir une importance fondamentale.
3. Les Romains .... (*conquérir*) la plupart de l'Europe actuelle.
4. Si j'avais regardé la météo, je me serais .... (*vêtir*) plus chaudement.
5. Cela .... (*requérir*) plus d'application qu'on ne le pensait.
6. Quand mon grand-père était jeune, il .... (*conquérir*) toutes les filles.

19 **Traduction. Traduisez dans votre langue.**

1. Le théâtre à côté duquel se trouve le musée d'art moderne est fermé.
2. C'est celle-ci, l'aquarelle que j'aime beaucoup.
3. C'est grâce à ce compositeur que j'ai développé l'amour de la musique classique.
4. Martine a dit qu'elle serait allée voir un spectacle de danse jazz.
5. Il m'a demandé qui j'étais, comment je m'appelais et ce que je faisais dans la vie.
6. Je veux absolument voir cette exposition, au risque d'y aller seul.
7. Ce que j'aime dans le métier d'acteur, c'est le contact avec le public, alors que les répétitions me fatiguent beaucoup.
8. Même si j'ai apprécié la mise en scène, la comédie ne m'a pas plu.

Formuler éloges et critiques

20 CD•093 **Écoutez la présentation de la tournée de Yannick Noah et complétez le texte.**

De (1) .... à (2) ...., Yannick Noah a su concilier ses vies de (3) ....
et (4) .... Deux ans après l'immense (5) .... de sa précédente (6) ....,
Yannick Noah signe son (7) .... avec une tournée dans tous les Zéniths de
France qui (8) .... Yannick Noah fera une halte parisienne
(9) .... au Palais des Sports de Paris (10) ....

21 CD•094 **Écoutez maintenant les avis des spectateurs et répondez.**
1. À quels concerts de Yannick Noah se réfèrent ces avis ? ....
2. Qui exprime des jugements négatifs ? À propos de quel concert ? ....
3. Que reproche-t-on à Yannick Noah ? ....
4. Qui exprime des avis positifs ? Concernent-ils le même concert ? ....
5. Qu'est-ce qu'on apprécie ? ....

22
DELF **En utilisant les avis précédents, exprimez votre jugement sur le dernier concert auquel vous avez assisté.**

23 **Lisez le texte et répondez aux questions.**

Impression Soleil Levant au musée Marmottan

Le musée Marmottan présente l'exposition Impression Soleil Levant, *l'histoire vraie du chef-d'œuvre de Claude Monet du 18 septembre 2014 au 18 janvier 2015.*

Impression Soleil Levant est le titre d'une célèbre peinture de Claude Monet qui a donné son nom au mouvement artistique : l'impressionnisme. Le tableau participe à l'exposition de la Société anonyme des artistes peintres de 1874.
Sur le tableau, on voit la mer, une petite embarcation avec deux personnes en contre-jour. Dans le fond, on devine un port, des mâts, une cheminée, de gros paquebots à peine visibles dans la brume.
En fait, la scène se déroule dans le port du Havre, symbole de la révolution industrielle. Claude Monet l'aurait peinte tôt le matin, à la fenêtre de son hôtel.
Impression Soleil Levant est la pièce maîtresse du musée Marmottan, et pour ses 80 ans d'ouverture au public et les 140 ans depuis

la première exposition du tableau, le musée propose une exposition sous forme d'enquête pour tout savoir de cette œuvre. L'exposition cherche à approfondir les connaissances sur cette œuvre incontournable : que représente-t-elle vraiment ? Quelle est l'histoire du tableau ? Pour cela, le parcours suit la vie, les influences et les recherches de Monet dans les années 1870.

1. À quel siècle Monet a peint *Impression Soleil Levant* ? ....
2. Où a-t-il exposé son tableau ? ....
3. Quel sujet se trouve au premier plan ? ....
4. Qu'est-ce qu'on voit à l'arrière-plan ? ....
5. Où se déroule la scène représentée dans le tableau ? ....
6. Le tableau est-il une œuvre importante pour le musée Marmottan ? ....
7. Quel est le but de l'exposition ? ....

24 CD•095 Écoutez ces éloges sur l'exposition et complétez le tableau.

	Qu'est-ce qu'on apprécie de l'exposition ?	Qu'est-ce qu'on admire dans le tableau ?
Sophie		
Camille		
Louis		

25 DELF En vous inspirant du texte et des avis ci-dessus, écrivez votre avis sur un tableau que vous aimez (sujet, composition, couleurs, atmosphère du tableau...).

26 DELF Écrivez l'éloge d'une exposition (tableaux, bandes dessinées, maquettes...) que vous avez visitée.

27 Lisez le texte et répondez aux questions.

L'agenda culturel d'Albi

Vendredi 28 novembre - ARTS CROISÉS / CIRQUE - SÉQUENCE 8 - 20 h 30 Grand Théâtre - Grande Salle

Tout droit venu du Québec comme le *Cirque du Soleil*, le collectif *Les 7 doigts de la main* marie les numéros de cirque traditionnel, la danse, l'humour et le théâtre, créant des spectacles vitaminés proches du music-hall. Spectacles après spectacles, les jeunes artistes québécois repoussent sans cesse les limites de la virtuosité !
Tous issus de la prestigieuse École Nationale de Cirque de Montréal, les huit circassiens enchaînent dans ce spectacle les numéros : planche coréenne[1], main à main, jonglage avec des boîtes à cigares, trapèze fixe, barre russe, cerceau aérien[2], mât chinois[3]… Les performances sont à la fois individuelles et collectives, et les déplacements de groupe nous rappellent que la force des 7 doigts tient aussi à leurs intentions chorégraphiques et scéniques.

1. De quel pays *Les 7 doigts de la main* sont-ils originaires ?
2. Quels genres mélangent-ils dans leurs spectacles ?
3. De combien d'artistes est composée la troupe ?
4. Quels sont les numéros de ce spectacle ?

Glossaire
1. **planche coréenne :** discipline d'acrobatie au sol exécutée sur une planche basculante.
2. **cerceau aérien :** discipline d'acrobatie qui consiste à effectuer des figures dans un cerceau (cercle métallique).
3. **mât chinois :** discipline d'acrobatie exécutée avec un ou plusieurs poteaux fixés verticalement.

28 Deux ami(e)s sont allé(e)s voir ce spectacle. À la sortie, ils/elles expriment leur jugement. Écrivez le dialogue en suivant ce scénario.

A Il/elle a été impressionné(e) par *Les 7 doigts de la main*. C'est un spectacle formidable qu'il faut absolument voir.
B Il/elle n'est pas d'accord. Il/elle aime beaucoup *Les 7 doigts de la main*, mais ce spectacle était décevant. Il/elle s'attendait à autre chose.
A Il/elle demande s'il/elle a apprécié les artistes du cirque et la chorégraphie.
B Il/elle répond que les artistes sont bons, mais que selon lui/elle, il n'y a pas de fil conducteur, les numéros ne s'enchaînent pas bien. Parfois il/elle s'est ennuyé(e).
A Il/elle dit que c'est impossible. Il/elle l'a trouvé émouvant, c'est un spectacle pendant lequel on ne s'ennuie pas. Et puis, comme lui/elle, tout le public a apprécié le spectacle.

Rapporter les paroles de quelqu'un

29 Racontez au discours indirect à la troisième personne le dialogue de l'exercice précédent.

A a dit …….
B a répondu……………

30 CD•096 Dictée. Écoutez et écrivez dans votre cahier.

8

Dis-moi tout !

1 Observez le programme du Festival du film francophone d'Albi et répondez aux questions.

Bande de filles (2014/1 h 52) de **Céline Sciamma** avec **Karidja Touré, Assa Sylla, Lindsay Karamoh, Mariétou Touré…**

Marieme vit ses 16 ans comme une succession d'interdits. Sa rencontre avec trois filles affranchies change tout. Elle devient Vic et entre dans la bande. En présence de Céline Sciamma, réalisatrice.

Vendanges (2014/1 h 18) Documentaire de **Paul Lacoste**

Des hommes, des femmes, des retraités, des étudiants, des précaires… Cherchant la nature parce qu'ils étouffent en ville, cherchant la compagnie parce qu'ils sont seuls, cherchant la paix, surtout.

Les combattants (2014/1 h 38) de **Thomas Cailley** avec **Adèle Haenel, Kevin Azaïs…**

L'été d'Arnaud s'annonce tranquille jusqu'à sa rencontre avec Madeleine. C'est une histoire d'amour ou une histoire de survie ou les deux…

L'affaire SK1 (2015/1 h 25) de **Frédéric Tellier** avec **Nathalie Baye, Raphaël Personnaz, Olivier Gourmet…**

Franck Magne, jeune inspecteur, fait ses premiers pas à la Police Judiciaire sur « l'affaire Guy Georges, le tueur de l'Est parisien ». En présence de Frédéric Tellier, réalisateur.

1. Céline Sciamma, qui est-ce ? ....
2. *Vendanges* est un film ? ....
3. Adèle Haenel, Kevin Azaïs, qui sont-ils ? ....
4. Quelle est la durée du film *L'affaire SK1* ? ....
5. À quel genre de film appartient *L'affaire SK1* ? ....

2 🎧 CD•097 **Quatre élèves du lycée « Honoré de Balzac » viennent d'assister au festival. Écoutez leur conversation et répondez par vrai ou faux.**

1. Laura demande aux copains leur avis sur le festival.   V F
2. Laura voudrait fréquenter une école de cinéma.   V F
3. Le film qu'Annie a préféré est *Bande de filles*.   V F
4. Les deux filles aiment les thrillers.   V F
5. Les deux garçons n'aiment pas les comédies.   V F
6. *L'affaire SK1* est tiré d'un fait divers.   V F
7. Frédéric Tellier est un acteur.   V F
8. Les élèves doivent rédiger des comptes rendus.   V F

Biographies

3 Remettez dans le bon ordre la biographie de Jacques Prévert.

- [ ] À 15 ans, après son certificat d'études, il fait de petits travaux.
- [ ] Il épouse en 1947 la danseuse Janine Loris avec laquelle il a eu une fille en 1945.
- [ ] Trop indépendant d'esprit, il rompt bientôt avec le mouvement surréaliste et fonde avec des amis, en 1932, le groupe *Octobre*, une troupe de théâtre itinérante qui va jouer dans les usines en grève.
- [ ] Jacques Prévert naît à Neuilly-sur-Seine le 4 février 1900. Il y passe son enfance.
- [ ] En 1935, il divorce de sa femme et commence sa collaboration au cinéma en écrivant les dialogues du film *Le Crime de Monsieur Lange* de Jean Renoir.
- [ ] Il achète en 1971 une maison en Normandie où, le 11 avril 1977, il meurt d'un cancer.
- [ ] En 1925, il épouse Simone Dienne, son amie d'enfance qui travaille comme violoncelliste dans les cinémas pour accompagner les films muets.
- [ ] En 1946, il publie son premier recueil de poèmes, *Paroles*, et obtient un vif succès. Beaucoup de ses poèmes seront mis en musique et interprétés, entre autres, par Juliette Gréco et Yves Montand.
- [ ] Il est scénariste de grands films français des années 1935-1945, notamment *Quai des brumes*, *Le jour se lève*, *Les Visiteurs du soir*, *Les Enfants du paradis* et *Les Portes de la nuit* de Marcel Carné.
- [ ] En 1948, à Paris, il tombe d'une porte-fenêtre et reste plusieurs jours dans le coma. Gardant de cet accident des séquelles neurologiques assez graves, il écrit moins pour le cinéma, et se consacre surtout à des dessins animés et à des films pour enfants.
- [ ] En 1922, il adhère au mouvement surréaliste.
- [ ] En 1967, il publie son dernier recueil de poèmes, *Arbres*.

MOTS ET EXPRESSIONS

4 Complétez les phrases avec les verbes de la liste.

doubler • composer • tourner • monter • publier • écrire • jouer • recevoir

1. .... un film.
2. .... le rôle principal.
3. .... des scènes.
4. .... un sonnet.
5. .... un chapitre.
6. .... un livre.
7. .... un prix littéraire.
8. .... un acteur.

5 Trouvez la définition de chaque mot en associant les éléments des deux colonnes.

1. [ ] bande annonce
2. [ ] couverture
3. [ ] préface
4. [ ] cadreur
5. [ ] maison d'édition
6. [ ] casting
7. [ ] manuscrit
8. [ ] effet spécial

a. technicien qui effectue le cadrage de l'image.
b. entreprise dont l'activité principale est la diffusion des livres.
c. original d'un texte écrit à la main qui va être imprimé.
d. montage d'extraits d'un film pour en faire la publicité avant sa sortie.
e. trucage du cinéma.
f. texte placé en tête d'un livre pour le présenter.
g. ensemble des acteurs et des actrices d'un film.
h. partie rigide qui couvre un livre.

6 🎧 CD•098 Écoutez et complétez le texte.

Cette nouvelle histoire littéraire destinée aux classes du lycée présente les (**1**) .... de la littérature française du Moyen Âge jusqu'à nos jours. (**2**) .... commence par la (**3**) .... et propose un vaste choix de (**4**) .... en prose et en vers. Chaque passage de (**5**) ...., de (**6**) .... ou de (**7**) .... est introduit par une brève présentation de (**8**) .... et (**9**) .... Tous les textes sont accompagnés d'exercices de compréhension et d'analyse. Un index (**10**) .... et (**11**) .... très détaillée complètent (**12**) ....

▶ **Le participe présent et l'adjectif verbal**

7 Écrivez le participe présent de ces verbes, en les conjugant d'abord à la première personne du pluriel au présent.

0. appeler   *nous appelons*   *appelant*
1. placer   ....
2. finir   ....
3. ouvrir   ....
4. peindre   ....
5. voyager   ....
6. lire   ....
7. devoir   ....

8 Remplacez les éléments soulignés par un participe présent (simple ou composé).

1. M. Bodot, <u>qui habite</u> à Antibes, va tous les dimanches à la mer. ➜ ....
....

2. <u>Puisque le temps était</u> mauvais, ils ne sont pas sortis. ➜ ....
....

3. <u>Comme elle l'avait pris</u> pour un voleur, elle a appelé la police. ➜ ....

4. Tous le regardaient <u>en train de faire</u> son tour de prestidigitateur. ➜ ....
....

9 Rangez les mots ci-dessous dans le tableau.

fatigant • communicant • provoquant
• différant • convainquant • adhérent
• excellant • équivalent

Participe présent	Adjectif verbal

10 Soulignez les adjectifs verbaux et entourez les participes présents.

1. Elle avait un regard brillant.
2. Elle avait un regard brillant de joie.
3. Le jour précédant la rentrée est consacré aux préparatifs.
4. Il était parti le jour précédent.

5. C'est un film très touchant, avec des images fortes.
6. Souriant à tout le monde, il avait noué beaucoup d'amitiés.

▶ **Le gérondif**

11 Récrivez les phrases en utilisant un gérondif.

1. Elle pleure quand elle regarde un film triste.
....
2. Elle a salué au moment où elle est entrée.
....
3. Vivien rougit pendant qu'il parle à Aline.
....
4. Il est tombé parce qu'il courait.
....

12 Remplacez le gérondif par une proposition subordonnée de même sens.

1. En expliquant mes raisons, je serai capable de lui faire changer d'avis. ➜ ....
....
2. Tout en ne partageant pas ses opinions, je le respecte. ➜ ....
....
3. Il n'avait pas d'argent, donc il voyageait en faisant du stop. ➜ ....
....
4. Tu ne peux pas conduire tout en lisant des textos sur ton portable ! ➜ ....
....

13 Dans ces phrases, justifiez l'emploi ou non de la préposition *en*.

1. Ayant fini mon travail, je suis allé au cinéma.
....
2. Il est sorti en claquant la porte.
....
3. J'ai rencontré Jacques faisant les courses.
....

14 Complétez avec des adjectifs verbaux, des participes présents ou des gérondifs.

1. J'ai rencontré mon oncle .... (*sortir*).
2. Je pouvais voir un homme ....
(*s'habiller*) dans sa chambre.
3. Je vais à une soirée .... (*danser*).
4. Ces femmes .... (*danser*) sous la lune paraissent des fées.
5. Je me détends .... (*danser*).

6. Je voudrais deux chambres .... (*communiquer*).

7. .... (*communiquer*) par Skype, on souffre moins de nostalgie.

8. C'est .... (*forger*) qu'on devient forgeron.

9. .... (*savoir*) qu'elle était consciencieuse, il a hésité à lui faire des reproches.

10. Mon cousin .... (*ne pas arriver*), je suis parti tout seul.

▶ Les rapports temporels

15 Soulignez la conjonction ou l'adverbe de temps et indiquez s'ils expriment l'antériorité (A), la simultanéité (S) ou la postériorité (P).

1. Quand j'ouvre la porte, je vois mon ami Lionel ! A S P
2. Dès qu'il l'a vue, il a pâli. A S P
3. Je les attends jusqu'à ce qu'ils arrivent. A S P
4. Avant le spectacle, les acteurs ont le trac. A S P
5. Lorsque tu auras terminé, éteins la lumière. A S P

16 Soulignez l'option correcte.

1. *Tandis que / Une fois que* tu es arrivé, envoie-moi un sms.
2. *Pendant / Depuis* notre séjour, nous avons découvert des endroits magnifiques.
3. *Depuis qu' / En attendant qu'*elle est là, elle ne fait que dormir.
4. Il reste à la maison *comme / pendant qu'*il a de la température.
5. *Pendant / Depuis* le prix Nobel, il a arrêté d'écrire.
6. *Au moment où / Depuis* j'ai quitté mon studio, j'ai pleuré.
7. Reste là, *jusqu'à ce que / jusqu'au moment où* je n'aie fini.

17 Récrivez cette phrase en remplaçant *quand* par la conjonction donnée et en apportant au verbe les modifications nécessaires.

Je lis un conte <u>quand</u> mon enfant s'endort.

1. avant que ....
2. en attendant que ....
3. une fois que ....
4. jusqu'à ce que ....
5. lorsque ....

18 Complétez librement.

1. Avant de ....
2. Pendant que ....
3. Après ....
4. Dès que ....
5. Au moment où ....
6. Avant que ....

▶ Les verbes *croître* et *mouvoir*

19 Complétez le tableau.

	croître	mouvoir
présent	Je	Tu ....
imparfait	Nous	Il ....
part. présent	....	....

20 Complétez avec les verbes *croître, s'accroître, décroître, se mouvoir, s'émouvoir, promouvoir* conjugués aux temps et aux modes qui conviennent.

1. Après son opération, elle .... difficilement.
2. La population .... à un rythme de 5 % pendant les quatre dernières années.
3. Si les grèves continuent, les tensions entre les syndicats et le patronat ....
4. Ce film .... à chaque fois que je le regarde : je pleure toujours.
5. Le cinéma français .... dans le monde entier à travers de nombreux festivals.
6. L'inflation......................, les prix baissent et le pouvoir d'achat augmente.

21 Traduction. Traduisez dans votre langue.

1. S'agissant d'un film récent, il n'a pas encore été distribué à l'étranger.
2. N'ayant ni mangé, ni dormi depuis 24 heures, je suis très fatigué.
3. Le film fini, nous sommes rentrés à la maison.
4. Connaissant ses goûts littéraires, nous lui avons offert un roman policier.
5. Cet écrivain a reçu un prix avant que son dernier roman ne soit publié.
6. Dès que Baudelaire a publié son recueil de poésies, la censure l'a interdit.

Exprimer la tristesse

22 Reliez les éléments des deux colonnes pour former des phrases exprimant la tristesse.

1. ☐ Je n'ai pas   **a.** dans les chaussettes.
2. ☐ Il a une tête   **b.** m'envahit.
3. ☐ Elle est triste comme   **c.** gorge serrée.
4. ☐ Une profonde amertume   **d.** le moral.
5. ☐ J'ai la   **e.** d'enterrement.
6. ☐ J'ai le moral   **f.** un bonnet de nuit.

23 À l'aide d'un dictionnaire, écrivez au moins trois autres phrases qui expriment la tristesse.

1. ....
2. ....
3. ....

24 🎧 CD•099 Tout le monde éprouve parfois de la tristesse ; écoutez et écrivez dans le tableau ce qui rend triste ces personnes, comment elles expriment leur tristesse, et comment elles réagissent à ce sentiment.

	Qu'est-ce qui le/la rend triste ?	Comment il/elle exprime la tristesse ?	Comment il/elle réagit à la tristesse ?
Christian			
Aurélie			
Antoine			
Muriel			

25 Et vous, qu'est-ce qui vous rend triste ? Comment exprimez-vous votre tristesse ? Comment réagissez-vous ?

26 🎧 CD•100 Écoutez et lisez le poème, puis répondez aux questions.

Tristesse

J'ai perdu ma force et ma vie,
Et mes amis et ma gaieté ;
J'ai perdu jusqu'à la fierté
Qui faisait croire à mon génie.

Quand j'ai connu la Vérité,
J'ai cru que c'était une amie ;
Quand je l'ai comprise et sentie,
J'en étais déjà dégoûté.

Et pourtant elle est éternelle,
Et ceux qui se sont passés d'elle
Ici-bas ont tout ignoré.

Dieu parle, il faut qu'on lui réponde.
Le seul bien qui me reste au monde
Est d'avoir quelquefois pleuré.

Alfred de Musset, *Poésies nouvelles*, 1840

1. Quelles sont les sources de la tristesse énumérées par le poète dans la première strophe du sonnet ?
2. Observez la répétition des vers 1 et 3 ; quel est son effet ?
3. Pourquoi le mot « Vérité » de la deuxième strophe est-il écrit avec une majuscule ?
4. Quels vers de la dernière strophe révèlent la tristesse du poète ? Pourquoi ?

Inviter quelqu'un à se confier

27 **Complétez le dialogue suivant avec les phrases données.**

> Tu sais que tu peux me parler de tout. • Tu es sûre ? • mais je n'ai pas envie d'en parler. • mais pas maintenant. • Tu crois ? • Mais je pense que ça te ferait du bien de te défouler. • Et alors, qu'est-ce qui ne va pas ? • Qu'est-ce qui se passe ?

Maman – Bonjour Anne, tu as bien dormi ?
Anne – Bof ! Ouai, pas mal.
Maman – (1) ....
Anne – Rien, ça va.
Maman – (2) .... Tu n'as pas l'air en forme.
Anne – (3) ....

Maman – Je crois que oui. Tu as un problème ?
(4) ....
Anne – Non, pas de problème.
Maman – (5) ....
Anne – Excuse-moi, (6) ....
Maman – C'est comme tu veux. (7) ....
Anne – Peut-être, (8) ....

28 **Écrivez un dialogue selon les indications suivantes.**

A Lucas salue Max et lui demande comment il va.
B Max le salue à son tour et lui dit qu'il va bien.
A Lucas lui demande s'il est sûr, car il a l'air inquiet.
B Max dit qu'effectivement il a un problème.

A Lucas lui demande s'il a envie de lui en parler.
B Max hésite.
A Lucas le persuade de se confier.
B Max lui raconte ce qui s'est passé.
A Lucas le conseille.

29 **Qu'est-ce que vous diriez pour inviter quelqu'un à se confier dans les situations suivantes ? Écrivez des mini-dialogues.**

1. C'est bientôt votre anniversaire et vous êtes très curieux/se de savoir ce que vos parents vont vous offrir.
2. Un/e ami/e vient de recevoir un message qui l'a troublé/e et vous essayez de lui faire dire de quoi il s'agit.
3. En classe, votre camarade a l'air triste et vous cherchez à comprendre ce qui ne va pas.

30 **C'est quoi un(e) confident(e) pour vous ? Lisez et répondez aux questions.**

> Si c'est un confident, c'est un ami et ce serait normal qu'il vous dise tout, mais il faut que ce soit réciproque.
> Ariane, 15 ans

> Bon, d'après mon expérience, avoir un confident est la plus grande illusion de toute la planète car il n'y a aucun ami à qui on puisse confier un secret sans qu'il aille le répéter à tout le monde.
> Baptiste, 16 ans

> Mon confident peut être un psychologue, car on peut tout dire à un psychologue : ça reste dans son cabinet, verrouillé par la clé du secret professionnel.
> Agnès, 18 ans

1. Est-ce que tout le monde a une opinion positive du confident ? Pourquoi ? ....
2. Pour qui le confident peut ne pas être un ami ? Pourquoi ? ....
3. Qui est-ce qui pense qu'il faut tout partager avec son confident ? ....
4. Et pour vous, qu'est-ce qu'un confident ? Quelles qualités doit-il avoir ? ....
5. Est-ce que vous pensez être un(e) bon(ne) confident(e) ? ....

Rédiger une biographie

31 **Rédigez la biographie d'Alfred de Musset en faisant une recherche sur Internet.**

32 🎧 **CD•101 Dictée. Écoutez et écrivez dans votre cahier.**

1 **Mettez ces actions dans l'ordre chronologique.**

a. ☐ Les spectateurs achètent leurs billets.

b. ☐ Les comédiens créent et répètent un spectacle.

c. ☐ Les spectateurs assistent à la représentation.

d. ☐ Les comédiens entrent en scène.

e. ☐ Les spectateurs s'installent dans la salle de spectacle.

f. ☐ Les spectateurs applaudissent et les comédiens saluent.

.... / 12

2 🎧 CD•102 **Écoutez et complétez la critique du film *Confidences trop intimes*.**

Le (1) .... Patrice Leconte

(2) .... un (3) .... intimiste, une

confession à deux voix où l'humour est

toujours sous-jacent par la distance de la

(4) .... Le (5) ....

français (6) .... dans la mise en place de son

(7) .... et rend immédiatement

(8) .... les deux (9) ....

Confidences trop intimes est incontestablement

le (10) .... film de Patrice Leconte.

.... / 10

3 **Indiquez si la phrase exprime la tristesse (T), un jugement positif (P), négatif (N), ou si elle engage à la confidence (C).**

1. ☐ Aujourd'hui, j'ai vraiment le cafard.
2. ☐ Ce n'est pas terrible.
3. ☐ Qu'est-ce qui t'arrive ?
4. ☐ C'était excellent.
5. ☐ Elle n'a pas le moral.
6. ☐ On a adoré.
7. ☐ Ce n'est pas original.
8. ☐ Tu peux tout me dire.

.... / 8

4 **Écrivez les mots ou les expressions qui correspondent aux définitions.**

1. Ensemble des règles qui permettent de représenter le volume sur un plan.

....

2. Graphique constitué de barres.

....

3. Montage d'extraits choisis d'un film pour en faire la promotion avant sa sortie.

....

.... / 3

5 **Complétez avec le pronom relatif composé.**

1. Ce sont les filles sans l'aide .... je n'aurais pas réussi à te joindre.
2. Ce sont des copines .... je peux vraiment faire confiance.
3. Je ne trouve plus le sac dans .... j'avais tous mes maillots de bain.
4. C'est un tee-shirt .... je tiens beaucoup.
5. Marie est une personne pour .... j'ai beaucoup d'estime.
6. Voilà le bateau au bord .... on était tout à l'heure.
7. Caroline et Jeanne sont les amies avec .... je préfère sortir.
8. Ce sont les thèmes .... ce poète s'est inspiré.

.... / 8

6 **Récrivez ces phrases au discours indirect en utilisant « il a dit que... ».**

1. « Je rentrerai demain. »

....

2. « J'arrive la semaine prochaine. »

....

3. « Il a fini aujourd'hui. »

....

4. « Il faisait chaud hier. »

....

.... / 8

7 **Rapportez ce tchat au discours indirect en utilisant les verbes introducteurs donnés.**

Moi – Salut ! Ça fait longtemps qu'on ne s'est pas vus ! Tu es où maintenant ?

Antoine – J'habite à Montréal avec ma copine Margot.

Moi – Tu joues toujours dans un orchestre ?

Antoine – Oui, mais j'ai donné aussi des concerts en soliste cette année.

Moi – Tu resteras combien de temps au Canada ?

Antoine – Je ne sais pas. Et toi, tu es toujours à Montpellier ? Je vais rentrer en France la semaine prochaine. Tu seras chez toi ?

Moi – Oui, je ne bougerai pas. Tu peux m'appeler quand tu veux !

J'ai dit à Antoine (**1**)..................... et je lui ai demandé (**2**)... .

Il m'a dit (**3**)... .

Je lui ai demandé (**4**)................................ .

Il a répondu (**5**).. .

Je lui ai demandé (**6**)................................ .

Il a répondu (**7**)... et il m'a demandé (**8**)............................... .

Il a ajouté (**9**)... et il m'a demandé (**10**)............................... .

Je lui ai répondu (**11**)................................ et je lui ai dit (**12**)..................................... .

.... / 12

8 Complétez chaque phrase avec l'une des options suivantes.

alors que • avant que • pendant • bien que •
si... que • après • même si • malgré •
avant de • depuis que • par contre •
pourtant • sinon • en attendant

1. Il ne va pas bien, ... il ne veut pas aller voir le médecin.

2. Il est heureux de vivre à l'étranger .... l'éloignement.

3. Mon mari rêve d'aller vivre en Auvergne .... moi, je ne veux pas.

4. .... avoir mangé, je fais la sieste.

5. Je n'ai pas eu de ses nouvelles .... il est parti travailler en Colombie.

6. J'aime le cinéma, ..., le théâtre ne m'intéresse pas trop.

7. .... le commencement du film, je suis allé boire un café.

8. J'ai travaillé à la mairie de mon village .... cinq ans.

9. .... les billets soient très chers, je veux absolument aller voir ce spectacle.

10. Je connaissais cet acteur .... il devienne si célèbre.

11. Pense à prendre tes clés .... sortir.

12. Je préfère habiter en ville .... c'est bruyant.

13. ...... beau .... il soit, je ne l'aime pas.

14. Pars tout de suite, ... tu risques d'arriver en retard au rendez-vous.

.... / 14

9 Complétez les phrases avec un adjectif verbal, un participe présent ou un gérondif.

1. Il s'est fait mal .... (*tomber*).

2. Je l'imagine bien .... (*chanter*) dans un groupe de rock.

3. Il dessine .... (*écouter*) de la musique.

4. .... (*devoir*) rentrer tôt, nous sommes partis avant que le concert soit terminé.

5. .... (*voir*) l'exposition la semaine .... (*précéder*), il n'est pas allé avec ses amis.

6. Les élèves .... (*suivre*) pourront participer à la conférence.

7. .... (*visiter*) ce musée, vous pourrez admirer de nombreux chefs-d'œuvre.

8. C'est une femme très .... (*exiger*).

9. Les passagers .... (*voyager*) en première classe peuvent embarquer.

10. Ne .... (*faire*) jamais de sport, il se fatigue tout de suite.

11. Elle s'est foulé la cheville .... (*courir*).

12. Je voudrais une chambre .... (*donner*) sur le jardin.

.... / 13

10 Conjuguez les verbes aux modes et aux temps qui conviennent.

1. Le film qu'ils ont vu est très touchant et ils .... (*s'émouvoir*).

2. Dans l'avenir, l'agriculture bio .... (*acquérir*) de plus en plus d'importance.

3. Il faut que tu .... (*accroître*) tes revenus car tu as de plus en plus de dépenses.

4. Depuis qu'on a planté les arbres en bord d'autoroute, le bruit .... (*décroître*).

5. En automne, les forêts .... (*vêtir*) de couleurs magnifiques.

6. Le nouveau ministre financera et .... (*promouvoir*) des mesures pour encourager le développement durable.

7. Ce travail .... (*requérir*) toujours une grande expérience.

8. C'est en .... (*se revêtir*) d'autorité, que l'on arrive à être respecté.

9. Le spectacle d'hier soir .... (*conquérir*) le public.

10. Les manchots .... (*se mouvoir*) difficilement hors de l'eau à cause de leurs petites pattes.

11. Le soir, ma mère .... (*dévêtir*) mon petit frère.

12. Il a affirmé qu'il .... (*reconquérir*) le prix l'année prochaine, s'il pouvait participer à nouveau.

..../12

..../100

PRÉCIS DE GRAMMAIRE

▶ Les doubles pronoms

règle générale		
1ʳᵉ position	**2ᵉ position**	**exemples**
me, te, se, nous, vous	le, la, les	*Caroline nous les a déjà envoyés.*
le, la, les	lui, leur	*Je ne le leur dirai pas.*
m', t', s' lui nous, vous leur	en	*Ne lui en parlez pas !*
m', t', s' l' nous, vous les	y	*Je vous y accompagnerai demain.*
y	en	*Il n'y en a plus.*

phrases à l'impératif affirmatif		
1ʳᵉ position	**2ᵉ position**	**exemples**
le, la, les	moi, toi lui nous, vous leur	*Dites-le-moi avant midi.*
m', t', s' lui nous, vous leur	en	*Parlez-leur-en dès que possible.*
m', t', s' l' nous, vous les	y	*Accompagne-les-y tout de suite !*

▶ Les pronoms démonstratifs

	singulier			pluriel	
	masculin	**féminin**	**neutre**	**singulier**	**pluriel**
formes simples	celui	celle	ce / c'	ceux	celles
formes composées	celui-ci celui-là	celle-ci celle-là	ceci cela (ça)	ceux-ci ceux-là	celles-ci celles-là

▶ Les pronoms interrogatifs variables

	singulier	pluriel
masculin	lequel auquel duquel préposition + lequel	lesquels auxquels desquels préposition + lesquels
féminin	laquelle à laquelle de laquelle préposition + laquelle	lesquelles auxquelles desquelles préposition + lesquelles

▶ Les pronoms interrogatifs invariables

personnes		
sujet	forme simple	qui
	forme composée	qui est-ce qui
complément d'objet	forme simple	qui
	forme composée	qui est-ce que
complément avec préposition	forme simple	préposition + qui
	forme composée	préposition + qui est-ce que

choses		
sujet	forme simple	---
	forme composée	qu'est-ce qui
complément d'objet	forme simple	que quoi
	forme composée	qu'est-ce que
complément avec préposition	forme simple	préposition + quoi
	forme composée	préposition + quoi est-ce que

▶ Les pronoms relatifs simples

	personnes	choses
sujet	qui	
complément d'objet	que / qu'	
complément avec préposition	préposition + qui dont	préposition + quoi dont où

▶ Les pronoms relatifs composés

	singulier	pluriel
masculin	lequel auquel duquel préposition + lequel	lesquels auxquels desquels préposition + lesquels
féminin	laquelle à laquelle de laquelle préposition + laquelle	lesquelles auxquelles desquelles préposition + lesquelles

▶ Les indéfinis : l'identité

adjectifs		pronoms	
même mêmes	Je veux le même modèle.	même mêmes	Je veux les mêmes.
autre autres	Il y a d'autres solutions.	autre autres	Il y en a d'autres.
un tel, une telle de tels, de telles	De tels propos sont inqualifiables !		
		quelqu'un	Quelqu'un peut m'accompagner ?
		quelque chose	Vous cherchez quelque chose ?

▶ Les indéfinis : la quantité

adjectifs		pronoms	
tout, toute tous, toutes	Tous les élèves sont absents. Il peut arriver à tout moment.	tout, toute tous, toutes	Ils sont tous absents.
quelques	J'ai appris quelques poèmes par cœur.	quelques-uns quelques-unes	J'en ai appris quelques-uns.
certains, certaines	Certains jours il est insupportable !	certains, certaines	Certains ont apprécié son dernier film.
différents, différentes	Différentes personnes pensent le contraire.		
divers diverses	Ce phénomène a diverses causes.		
plusieurs	J'ai plusieurs questions.	plusieurs	J'en ai plusieurs.
de nombreux de nombreuses	Il a de nombreuses qualités.		
chaque	Il y a une photocopie pour chaque élève.	chacun, chacune	Il y a une photocopie pour chacun.
aucun, aucune	Nous n'avons aucune envie de sortir.	aucun, aucune	Nous n'en avons aucune.
		personne	Personne ne sait me renseigner.
		rien	Je n'ai rien compris.

▶ La comparaison

comparatif de qualité				
supériorité	plus	adjectif ou adverbe	que	nom pronom adjectif adverbe
infériorité	moins			
égalité	aussi			

Ma sœur est **plus / moins / aussi** grande **que** Caroline.
Marc étudie le français **plus / moins / aussi** sérieusement **que** moi.

• Le comparatif de *bon* est *meilleur*, le comparatif de *bien* est *mieux*.

comparatif de quantité					
supériorité	plus	de	nom	que	nom pronom de + nom non déterminé
infériorité	moins				
égalité	autant				

*Il y a **plus de / moins de / autant de** neige **que** l'année dernière.*
*Dans ma classe, il y a **plus de / moins de /autant de** garçons **que de** filles.*

comparatif d'action				
supériorité	verbe	plus	que	nom pronom adverbe
infériorité		moins		
égalité		autant		

*Philippe gagne **plus / moins / autant que** sa femme.*

▶ Le superlatif relatif

adjectifs			
supériorité	le plus la plus les plus	adjectif	de + nom / pronom que / qui + subjonctif
infériorité	le moins la moins les moins		

Ce sont les expositions les moins intéressantes que j'aie vues !
Les plus médiocres qui soient !

adverbes			
supériorité	le plus	adverbe	de + nom / pronom que / qui + subjonctif
infériorité	le moins		

Je parle l'anglais et l'allemand, mais c'est l'allemand que je parle le mieux des deux.

noms			
supériorité	le plus de	nom	de + nom / pronom que + subjonctif
infériorité	le moins de		

Qui de vous possède le plus de DVD ?

verbes			
supériorité	verbe	le plus	de + nom / pronom que + subjonctif
infériorité		le moins	

Ce sont les élèves de la classe qui travaillent le moins.

▶ Les périphrases temporelles verbales

temps	structure	exemples
Futur proche	sujet + **aller** + infinitif	*Nous allons nous marier le mois prochain.*
Présent progressif	sujet + **être en train de** + infinitif	*En ce moment, ils sont en train de se reposer.*
Passé récent	sujet + **venir de** + infinitif	*Zut ! Le bus vient de passer !*

▶ Le choix de l'auxiliaire dans les temps composés

être	aller, arriver, descendre, devenir, (r)entrer, monter, mourir, naître, partir, passer, rester, retourner, sortir, tomber, venir	*Il est allé.* *Elle est passée.* *Ils sont devenus.* *Elles sont sorties.*
	les verbes pronominaux	*Je me suis coiffé(e).*
avoir	tous les autres verbes, y compris *être*	*J'ai été.*
	certains des verbes cités ci-dessus, quand ils sont utilisés dans une construction transitive	*Elle a descendu les escaliers.* *Elle a passé un après-midi avec moi.*
	les verbes modaux	*J'ai pu sortir.*
	les verbes impersonnels	*Il a plu.*
	la plupart des verbes intransitifs	*J'ai réussi, tu as grandi, il a glissé...*

▶ L'accord du participe passé

L'auxiliaire est *être* :
A) **verbes non pronominaux** → le participe passé s'accorde avec le sujet
Elles sont arrivées hier.
B) **verbes pronominaux**
1) le pronom réfléchi a la fonction de complément d'objet indirect → participe passé invariable
Elles se sont donné rendez-vous à 17 heures.
2) le pronom réfléchi n'a pas la fonction de complément d'objet indirect → le participe passé s'accorde avec le sujet
Elles se sont levées tôt ce matin.

L'auxiliaire est *avoir* :
A) **absence de complément d'objet direct** → participe passé invariable
Nous avons bien dormi et bien mangé.
B) **complément d'objet direct placé après le verbe** → participe passé invariable
J'ai lu tous ses livres.
C) **complément d'objet direct EN** → participe passé invariable
Nous en avons vendu plusieurs.
D) **complément d'objet direct placé avant le verbe** → le participe passé s'accorde avec le complément d'objet direct
J'ai dévoré les romans que tu m'as prêtés.
Ces fleurs, je les ai achetées pour Béa.
Quelles phrases avez-vous traduites ?

▶ **L'hypothèse avec *si***

subordonnée	principale	exemples
si + indicatif présent	**indicatif présent**	*Si tu veux, je t'accompagne.*
	impératif	*Si tu le rencontres, dis-lui de m'appeler.*
	indicatif futur simple	*Si demain il ne pleut pas, nous pourrons aller à la mer.*
si + indicatif imparfait	**conditionnel présent**	*Si j'avais moins de devoirs, je viendrais avec vous.*
si + indicatif plus-que-parfait	**conditionnel passé**	*Si je l'avais su plus tôt, je n'y serais pas allé.*

▶ **La voix passive**

temps verbal	forme active	forme passive
indicatif présent	*Le policier **arrête** les voleurs.*	*Les voleurs **sont arrêtés** par le policier.*
indicatif imparfait	*Le policier **arrêtait** les voleurs.*	*Les voleurs **étaient arrêtés** par le policier.*
indicatif futur simple	*Le policier **arrêtera** les voleurs.*	*Les voleurs **seront arrêtés** par le policier.*
indicatif passé composé	*Le policier **a arrêté** les voleurs.*	*Les voleurs **ont été arrêtés** par le policier.*
indicatif plus-que-parfait	*Le policier **avait arrêté** les voleurs.*	*Les voleurs **avaient été arrêtés** par le policier.*
indicatif futur antérieur	*Le policier **aura arrêté** les voleurs.*	*Les voleurs **auront été arrêtés** par le policier.*
conditionnel présent	*Le policier **arrêterait** les voleurs.*	*Les voleurs **seraient arrêtés** par le policier.*
conditionnel passé	*Le policier **aurait arrêté** les voleurs.*	*Les voleurs **auraient été arrêtés** par le policier.*
subjonctif présent	*...que le policier **arrête** les voleurs.*	*... que les voleurs **soient arrêtés** par le policier.*
subjonctif passé	*...que le policier **ait arrêté** les voleurs.*	*... que les voleurs **aient été arrêtés** par le policier.*
participe présent	*Le policier **arrêtant** les voleurs...*	*Les voleurs **étant arrêtés** par le policier ...*
participe passé composé	*Le policier **ayant arrêté** les voleurs...*	*Les voleurs **ayant été arrêtés** par le policier ...*
infinitif présent	*Le policier doit **arrêter** les voleurs.*	*Les voleurs doivent **être arrêtés** par le policier.*
infinitif passé	*Le policier doit **avoir arrêté** les voleurs.*	*Les voleurs doivent **avoir été arrêtés** par le policier.*

▶ Le discours indirect

discours direct	discours indirect	
	au présent	au passé
ici	là, là-bas	
ce ...-ci / celui-ci	ce ... là / celui-là	
venir	aller	
maintenant / en ce moment	maintenant / en ce moment	à ce moment-là / alors
aujourd'hui	aujourd'hui	ce jour-là
hier	hier	le jour précédent / la veille
avant-hier	avant-hier	deux jours plus tôt / l'avant-veille
demain	demain	le jour suivant / le lendemain
après-demain	après-demain	deux jours plus tard / le surlendemain
(le mois) prochain	(le mois) prochain	(le mois) suivant
(le mois) dernier / passé	(le mois) dernier / passé	(le mois) précédent
il y a (une heure)	il y a (une heure)	(une heure) plus tôt
dans (une heure)	dans (une heure)	(une heure) plus tard
ind. présent (*je parle*)	ind. présent (*je parle*)	ind. imparfait (*je parlais*)
ind. imparfait (*je parlais*)	ind. imparfait (*je parlais*)	ind. imparfait (*je parlais*)
ind. futur (*je parlerai*)	ind. futur (*je parlerai*)	le futur dans le passé = cond. présent (*je parlerais*)
ind. passé composé (*j'ai parlé*)	ind. passé composé (*j'ai parlé*)	ind. plus-que-parfait (*j'avais parlé*)
ind. plus-que-parfait (*j'avais parlé*)	ind. plus-que-parfait (*j'avais parlé*)	ind. plus-que-parfait (*j'avais parlé*)
ind. futur antérieur (*j'aurai parlé*)	ind. futur antérieur (*j'aurai parlé*)	le futur antérieur dans le passé = cond. passé (*j'aurais parlé*)
cond. présent (*je parlerais*)	cond. présent (*je parlerais*)	cond. présent (*je parlerais*)
cond. passé (*j'aurais parlé*)	cond. passé (*j'aurais parlé*)	cond. passé (*j'aurais parlé*)
subj. présent (*que je parle*)	subj. présent (*que je parle*)	subj. présent (*que je parle*)
subj. passé (*que j'aie parlé*)	subj. passé (*que j'aie parlé*)	subj. passé (*que j'aie parlé*)
impératif	de + infinitif	

▶ L'interrogation indirecte

interrogation totale	
interrogation directe	interrogation indirecte
intonation est-ce que inversion	si + sujet + verbe

Je me demande s'ils ont bien reçu mon message.
Je leur avais demandé ce qu'ils venaient faire ici.

interrogation partielle	
interrogation directe	interrogation indirecte
qui ... ?	qui
qui est-ce qui ... ?	qui
qui est-ce que ... ?	qui
qu'est-ce qui ... ?	ce qui
que... ? / quoi ?	ce que
qu'est-ce que ... ?	ce que
préposition + qui / quoi ... ?	préposition + qui / quoi

CONJUGAISONS

INFINITIF	INDICATIF présent	imparfait	passé composé	futur simple	CONDITIONNEL présent	SUBJONCTIF présent	IMPÉRATIF	PARTICIPE présent	passé
être	je suis tu es il est nous sommes vous êtes ils sont	j'étais tu étais il était nous étions vous étiez ils étaient	j'ai été tu as été il a été nous avons été vous avez été ils ont été	je serai tu seras il sera nous serons vous serez ils seront	je serais tu serais il serait nous serions vous seriez ils seraient	que je sois que tu sois qu'il soit que nous soyons que vous soyez qu'ils soient	sois soyons soyez	étant	été
avoir	j'ai tu as il a nous avons vous avez ils ont	j'avais tu avais il avait nous avions vous aviez ils avaient	j'ai eu tu as eu il a eu nous avons eu vous avez eu ils ont eu	j'aurai tu auras il aura nous aurons vous aurez ils auront	j'aurais tu aurais il aurait nous aurions vous auriez ils auraient	que j'aie que tu aies qu'il ait que nous ayons que vous ayez qu'ils aient	aie ayons ayez	ayant	eu
chanter	je chante tu chantes il chante nous chantons vous chantez ils chantent	je chantais tu chantais il chantait nous chantions vous chantiez ils chantaient	j'ai chanté tu as chanté il a chanté nous avons chanté vous avez chanté ils ont chanté	je chanterai tu chanteras il chantera nous chanterons vous chanterez ils chanteront	je chanterais tu chanterais il chanterait nous chanterions vous chanteriez ils chanteraient	que je chante que tu chantes qu'il chante que nous chantions que vous chantiez qu'ils chantent	chante chantons chantez	chantant	chanté
finir	je finis tu finis il finit nous finissons vous finissez ils finissent	je finissais tu finissais il finissait nous finissions vous finissiez ils finissaient	j'ai fini tu as fini il a fini nous avons fini vous avez fini ils ont fini	je finirai tu finiras il finira nous finirons vous finirez ils finiront	je finirais tu finirais il finirait nous finirions vous finiriez ils finiraient	que je finisse que tu finisses qu'il finisse que nous finissions que vous finissiez qu'ils finissent	finis finissons finissez	finissant	fini
accueillir *-illir*	j'accueille tu accueilles il accueille nous accueillons vous accueillez ils accueillent	j'accueillais tu accueillais il accueillait nous accueillions vous accueilliez ils accueillaient	j'ai accueilli tu as accueilli il a accueilli nous avons accueilli vous avez accueilli ils ont accueilli	j'accueillerai tu accueilleras il accueillera nous accueillerons vous accueillerez ils accueilleront	j'accueillerais tu accueillerais il accueillerait nous accueillerions vous accueilleriez ils accueilleraient	que j'accueille que tu accueilles qu'il accueille que nous accueillions que vous accueilliez qu'ils accueillent	accueille accueillons accueillez	accueillant	accueilli
aller	je vais tu vas il va nous allons vous allez ils vont	j'allais tu allais il allait nous allions vous alliez ils allaient	je suis allé tu es allé il est allé nous sommes allés vous êtes allés ils sont allés	j'irai tu iras il ira nous irons vous irez ils iront	j'irais tu irais il irait nous irions vous iriez ils iraient	que j'aille que tu ailles qu'il aille que nous allions que vous alliez qu'ils aillent	va allons allez	allant	allé

INFINITIF	INDICATIF présent	imparfait	passé composé	futur simple	CONDITIONNEL présent	SUBJONCTIF présent	IMPÉRATIF	PARTICIPE présent	passé
battre **et ses** **dérivés**	je bats tu bats il bat nous battons vous battez ils battent	je battais tu battais il battait nous battions vous battiez ils battaient	j'ai battu tu as battu il a battu nous avons battu vous avez battu ils ont battu	je battrai tu battras il battra nous battrons vous battrez ils battront	je battrais tu battrais il battrait nous battrions vous battriez ils battraient	que je batte que tu battes qu'il batte que nous battions que vous battiez qu'ils battent	bats battons battez	battant	battu
boire	je bois tu bois il boit nous buvons vous buvez ils boivent	je buvais tu buvais il buvait nous buvions vous buviez ils buvaient	j'ai bu tu as bu il a bu nous avons bu vous avez bu ils ont bu	je boirai tu boiras il boira nous boirons vous boirez ils boiront	je boirais tu boirais il boirait nous boirions vous boiriez ils boiraient	que je boive que tu boives qu'il boive que nous buvions que vous buviez qu'ils boivent	bois buvons buvez	buvant	bu
conduire **-uire**	je conduis tu conduis il conduit nous conduisons vous conduisez ils conduisent	je conduisais tu conduisais il conduisait nous conduisions vous conduisiez ils conduisaient	j'ai conduit tu as conduit il a conduit nous avons conduit vous avez conduit ils ont conduit	je conduirai tu conduiras il conduira nous conduirons vous conduirez ils conduiront	je conduirais tu conduirais il conduirait nous conduirions vous conduiriez ils conduiraient	que je conduise que tu conduises qu'il conduise que nous conduisions que vous conduisiez qu'ils conduisent	conduis conduisons conduisez	conduisant	conduit
connaître **-aître**	je connais tu connais il connaît nous connaissons vous connaissez ils connaissent	je connaissais tu connaissais il connaissait nous connaissions vous connaissiez ils connaissaient	j'ai connu tu as connu il a connu nous avons connu vous avez connu ils ont connu	je connaîtrai tu connaîtras il connaîtra nous connaîtrons vous connaîtrez ils connaîtront	je connaîtrais tu connaîtrais il connaîtrait nous connaîtrions vous connaîtriez ils connaîtraient	que je connaisse que tu connaisses qu'il connaisse que nous connaissions que vous connaissiez qu'ils connaissent	connais connaissons connaissez	connaissant	connu
courir	je cours tu cours il court nous courons vous courez ils courent	je courais tu courais il courait nous courions vous couriez ils couraient	j'ai couru tu as couru il a couru nous avons couru vous avez couru ils ont couru	je courrai tu courras il courra nous courrons vous courrez ils courront	je courrais tu courrais il courrait nous courrions vous courriez ils courraient	que je coure que tu coures qu'il coure que nous courions que vous couriez qu'ils courent	cours courons courez	courant	couru
craindre **-indre**	je crains tu crains il craint nous craignons vous craignez ils craignent	je craignais tu craignais il craignait nous craignions vous craigniez ils craignaient	j'ai craint tu as craint il a craint nous avons craint vous avez craint ils ont craint	je craindrai tu craindras il craindra nous craindrons vous craindrez ils craindront	je craindrais tu craindrais il craindrait nous craindrions vous craindriez ils craindraient	que je craigne que tu craignes qu'il craigne que nous craignions que vous craigniez qu'ils craignent	crains craignons craignez	craignant	craint

INFINITIF	INDICATIF présent	imparfait	passé composé	futur simple	CONDITIONNEL présent	SUBJONCTIF présent	IMPÉRATIF	PARTICIPE présent	passé
croire	je crois tu crois il croit nous croyons vous croyez ils croient	je croyais tu croyais il croyait nous croyions vous croyiez ils croyaient	j'ai cru tu as cru il a cru nous avons cru vous avez cru ils ont cru	je croirai tu croiras il croira nous croirons vous croirez ils croiront	je croirais tu croirais il croirait nous croirions vous croiriez ils croiraient	que je croie que tu croies qu'il croie que nous croyions que vous croyiez qu'ils croient	crois croyons croyez	croyant	cru
devoir	je dois tu dois il doit nous devons vous devez ils doivent	je devais tu devais il devait nous devions vous deviez ils devaient	j'ai dû tu as dû il a dû nous avons dû vous avez dû ils ont dû	je devrai tu devras il devra nous devrons vous devrez ils devront	je devrais tu devrais il devrait nous devrions vous devriez ils devraient	que je doive que tu doives qu'il doive que nous devions que vous deviez qu'ils doivent	= = = = = = = = =	devant	dû
dire	je dis tu dis il dit nous disons vous dites ils disent	je disais tu disais il disait nous disions vous disiez ils disaient	j'ai dit tu as dit il a dit nous avons dit vous avez dit ils ont dit	je dirai tu diras il dira nous dirons vous direz ils diront	je dirais tu dirais il dirait nous dirions vous diriez ils diraient	que je dise que tu dises qu'il dise que nous disions que vous disiez qu'ils disent	dis disons dites	disant	dit
écrire	j'écris tu écris il écrit nous écrivons vous écrivez ils écrivent	j'écrivais tu écrivais il écrivait nous écrivions vous écriviez ils écrivaient	j'ai écrit tu as écrit il a écrit nous avons écrit vous avez écrit ils ont écrit	j'écrirai tu écriras il écrira nous écrirons vous écrirez ils écriront	j'écrirais tu écrirais il écrirait nous écririons vous écririez ils écriraient	que j'écrive que tu écrives qu'il écrive que nous écrivions que vous écriviez qu'ils écrivent	écris écrivons écrivez	écrivant	écrit
faire	je fais tu fais il fait nous faisons vous faites ils font	je faisais tu faisais il faisait nous faisions vous faisiez ils faisaient	j'ai fait tu as fait il a fait nous avons fait vous avez fait ils ont fait	je ferai tu feras il fera nous ferons vous ferez ils feront	je ferais tu ferais il ferait nous ferions vous feriez ils feraient	que je fasse que tu fasses qu'il fasse que nous fassions que vous fassiez qu'ils fassent	fais faisons faites	faisant	fait
falloir	il faut	il fallait	il a fallu	il faudra	il faudrait	qu'il faille	= = =	= = =	fallu
lire	je lis tu lis il lit nous lisons vous lisez ils lisent	je lisais tu lisais il lisait nous lisions vous lisiez ils lisaient	j'ai lu tu as lu il a lu nous avons lu vous avez lu ils ont lu	je lirai tu liras il lira nous lirons vous lirez ils liront	je lirais tu lirais il lirait nous lirions vous liriez ils liraient	que je lise que tu lises qu'il lise que nous lisions que vous lisiez qu'ils lisent	lis lisons lisez	lisant	lu

INFINITIF	INDICATIF				CONDITIONNEL	SUBJONCTIF	IMPÉRATIF	PARTICIPE	
	présent	imparfait	passé composé	futur simple	présent	présent		présent	passé
mettre **et ses dérivés**	je mets tu mets il met nous mettons vous mettez ils mettent	je mettais tu mettais il mettait nous mettions vous mettiez ils mettaient	j'ai mis tu as mis il a mis nous avons mis vous avez mis ils ont mis	je mettrai tu mettras il mettra nous mettrons vous mettrez ils mettront	je mettrais tu mettrais il mettrait nous mettrions vous mettriez ils mettraient	que je mette que tu mettes qu'il mette que nous mettions que vous mettiez qu'ils mettent	mets mettons mettez	mettant	mis
mourir	je meurs tu meurs il meurt nous mourons vous mourez ils meurent	je mourais tu mourais il mourait nous mourions vous mouriez ils mouraient	je suis mort tu es mort il est mort nous sommes morts vous êtes morts ils sont morts	je mourrai tu mourras il mourra nous mourrons vous mourrez ils mourront	je mourrais tu mourrais il mourrait nous mourrions vous mourriez ils mourraient	que je meure que tu meures qu'il meure que nous mourions que vous mouriez qu'ils meurent	meurs mourons mourez	mourant	mort
ouvrir *-vrir* *-frir*	j'ouvre tu ouvres il ouvre nous ouvrons vous ouvrez ils ouvrent	j'ouvrais tu ouvrais il ouvrait nous ouvrions vous ouvriez ils ouvraient	j'ai ouvert tu as ouvert il a ouvert nous avons ouvert vous avez ouvert ils ont ouvert	j'ouvrirai tu ouvriras il ouvrira nous ouvrirons vous ouvrirez ils ouvriront	j'ouvrirais tu ouvrirais il ouvrirait nous ouvririons vous ouvririez ils ouvriraient	que j'ouvre que tu ouvres qu'il ouvre que nous ouvrions que vous ouvriez qu'ils ouvrent	ouvre ouvrons ouvrez	ouvrant	ouvert
pleuvoir	il pleut	il pleuvait	il a plu	il pleuvra	il pleuvrait	qu'il pleuve	= = =	pleuvant	plu
pouvoir	je peux tu peux il peut nous pouvons vous pouvez ils peuvent	je pouvais tu pouvais il pouvait nous pouvions vous pouviez ils pouvaient	j'ai pu tu as pu il a pu nous avons pu vous avez pu ils ont pu	je pourrai tu pourras il pourra nous pourrons vous pourrez ils pourront	je pourrais tu pourrais il pourrait nous pourrions vous pourriez ils pourraient	que je puisse que tu puisses qu'il puisse que nous puissions que vous puissiez qu'ils puissent	= = = = = = = = =	pouvant	pu
prendre **et ses dérivés**	je prends tu prends il prend nous prenons vous prenez ils prennent	je prenais tu prenais il prenait nous prenions vous preniez ils prenaient	j'ai pris tu as pris il a pris nous avons pris vous avez pris ils ont pris	je prendrai tu prendras il prendra nous prendrons vous prendrez ils prendront	je prendrais tu prendrais il prendrait nous prendrions vous prendriez ils prendraient	que je prenne que tu prennes qu'il prenne que nous prenions que vous preniez qu'ils prennent	prends prenons prenez	prenant	pris
recevoir *-cevoir*	je reçois tu reçois il reçoit nous recevons vous recevez ils reçoivent	je recevais tu recevais il recevait nous recevions vous receviez ils recevaient	j'ai reçu tu as reçu il a reçu nous avons reçu vous avez reçu ils ont reçu	je recevrai tu recevras il recevra nous recevrons vous recevrez ils recevront	je recevrais tu recevrais il recevrait nous recevrions vous recevriez ils recevraient	que je reçoive que tu reçoives qu'il reçoive que nous recevions que vous receviez qu'ils reçoivent	reçois recevons recevez	recevant	reçu

INFINITIF	INDICATIF présent	imparfait	passé composé	futur simple	CONDITIONNEL présent	SUBJONCTIF présent	IMPÉRATIF	PARTICIPE présent	passé
rompre et ses dérivés	je romps tu romps il rompt nous rompons vous rompez ils rompent	je rompais tu rompais il rompait nous rompions vous rompiez ils rompaient	j'ai rompu tu as rompu il a rompu nous avons rompu vous avez rompu ils ont rompu	je romprai tu rompras il rompra nous romprons vous romprez ils rompront	je romprais tu romprais il romprait nous romprions vous rompriez ils rompraient	que je rompe que tu rompes qu'il rompe que nous rompions que vous rompiez qu'ils rompent	romps rompons rompez	rompant	rompu
savoir	je sais tu sais il sait nous savons vous savez ils savent	je savais tu savais il savait nous savions vous saviez ils savaient	j'ai su tu as su il a su nous avons su vous avez su ils ont su	je saurai tu sauras il saura nous saurons vous saurez ils sauront	je saurais tu saurais il saurait nous saurions vous sauriez ils sauraient	que je sache que tu saches qu'il sache que nous sachions que vous sachiez qu'ils sachent	sache sachons sachez	sachant	su
servir *dormir mentir sentir*	je sers tu sers il sert nous servons vous servez ils servent	je servais tu servais il servait nous servions vous serviez ils servaient	j'ai servi tu as servi il a servi nous avons servi vous avez servi ils ont servi	je servirai tu serviras il servira nous servirons vous servirez ils serviront	je servirais tu servirais il servirait nous servirions vous serviriez ils serviraient	que je serve que tu serves qu'il serve que nous servions que vous serviez qu'ils servent	sers servons servez	servant	servi
sortir *partir*	je sors je sors il sort nous sortons vous sortez ils sortent	je sortais tu sortais il sortait nous sortions vous sortiez ils sortaient	je suis sorti tu es sorti il est sorti nous sommes sortis vous êtes sortis ils sont sortis	je sortirai tu sortiras il sortira nous sortirons vous sortirez ils sortiront	je sortirais tu sortirais il sortirait nous sortirions vous sortiriez ils sortiraient	que je sorte que tu sortes qu'il sorte que nous sortions que vous sortiez qu'ils sortent	sors sortons sortez	sortant	sorti
suivre	je suis tu suis il suit nous suivons vous suivez ils suivent	je suivais tu suivais il suivait nous suivions vous suiviez ils suivaient	j'ai suivi tu as suivi il a suivi nous avons suivi vous avez suivi ils ont suivi	je suivrai tu suivras il suivra nous suivrons vous suivrez ils suivront	je suivrais tu suivrais il suivrait nous suivrions vous suivriez ils suivraient	que je suive que tu suives qu'il suive que nous suivions que vous suiviez qu'ils suivent	suis suivons suivez	suivant	suivi
tenir et ses dérivés	je tiens tu tiens il tient nous tenons vous tenez ils tiennent	je tenais tu tenais il tenait nous tenions vous teniez ils tenaient	j'ai tenu tu as tenu il a tenu nous avons tenu vous avez tenu ils ont tenu	je tiendrai tu tiendras il tiendra nous tiendrons vous tiendrez ils tiendront	je tiendrais tu tiendrais il tiendrait nous tiendrions vous tiendriez ils tiendraient	que je tienne que tu tiennes qu'il tienne que nous tenions que vous teniez qu'ils tiennent	tiens tenons tenez	tenant	tenu

INFINITIF	INDICATIF présent	imparfait	passé composé	futur simple	CONDITIONNEL présent	SUBJONCTIF présent	IMPÉRATIF	PARTICIPE présent	passé
valoir	je vaux tu vaux il vaut nous valons vous valez ils valent	je valais tu valais il valait nous valions vous valiez ils valaient	j'ai valu tu as valu il a valu nous avons valu vous avez valu ils ont valu	je vaudrai tu vaudras il vaudra nous vaudrons vous vaudrez ils vaudront	je vaudrais tu vaudrais il vaudrait nous vaudrions vous vaudriez ils vaudraient	que je vaille que tu vailles qu'il vaille que nous valions que vous valiez qu'ils vaillent		valant	valu
vendre *répondre* *perdre* *-dre*	je vends tu vends il vend nous vendons vous vendez ils vendent	je vendais tu vendais il vendait nous vendions vous vendiez ils vendaient	j'ai vendu tu as vendu il a vendu nous avons vendu vous avez vendu ils ont vendu	je vendrai tu vendras il vendra nous vendrons vous vendrez ils vendront	je vendrais tu vendrais il vendrait nous vendrions vous vendriez ils vendraient	que je vende que tu vendes qu'il vende que nous vendions que vous vendiez qu'ils vendent	vends vendons vendez	vendant	vendu
venir **et ses** **dérivés**	je viens tu viens il vient nous venons vous venez ils viennent	je venais tu venais il venait nous venions vous veniez ils venaient	je suis venu tu es venu il est venu nous sommes venus vous êtes venus ils sont venus	je viendrai tu viendras il viendra nous viendrons vous viendrez ils viendront	je viendrais tu viendrais il viendrait nous viendrions vous viendriez ils viendraient	que je vienne que tu viennes qu'il vienne que nous venions que vous veniez qu'ils viennent	viens venons venez	venant	venu
vivre	je vis tu vis il vit nous vivons vous vivez ils vivent	je vivais tu vivais il vivait nous vivions vous viviez ils vivaient	j'ai vécu tu as vécu il a vécu nous avons vécu vous avez vécu ils ont vécu	je vivrai tu vivras il vivra nous vivrons vous vivrez ils vivront	je vivrais tu vivrais il vivrait nous vivrions vous vivriez ils vivraient	que je vive que tu vives qu'il vive que nous vivions que vous viviez qu'ils vivent	vis vivons vivez	vivant	vécu
voir	je vois tu vois il voit nous voyons vous voyez ils voient	je voyais tu voyais il voyait nous voyions vous voyiez ils voyaient	j'ai vu tu as vu il a vu nous avons vu vous avez vu ils ont vu	je verrai tu verras il verra nous verrons vous verrez ils verront	je verrais tu verrais il verrait nous verrions vous verriez ils verraient	que je voie que tu voies qu'il voie que nous voyions que vous voyiez qu'ils voient	vois voyons voyez	voyant	vu
vouloir	je veux tu veux il veut nous voulons vous voulez ils veulent	je voulais tu voulais il voulait nous voulions vous vouliez ils voulaient	j'ai voulu tu as voulu il a voulu nous avons voulu vous avez voulu ils ont voulu	je voudrai tu voudras il voudra nous voudrons vous voudrez ils voudront	je voudrais tu voudrais il voudrait nous voudrions vous voudriez ils voudraient	que je veuille que tu veuilles qu'il veuille que nous voulions que vous vouliez qu'ils veuillent	veuille voulons veuillez	voulant	voulu

CAHIER - RÉFÉRENCE DES IMAGES

3 (1) Timothée D'arco - Fotolia.com; **3** (2) Anatoliy Yashchuk - Fotolia.com; **3** (3) Goodluz/Shutterstock.com; **3** (4) iCreative3D/Shutterstock.com; **3** (5) Kuklos/Shutterstock.com; **9** Kefca/Shutterstock.com; **12** nattanan726/Shutterstock.com; **13** Syda Productions/Shutterstock.com; **16** Lunar Storms/Shutterstock.com; **21** Petrenko Andriy/Shutterstock.com; **22** Archeophoto/Shutterstock.com; **23** monticello/Shutterstock.com; **26** Prapann/Shutterstock.com; **30** Gyori antoine/AGP/corbis; **34** Minerva Studio/Shutterstock.com; **36** Spectral-Design/Shutterstock.com; **41** (mg) angelinast/Shutterstock.com; **41** (md) Yayayoyo/Shutterstock.com; **44** (hd) Festival de Bandol - Les Voix du Lyrique; **44** (bd) kjuuurs - 123RF; **48** Xavier Popy/Réa; **50** gualtiero boffi/Shutterstock.com; **54** KPG_Payless/Shutterstock.com

Couverture: Joëlle Parreau
Iconographe: Aurélia Galicher

DR: Malgré nos efforts, il nous a été impossible de joindre certains photographes ou leurs ayants droit, ainsi que les éditeurs ou leurs ayants droit pour certains documents, afin de solliciter l'autorisation de reproduction, mais nous avons naturellement réservé en notre comptabilité des droits usuels.